外语课程"三全育人"的
理论与实践研究

胡永辉　李霄翔　等 编著

东南大学出版社
SOUTHEAST UNIVERSITY PRESS
·南京·

图书在版编目(CIP)数据

外语课程"三全育人"的理论与实践研究 / 胡永辉等编著. — 南京：东南大学出版社，2021.11
 ISBN 978-7-5641-9732-2

Ⅰ.①外… Ⅱ.①胡… Ⅲ.①英语-网络教育-教学研究-高等学校 Ⅳ.①H319.3

中国版本图书馆 CIP 数据核字(2021)第 208519 号

责任编辑：叶 娟　责任校对：周 菊　封面设计：毕 真　责任印制：周荣虎

外语课程"三全育人"的理论与实践研究
Waiyu Kecheng "Sanquanyuren" De Lilun Yu Shijian Yanjiu

编　著	胡永辉　李霄翔　等
出版发行	东南大学出版社
社　址	南京市四牌楼2号（邮编：210096　电话：025-83793330）
经　销	全国各地新华书店
印　刷	广东虎彩云印刷有限公司
开　本	700mm×1000mm　1/16
印　张	16.75
字　数	328千字
版　次	2021年11月第1版
印　次	2021年11月第1次印刷
书　号	ISBN 978-7-5641-9732-2
定　价	68.00元

本社图书若有印装质量问题，请直接与营销部联系，电话：025-83791830。

前　言

　　高校如何推进外语教学与"课程思政"的有机融合、实现"三全育人"，是当前形势下外语教学面临的一项重要课题。外语类课程是高校人文教育的重要组成部分，在秉持学科特点的前提下，厘清外语教学中"课程思政"的实施现状，深刻把握"课程思政"的丰富内涵，将思想政治教育有效融入外语教学课程和改革的各环节、各方面，构建起适合外语学科的"课程思政"建设体系，对实现立德树人润物无声的协同育人效应具有十分重要的理论与实践价值。

　　大学时期是大学生思想道德意识发展及成熟的重要时期，在这一时期，大量的西方思想文化通过电影、传媒、网络、书籍等方式进入校园，对大学生的道德甄别、判断带来了极大冲击。在外语教学中，渗透与国际、历史、文化等相关知识内容，可帮助学生正确认识中国的国情、历史、特色；与其他国家进行比较，可帮助学生客观深刻地了解当代中国，使其在面对外部世界时，循序渐进地形成全球化视野，树立文化自信、道德自信。外语教学通过融合"课程思政"，依托教师的正确引导，可使大学生正确分辨西方文化，取其精华去其糟粕，形成正确的价值观念。

　　因此，作为高校外语教师，应当不断坚定"教书育人"的信念，提高"立德树人"的使命感和责任感，坚定信念，实现全员育人；把知识传授、能力培养、思想引领教育贯穿到外语教学的每一门课程中，在课程教育中实现全过程育人；构建基础夯实、制度健全、运行科学、成效显著的教育体系，线上线下贯通，实现全面育人。如此，充分发掘外语类专业课程和教学方式中蕴含的思想政治教育资源，引领和带动全员全过程全方位育人，从而推动"三全育人"工作落地落实。

　　疫情期间东南大学外国语学院广大教职员工积极探索"教书育人"新途径，将课程思政与教学模式创新齐抓共进，以撰写论文的形式，呈现了外国语学院教职员工在教书育人和模式创新中所取得的突出的成绩。

本论文集共收录论文27篇,作者包括来自外国语学院英语系、日语系、欧洲语言文学教学研究部、大学外语教学部、研究生公共外语教学部的老师们,以及学院机关办公室的行政工作人员。论文内容主要涉及三个方面。一是对外语教学融合"课程思政"的意义与可行性的研究,例如《从人格尊严到社会责任——〈十四级台阶〉中男性气概的思政解读》《英语专业课程思政的人本主义教学路径》《外语课程的课堂思政:思路与方法研究》《基于可理解性输入输出理论的课程思政与英语视听说教学融入研究》等,这些论文探讨了外语类课程思政的内涵以及思政内容融入课堂教学的实施途径。二是对外语在线教学的实践与思考,如《旨向深层学习的大学英语四级综合课程翻转课堂线上教学设计——以〈新大学英语综合教程·鼎新篇〉为例》《疫情期间在线翻转课堂教学效果研究——以研究生英语写作课程的"SPOC+腾讯会议"模式为例》《高校人文通识课程线上教学新思考——以通识课〈俄罗斯历史与文化〉为例》《在线学习情境中大学外语教师多模态话语交互性初探》等论文,由于新冠疫情的影响,线上教学全面普及,教师们对此进行了积极的探索实践和细致的总结归纳。三是在数字化环境下对外语教学和管理模式的改革创新,相关论文有《马克思人学思想视域下的远程教学研究——以德语远程教学为例》《学习参与理论视角下的外语线上线下混合教学改革策略——以〈日本报刊选读〉课程为例》《"以学生为中心"的高校线上教务管理实践——以东南大学为例》《浅析"三全育人"视域下的高校二级学院行政管理工作》等,作者们具体分析了数字化改革对构建互助、共生、高效率课堂生态和学院管理环境的重要意义,以及对落细落实"三全育人"工作的实践价值。

总而言之,外语课程不仅是培养大学生外语综合应用能力的重要课程,也应当成为传播中国特色社会主义核心价值观的课程,必须充分发挥其思想政治教育功能。因此,外语教学工作者必须革新思想观念,提高对"课程思政"内涵特征及外语教学中"三全育人"的意义与可行性的有效认识。通过灵活运用数字化手段、在线教学等多种教学方法,真正意义上实现外语教学与"课程思政"的有机融合,着力构建一体化思想政治工作体系,努力培养担当民族复兴大任的时代新人。

　　本论文集由胡永辉、李霄翔老师负责总体策划,外国语学院曹育珍、陈文雪、范国华、范雁、郭锋萍、韩晓、胡庭山、黄文英、季月、金晶、金曙、李黎、凌建辉、刘晓妍、鲁明易、刘艺、毛彩凤、宋秀梅、王军、王学华、吴婷、杨红霞、杨茂霞、杨敏、杨曈、张可馨、赵雪宇、张豫、朱丽田等老师参与写稿。在成书之际,衷心感谢东南大学外国语学院老师们的供稿;感谢东南大学出版社对本论文集出版的大力支持。由于研究的阶段性和学识所限,书中不到之处在所难免,还望读者批评指正。

王勇刚
2021 年 11 月

目 录

外语类课程思政 ··· 001

从人格尊严到社会责任——《十四级台阶》中男性气概的思政解读
　　　　　　　　　　　　　　　　　　　　　　　　　　　　胡永辉　刘晓妍 003
外语课程的课堂思政：思路与方法研究 ······························ 李宵翔 010
EFL 课堂教师话语语调中的母语影响 ··················· 曹育珍　杨茂霞 020
课程思政视域下的医学英语教学实践研究 ························· 郭锋萍 030
英语专业课程思政的人本主义教学路径 ····························· 黄文英 042
外语教学中大学生健全人格的塑造 ···································· 季　月 052
基于可理解性输入输出理论的课程思政与英语视听说教学融入研究
　　　　　　　　　　　　　　　　　　　　　　　　　　　　　　　　鲁明易 061
挖掘疫情素养发展价值　培养英语学科核心素养 ··············· 毛彩凤 069
强化大学教师的父母角色定位刻不容缓——以笔者在疫情中的教学实践为例
　　　　　　　　　　　　　　　　　　　　　　　　　　　　　　　　王　军 077

外语在线教学 ··· 087

线上英语学习中的多模态符号资源对认知过程的影响 ········ 赵雪宇 089
任务教学法在线上教学中的实践 ······································· 陈文雪 096
疫情背景下基于 POA 的线上大学英语写作课程设计 ········· 范国华 104
旨向深层学习的大学英语四级综合课程翻转课堂线上教学设计——以《新大
学英语综合教程·鼎新篇》为例 ·· 范　雁 113
教师反馈对影子跟读训练线上课堂导入时的效果研究 ······· 韩　晓 123
疫情应急状态下网络直播大学英语教学模式的探索 ··· 胡庭山　金　曙 131
疫情期间"研究生学术英语写作"在线教学的困境与解决方案 ··· 李　黎 143
疫情期间在线翻转课堂教学效果研究——以研究生英语写作课程的"SPOC＋

腾讯会议"模式为例 ………………………………………… 凌建辉　金　晶 155
高校人文通识课程线上教学新思考——以通识课《俄罗斯历史与文化》为例
　　……………………………………………………………………… 宋秀梅 167
新冠疫情背景下学术英语写作课程"微学习"融入研究 ………… 王学华 178
在线学习情境中大学外语教师多模态话语交互性初探 ………… 吴　婷 185
优化线上教学,提升学生满意度 ………………………………… 杨　敏 195
重构线上课堂教学生态,提升在线教育的教与学 ………………… 张　豫 209
教育生态学视阈下的线上课程教学——以英语专业选修课"视觉文化"线上教学为例 ……………………………………………………………… 朱丽田 217

数字化环境下外语教学改革 …………………………………………… **225**
马克思人学思想视域下的远程教学研究——以德语远程教学为例 …………
　　………………………………………………………………………… 刘　艺 227
"以学生为中心"的高校线上教务管理实践——以东南大学为例 …………
　　…………………………………………………………………… 杨红霞 236
学习参与理论视角下的外语线上线下混合教学改革策略——以《日本报刊选读》课程为例 ……………………………………………………… 杨　曈 242
浅析"三全育人"视域下的高校二级学院行政管理工作 ……… 张可馨 255

● 外语类课程思政

从人格尊严到社会责任
——《十四级台阶》中男性气概的思政解读

胡永辉　刘晓妍

摘要：英语专业本科生系列教材的《综合教程2》中收录了一则题为《十四级台阶》的故事。本文基于曼斯菲尔德和基默尔"男性气概"的相关理论，解读故事主人公哈尔男性气概的成长过程，认为男性气概是人类社会普遍存在的一种文化现象。哈尔男性气概的三种内涵，即刚毅勇敢、人格尊严和社会责任感正是当下课程思政的重要内容。大学英语课程应注重知识、能力、素养的培养，语言教学既要传达语言知识、提升学生语言能力，更应该关注学生人生观、价值观和世界观的培养。

关键词：男性气概；《十四级台阶》；人格尊严；社会责任；课程思政

From Personal Dignity to Social Obligation
—An Ideological and Political Perspective on Masculinity in *Fourteen Steps*

HU Yong-hui　LIU Xiao-yan

Abstract：A story entitled *Fourteen Steps* is included in *An Integrated English Course* (*Book* 2). Based on Mansfield's Manliness theory and Gilmore's Masculinity concept, this article interprets the protagonist's masculinity and its growth. The author thinks that the masculinity is a ubiquitous cultural phenomenon in human society. The three elements in the protagonist's masculinity—bravery, personal dignity, and sense of social obligation—are the significant content in current ideological and political cul-

---

作者简介　胡永辉（1973—）外国语学院副教授，博士，研究方向：英语教学、英美文学。
　　　　　　刘晓妍（1972—）外国语学院讲师，研究方向：英语教学。

tivation. College English should attach importance to linguistic knowledge, competencies and moral education. Language teaching should combine knowledge, competencies and vision of life, value and the world.

Key words: masculinity; *Fourteen Steps*; personal dignity; social obligation; moral education

一　欧·亨利式的故事

上海外语教育出版社 2013 年出版的"十二五"普通高等教育本科国家级规划教材"新世纪高等院校英语专业本科生系列教材"《综合教程 2》中收录了一则题为《十四级台阶》的故事。故事的作者哈尔·曼沃林（Hal Manwaring, 1953—1998）① 以第一人称叙述了自己生命中经历的变故和转折点，并从人性的角度对自己的行为和内心世界进行了深刻反思。

哈尔出身寒微，父亲早逝，母亲瘫痪，兄弟姊妹八人都不得不为生计奔忙。婚后，哈尔迎来了自己生命中的高光时刻：健康的体魄，体面的工作，漂亮的房子，幸福的小家庭，他摇身一变，俨然从一个农家子弟蜕变为实现了"美国梦"的中产阶级。然而好景不长，哈尔患上了渐进性的运动神经疾病，从一名出色的运动员跌落成拄着拐杖的残疾人，错层房屋内部的十四级台阶再不是豪华的象征，而是他日常生活中最严峻的挑战。靠着车内的特殊设备，尽管哈尔每天开车上下班，并努力保持乐观，但身体"从小康跌入困顿"，使他曾经的刚毅逐渐被消耗殆尽，实在无法以身残志坚的硬汉形象面对生活。因此，他自怨自艾、痛苦失望，甚至理想幻灭。倘若不是为了保持理智和维护家庭而需要的人格尊严，哈尔也许早已经向生活缴械投降，匍匐在那十四级台阶前等待生命的消亡。

1971 年 8 月一个风雨交加的夜晚，哈尔再一次获得了全新的生命。那晚，下班后的哈尔在疾风劲雨中行驶在一条人迹罕至的路上，突如其来的爆胎让他几乎陷入绝望：他自己没有勇气更换轮胎，也不能奢求路过的陌生人会停下来助他一臂之力。想到不远处还有一栋房子，哈尔只能硬着头皮去碰碰运气。他把车开到那幢房子前，按响喇叭求助。房屋的主人是祖孙两个，他们穿着雨衣，冒着雨在黑暗中一通忙碌，哈尔却像是一个旁观者一样，舒适地坐在车子里等待祖孙二人为自己修

---

① 本文作者注：文中出现的 1904 年和 1971 年是故事叙述者虚构的两个年代。

理汽车。由于工作条件艰苦,祖孙二人进度缓慢。哈尔内心也一度小有歉意,但一想到自己会为此付费,就又心安理得起来。轮胎终于更换好了,哈尔坚持要用自己的方式来"购买"别人的善意帮助。爷爷谢绝道:"朋友,不要钱!能帮上忙我很高兴。换了你,你也一样会为我这么做的。"哈尔坚持递出一张五美元的钞票。这时,孙女走近车窗说:"我爷爷看不见。"故事以欧·亨利式的结尾戛然而止,留下作者一人在风雨中沉思、自责和忏悔。

二 哈尔男性气概的三重内涵

故事的主人公虽曾拥有健康的体魄,但是故事着墨最多的地方显然是对他"残疾人"形象的建构和描摹,读者似乎也无法将一个残疾人跟男性气概联系起来。然而,细读故事,尤其是看到作者解析自己灵魂深处的局限性之后所做出的生活方式的改变,读者不难发现,作者不仅仅是一个勇于反思的、具有坚强意志品质的男子汉,更是一个从只维护自身人格尊严升华为承担社会责任的道德楷模。他深刻反省了自己的自怜、自私和冷漠,毅然放弃那种自怨自艾的生活态度,从此开始了从"独善其身"到"兼济天下"的德行转换,实现了从即将被生活击倒的小人物到重压之下依旧绽放优雅风度的绅士的华丽转变。

关于男性气概,学者们似乎一直没有一个确切而又一致的定义。我国先贤孟子在《生于忧患,死于安乐》中曾经有过如下经典描述:"故天将降大任于是人也,必先苦其心志,劳其筋骨,饿其体肤,空乏其身,行拂乱其所为,所以动心忍性,曾益其所不能。"在《滕文公下》中,孟子又说:"富贵不能淫,贫贱不能移,威武不能屈,此之谓大丈夫。"孟子所谓的"大任"和"大丈夫",可以看作是中国文化对男性气概的最早建构模态之一。亚里士多德在《尼各马可伦理学》中倡导的"四元德",即勇敢、节制、智慧、正义,也可被认作西方绅士风度的最早奠基。大卫·基尔默认为,男性气概不是天生的,不是自然而然获得的,而是"通过艰苦的努力和抗争所赢得的一种战利品"[1]1。迄今为止,学界对男性气概最权威的解读当属哈维·C. 曼斯菲尔德(Harvey C. Mansfield)。根据曼斯菲尔德的考察,"在希腊文中,男性气概(andreia)一词同样被希腊人用来指勇敢(courage),一种控制恐惧的德性"[2]18。我国学者隋红升博士则把男性气概的文化内涵概括为勇敢、意志力、自制力、自信心、责任感和荣誉感六个方面[3]124-127。从孟子到亚里士多德再到曼斯菲尔德甚至海明威《老人与海》中的圣地亚哥,学者们都将男性气概的逻辑起点追溯到人们面对艰苦考验或严酷挑战时表现出的勇敢和刚毅。当然,男性气概的丰富内涵包含但绝不仅限于勇敢和刚毅。

在《十四级台阶》中,哈尔的少年时期虽然被一笔带过,但是生活的艰苦仍跃然纸上,"1904 年 11 月一个晴朗、寒冷的日子,我出生在一个农民家庭,在八个孩子中排行第六。我 15 岁时父亲去世,我们全家都在为生计艰辛奔忙"[4]82。寥寥数语,一个面临着严峻考验的清贫少年的形象就被勾勒出来。父亲去世意味着这个家庭的中流砥柱颓然崩塌,作者必须去勇敢地迎接更多的磨难和暴击,生活时时处处在磨砺他,苦其心志,劳其筋骨。兄弟姊妹们长大后,"一个个或结婚或出嫁,只剩下我和一个姐姐赡养和照顾妈妈"[4]82,直到母亲在 60 多岁的时候去世,姐姐和哈尔才相继成家。原生家庭中的哈尔在逆境中并没有表现出任何苟且偷生、委曲求全的懦弱性格,甚至,当生活有了起色之后,他性格中的达观和力量被更好地激发出来,"生活是称心如意的梦想"[4]82。哈尔婚后的幸福生活正是那个曾经的刚毅少年通过艰苦奋斗和勤奋努力赢得的战利品,也是对他男性气概的必然回报。由此可见,这一时期的哈尔是完美拥有男性气概的基础元素的。

具备男性气概强大"基因"的哈尔患病后,原本是豪宅象征的十四级台阶变成了他继续生存下去的挑战,从车库通往厨房的这十四级台阶也同时拥有了更广泛的象征意义,此时此刻,这些台阶不是中产阶级的美国梦,也不是富丽堂皇的建筑,它们"是标尺,是标准,是我继续活下去的挑战。如果哪一天我不能提起一只脚登上一级台阶,再费力地拖上来另外一只脚——如此重复 14 次直到筋疲力尽,那我就完了——我只能承认失败,只能躺下来等死了"[4]82。这些台阶凝结着哈尔生活中的所有挑战,而且它们时刻在等待着哈尔宣告失败的那一刻。在同事、邻居和家人看来,哈尔一直在践行着海明威式的硬汉宣言,"男人生来就不会被打败,一个男人可以被毁灭,但不会被打垮"[5]92。然而硬汉的外表下,哈尔却无时无刻不在承受着身体和精神的双重煎熬,因为这些台阶是他每天都无法逃避的面目可憎的敌人,哈尔甚至想诅咒它们。"你们或许会想,这里行走的是个满怀勇气、富有力量的人,事实并非如此。这是一个梦想破灭、痛苦失望的残疾人,他蹒跚着,正是因为有了这条从车库通向后门的可怕的 14 级台阶,他才能保持理智、陪伴妻子、维护家庭、坚持工作。"[4]82 这一时期,哈尔的刚强实则情非所愿,也不再是他的真性情的流露,只是因为他要维护家庭的完整,要陪伴相濡以沫的妻子,要保持作为男人最后的人格尊严,他刚强的外表只是一条松散的马其诺防线,表面刚强内心彷徨的哈尔随时都可能倒在他曾经引以为豪的"十四级台阶"下,被生活打垮。

哈尔男性气概的回归和升华来源于1971年8月的那个雨夜。他冷眼旁观着两个陌生人,一个爷爷和一个约九岁的小姑娘,在黑夜的泥水里摸索着为自己更换轮胎,享受着弱势群体应该享受的关爱和帮助,心安理得地品尝着"满世界都亏欠我的"那种精神上的快感。他无法理解老人为什么会拒绝一张五美元的钞票。直到他得知老人是一个盲人的时候,他的灵魂才遭受了前所未有的震撼和拷问。老人和"我"同属弱势群体,为何老人在帮助别人的时候没有丝毫的犹豫?一个盲人可以在雨夜中摸索着为别人更换轮胎,为什么"我"自己不能尝试?哈尔呆若木鸡地坐在车里,羞耻和恐惧刺痛着他,他感受到了对自己强烈的厌恶。"我意识到我极端自怜、自私、漠视他们的需要且不为别人着想[4]84"。哈尔记起了一句古训:"若要别人如何待你,你必先如何待人。"

哈尔深刻自省,决定洗心革面,改变患病后那种病态的心理,并重获新生。他开始努力遵循一种全新的生活理念,他不仅每天都坚持爬十四级台阶,还尝试着给别人一些小小的帮助,并期待着承担更多的社会责任,"或许有一天,我会给一个坐在车里像我一样在心灵上有盲点的人换轮胎"[4]84。

这次经历不仅让哈尔重拾男性气概的勇敢和刚毅,更能以此为起点,去迎接生活的考验,并承担起相应的社会责任,实现了从"独善其身"到"兼济天下"的伦理飞跃。曼斯菲尔德把男性气概描述为一种"德性";基默尔指出,"男性气概被人们用来界定一种内在的品质,一种独立自主的能力,一种责任感"[1]81。隋红升从manhood和boyhood的比较中强调,"男性气概是一种强烈的责任心"。王澄霞认为,责任感是男性气概的重要特征,也就是"能够自觉地承担起维护个人、家庭、家族、民族、国家的生存和发展"[6]113。这些观点都毫无疑问地指向男性气概中的责任感这一伦理属性。

三 课程思政的"思"与"政"

课程思政重在育德,育德并不是片面的道德说教。课程思政的逻辑起点和实践起点应该是"思"。海德格尔曾经指出,"一切本质的东西,不光是现代技术的本质的东西,到处都长久地保持着遮蔽"[7]21。学习一篇英语精读课文,当然应该关注词汇、句法、语篇等语言知识,也必须从词汇、句法、语篇等层面因材施教地操练学生的语言技能,但是知识、技能之外,更应该思考和探索语言背后被遮蔽的思想,以培养学生的道德素养,帮助学生树立正确的人生观、价值观和世界观,因为,"隐藏在各种语言点之后的容易被遮蔽和遗忘的也许正是其本质性的东西。一味地期望从课文中获取某种具有功能性的信息,不正是等同于一种订造和促逼吗"[8]112?遗憾的是,我们常常处于一种"无思"的状态,"真正高深莫测的不是世界变成彻头彻尾的技术世界,更为可怕的是人对这场世界变化毫无准备,我们还没有能力沉思,去实事求是地辨析这个时代中真正到来的是什么"[9]1238。

大卫·基尔默通过研究得出结论,"男性气概是一个全球范围内的概念,是建立在性别与生理差异基础上的人类社会普遍存在的一种现象"[1]1。作为一种文化现象,男性气概是一种普遍性的社会存在。中国当代小说家对这一字眼也倾注了深沉而又热烈的感情,"阳刚之美成为1980年代主要的美学倾向",一些作品"活生生地透露出一股使人灵魂震颤的阳刚之气"。"1980年代,中国社会也将阳刚之气奉为上品。硬汉、男子汉,这些带着精神的名词,进入了中国的政治生活和日常生活。男性公民以自己豁达的、坚韧的、强劲的男子气质为荣耀"[10]95。可见,男性气概并不是什么西方舶来品,而是人类社会共有的一种具有丰富文化内涵的精神品质和优秀的伦理德性,因此,男性气概也就具备了进入课程思政的价值前提。

如果课程思政的逻辑起点是"思","政"则是思考、思辨的内容。就《十四级台阶》而言,哈尔的男性气概有一个成长的过程,而这个过程中的内涵正是课堂教学中最值得思考的内容。跟所有的自然人一样,哈尔无法选择自己的父母和家庭出身,他的逆境是与生俱来的。因此,他在原生家庭中面临的一切艰难困苦都带有一种自然属性。他跟很多出生在贫困家庭的孩子一样,除了勇敢和刚毅地活下去,别无选择。与其说,哈尔的这一时期具备的坚韧品质是外部环境造成的,倒不如说,他男性气概的强大"基因"就是他家族成员的真正自然基因。因为,在抗争中生存下去是他唯一的选择。婚后,哈尔的男性气概包含着剧烈的二元冲突:一方面,在十四级台阶给身体带来的挑战面前,哈尔随时可能会退缩。哈尔每天咬牙切齿地面对这些台阶,就是一种纠结,这种纠结本身就是犹豫退缩和直面困难之间的斗争。另一方面,哈尔清醒地知道,如果他被这十四级台阶打垮,他少年时期的男性气概"基因"将自然消亡,他生命中最重要的精神存在也将灰飞烟灭。哈尔的犹豫和纠结是他后来不愿意自救的预演,哈尔的理性则是他还能够反思并改变的精神力量。故事情节的推进伴随着二元冲突的解决,冲突的解决使哈尔的男性气概具有凤凰涅槃的色彩:哈尔意识到了自己的人生观和价值观中藏匿的"令人不安的品性"[4]84——躲在弱势群体这一标签的庇护中寻求别人的帮助,"残疾人"这一心理暗示让自己逃避了太多的家庭义务、社会责任甚至民族使命。自省后的哈尔不仅找回了自己男性气概的家族基因,更重要的是,他的男性气概也增添了一种精神力量和伦理价值,实现了从捍卫人格尊严的个人层面到扶危济困的社会层面的成长和升华。

四 结语

"学而不思则罔,思而不学则殆。""罔"所指的迷茫和无所适从类同于《十四级台阶》中哈尔行为中的犹豫和纠结。在面临伦理冲突和伦理选择时,"甩锅"现象的背后就是责任意识的淡漠和男性气概的匮乏,或曰"不思"的结果。"无思状态是一位不速之客"[9]1232。大学英语课堂除了语言知识的传授和语言技能的培养,同样不能缺少思考习惯的磨砺和思考内容的熏陶。英国著名哲学家阿尔弗雷德·怀特海说,"世界的悲剧在于有想象力的人缺乏经验,而有经验的人缺乏想象力……大学的任务就是把经验和想象力融为一体"[11]47。课程思政以"思"为逻辑起点和实践起点,以"政"来规范思考的内容,把想象力和知识相结合,方能培养具备家国情怀和人类命运共同意识的博雅贤达之士。

参考文献

[1] GILMORE D. Manhood in the Making:Cultural Concepts of Masculinity[M]. New Haven & London:Yale University Press, 1990.

[2] MANSFIELD H C. Manliness[M]. New Haven:Yale University Press, 2006.

[3] 隋红升. 男性气概[J]. 外国文学,2015(5):119-131.

[4] 戴炜栋. 新世纪高等院校英语专业本科生系列教材:综合教程2[M]. 上海:上海外语教育出版社,2017.

[5] 欧内斯特·海明威. 老人与海[M]. 北京:世界图书出版社,1989.

[6] 王澄霞. 女性主义与"男性气概"[J]. 读书,2012(12):112-120.

[7] 海德格尔. 演讲与论文集[M]. 孙周兴,译. 北京:三联书店,2005.

[8] 胡永辉,陈爱华. 被促逼的科学家及其诗意地栖居:对一篇英语精读课文主题思想的追问[J]. 东南大学学报(哲学社会科学版),2009,11(1):109-112.

[9] 海德格尔. 海德格尔选集(上、下)[M]. 孙周兴 译. 北京:三联书店,1996.

[10] 张伯存. 1980年代"男子汉"文学及其话语的文化分析[J]. 上海师范大学学报(哲学社会版),2009,38(1):93-97.

[11] 阿尔弗雷德·诺斯·怀特海. 大学和大学的作用[J]. 刘小梅,译. 中国大学教学,2002(11):47-48.

外语课程的课堂思政:思路与方法研究

李霄翔

摘要:本文探讨了课堂思政元素在外语课程中所特有的"立德树人"功能,并从课程设计、教学实施和师资队伍建设等视角,提出了在外语教学中开展和优化课堂思政需要遵循的基本原则和方法,为进一步发挥外语课程在国际化人才培养过程中的重要作用提供参考和借鉴。

关键词:外语课程;课堂思政;思路与方法

On Ideological Approaches in Foreign Language Programs
LI Xiaoxiang

Abstract: This paper discusses some functions of the ideological approach in foreign language programs and proposes respectively from the perspectives of course design, teaching strategies and faculty development some basic principles and guidelines to facilitate a successful implementation of the ideological approach in foreign language programs.

Key words: foreign language program; ideological approaches; ideas and strategies

导论

大学外语课程的主要任务是为培养具有中国情怀和国际交流能力的大学生,为实施"一带一路"倡议和创建人类命运共同体提供优秀的人力资源。作为国际化人才培养的重要手段,外语课程肩负着传承优秀中华文化、促进人类文明交流、加快中华民族伟大复兴和确保红色基因代代相传的重任。外语课程由于其自身的特点,在服务于"立德树人"的课堂思政举措上,与其他课程相比,既有相同的诉求,又有别样的内涵。从外语课程的视角,如何回答好"培养什么人?怎样培养人?为谁培养人?"的时代命题,是从事外语教育的工作者必须面对的一项神圣而又艰巨的任务。

一 外语课程的学科特点和育人使命

众所周知,外语课程具有语言课程的基本属性,教学活动都聚焦于其语言的"形声义"。在"形"和"声"方面外语有着区别于母语的种种特征,但它在"义"上却具有和母语相同的功能,都是文明和文化的符号和内涵之一。外语教学所关注的"形声义"不仅凸显其语言的"能指与所指",也隐含着外语与母语间多种跨越语言边界的文化符号和价值载体。这些文化符号和人生观、世界观和价值观的信息是伴随着语言的产生和发展而形成的,是特定的社会约定俗成的产物,在中外语言的交互中,既自成一体,又相互影响,构成缤纷斑斓的语言生态。

在外语教学中,外语还具有传输和吸纳文明和文化的功能,因而具备了教化的功能,为形成和建构多种文明和文化的结合体提供了一个温床。这就使得外语教学与课程思政有着天然的联系。词汇中包含着文化元素,语篇中传递着思想内涵,不同语言源自不同的文化背景,甚至代表着不同的政治立场[1]。在外语教学中,通常语言学习的标准从形式到概念内涵都是以目标语作为参照系或标准的[2],教学过程所涉及的语言形式的背后,也不乏承载着目的语多种形式的社会文化信息。在全球化和实现中华民族的伟大复兴的背景下,外语教学所传授的不仅仅是外语的语言知识和技能,更重要的是诠释知识和技能所负载的文化元素,批判性地汲取精神层面有益的因素,进而提高学生对中外文化的认知、思辨、取舍、弘扬的能力,为养成正确的"三观"起到引导和强基铸魂作用。为此,外语教学从宏观层面需要遵循以下四个基本原则:

1. 践行"课程建构精神"[3]的功能。教学价值在于"从传授语言文化知识向挖掘其精神价值转化。古今中外的文学作品中处处闪烁着人性的光辉,激活经典文本中的人文性和审美性,使学生心灵受到感染和熏陶,有助于学生形成健康高尚的人格和健全的心性"[4]。

2. 建构批判性思维范式。这就要求我们在外语教学中,基于教学内容所承载的多元社会文化信息,从语言本体和中外语言异同出发,更加关注批判性思辨能力层级训练和不同语言表达层面的思维逻辑训练[5],不仅在语言技能层面,更应在文化认知和意识形态层面,养成批判性思维的习惯,提高透过现象看本质的洞察力、客观理性的分析能力和决策能力。这样才能帮助学生逐步做到细微之中显全貌,剥茧抽丝揭真身。"学术就是基于事实与数据,依据实证与逻辑;而思想是解释与规定,强调价值与意义,持之有故,言之有理,学思相依。这对学者来说,是最基本的共识和境界,也是任何学术研究的评估标准"。[6]在外语教学中凸显批判性思维方法论训练是外语课程最重要的人才培养手段之一。

3. 坚守中外信息的双向传播和文明互鉴共进。外语教学的目标之一是培养学生的跨文化交际能力,双语和双文化意识和能力是跨文化交流的必要条件,缺一不可。这就要求我们既做外来优秀文化的引介者,又做中华文化的传播者。在多元互动中,借助于由表及里、由此及彼和举一反三的方法,践行中外文化信息的双向传播和文明互鉴共进的使命。这对于当下外语教学来说,具有更加急迫的现实意义。中华文化五千年的孕育和发展历程为我们的文化自信提供了充足的养料和精气神,中华文化所彰显的理念、智慧、气度、神韵,是我们民族的自信和自豪取之不尽用之不竭的源泉。今天的中国人民在党的领导下,经过40余年的改革开放已经从站起来、富起来走向强起来,"一带一路"倡议和人类命运共同体的构想的实现需要一大批具有国际视野和家国情怀的专业人才和外语人才。外语课程必须担当起双向文明传播和交流的重任,在引介目标语的优秀文化和人类文明同时,帮助学生获取向世界传播中华文化和中国力量的能力,在双向交流、交融和交锋中完成党和人民所给予的重托。在这个过程中,外语课程的基础性功能不可缺失,即在培养学生具有扎实的外语基本功的同时,还必须在政治认同、家国情怀、文化素养、宪法法治意识和道德修养等方面与外语知识和能力齐头并进。在外语教学中如果仅仅聚焦外来文化而忽视中华文化,必然会滋生数典忘祖、崇洋媚外的媚骨和奴性。无数历史的教训告诉我们,在外语教学中应十分重视和强化"立德树人"的教育功能,对于外语课程来说,社会主义核心价值观和中华优秀文化传统的缺失导致的隐患将会淹没其辉煌的表象,这是因为"有才无德"将是个危险品。只有做到"德才兼备"外语课程才能对"为谁培养人""培养什么人"和"怎样培养人"的时代命题做出满意的回答。

4. 遵循语言教学规律,强化实践性习得过程。外语教学本身就是为学生提供一个体验多元社会生活、聆听先哲教诲、丰富人生经历、把握自身命运的机会。透过陌生的文字和语音,游历文明痕迹,在交互性的实践中,不断丰富和拓展我们的认知边界和实操能力。这一方面要求我们更新教学观念,因为认知能力和实操能力的提升决不能依赖于课堂教学的单向传输和说教。应该利用信息化时代的教学资源渠道多元化和表现形式多样化的便利,创新教学模式和方法,采用探究式教学理念,营造与外语教学内容相适应的多元语境,引导学生"学中做、做中学",在实践中增长才干,提升技能。另一方面,在教学设计和内容呈现上,应该实事求是地展现不同层面的社会现实,让学生在"阴阳圆缺"中体验现实生活,在任务、问题和困难中"学会学习、学会做事、学会做人、学会与人相处和共事"[7],为学生走出校门踏上社会铺路架桥,为培育"三观"夯实基础。生活告诉我们,不审视细观纷繁复杂的世界怎能经得起风吹雨打?不参与是非黑白的争辩怎能练就辨别真假人鬼的火眼金睛?不练就坚定的家国情怀和锐利的国际视野怎能在狂浪中站稳立场、在沙暴中明辨方向?"健全的教育不仅包括知识的学习,更包括具有价值观意义的家国情怀教育,尤其是思想政治中社会主体力量所倡导的主流价值的教育。课程思政可以说是要突出课程原有的人文精神并在此基础上进一步加深"[8]。在复杂的国际环境瞬息万变的今天,我们的学生不仅需要有扎实的外语基本功和中外文化知识,还必须具有政治认同、家国情怀、文化素养、法治意识和道德修养。唯有这样才能把握住外语课程的教育脉搏,完善外语课程的育人功能,通过价值引领、审美赏析、品行示范、生活体验、反思提升等环节,帮助学生筑牢精神层面的墙基,让他们五毒不侵,妖言不惑,经得起风雨,担得起中国特色的国际公民和人类命运共同体的重任,这才是我们外语课堂思政对人才培养的价值所在。

二　外语课程的教学设计原则和实施要领

外语教学是一个动态复杂系统,具有整体性、动态性、非线性、有机关联性等特征[9],外语课程的教学设计应该采用系统方法综合考察教学双方在系统内多种要素的相互作用,运用系统方法对教学系统进行整体规划,并根据外语课程思政的内涵从教育政策、课程理论和外语学科视角做好顶层设计和实施规划[10]。

在宏观层面,外语课程建设是一个根据人才培养目标和学科定位,采用新观念、新知识和新方法对现有的课程不断进

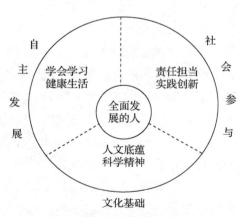

中国学生发展"核心素养"框架

行修改和完善的过程。外语课程应该在培养学生外语素养的同时，重点培养他们文化基础、自主发展、社会参与、国际理解等方面核心素养[11]，以体现课程的价值引领功能。

在外语课程建设中需要遵循课程建设的基本规律[12]，采用动态系统理论和方法，做好各要素间的协调和联动工作。采用孤立和静止的方法对外语教学中出现的因果现象做出任何评价和结论，都是值得质疑和商榷的。这就要求我们在课程建设和实施过程中，既要把握准相关环节的脉搏和核心要素，更要能够透过现象看本质，厘清现象背后的各种主客观因素，以及彼此间的关联和相互作用，并以此作为课程不断修改、充实和完善的依据。在信息化的今天可以采用大数据的方式，对于各环节呈现出的不断变化的动态数据做出客观和理性的分析和结论，这也是信息技术和人工智能与外语课程建设相融合的一个切入口，也能为外语知识、技能和素养如何有效融合提供一个充分的组合依据，为培养全面发展的人奠定坚实的基础。

图 2　课程设计基本原理及相关要素

在微观层面，以价值观为导向的外语教学设计首先要厘清工具性和人文性的定义和关系。外语教学中的工具性体现在借助于外语的知识和技能，帮助学习者认知外部世界，以便能充实自身的知识结构，提升自己实现某种目的的能力水平。应试教学便是最典型的范例。而人文性则体现的是教育的宗旨，"以教育人""以教化人"，培养德智体美劳艺全面发展的社会人。在外语教学中，工具性和人文性是一个有机体的两个方面，互为依存，缺一不可。工具性是人文性的基础和载体，缺少了外语的基本知识和技能，人文熏陶和文化交流变成了无源之水和无本之木；人文性则是工具性的升华和价值所在，将工具属性由技能层面上升为技艺层面，最终体现在它为谁服务和如何有效服务层面。外语课程中课程思政的关键问题就是如何处理好其工具性与人文性的关系，如何处理好教学过程中语言的显性工具特征与语言所承载着的隐性的文化和价值观的特征之间的关系。这就要求我们首先在课程建设、教材研发、教学活动、教学评测等各个环节既要精准和高效地展现外语工具性的特征，又要充分挖掘与工具性结伴而行的文化和情感资源，丰富其人文价值内涵，实现工具性和人文性的有机统一。

其次，要厘清外语语言知识与外语应用技能之间的关系。语法知识与词汇的习得是语言应用技能的基础，应用技能不仅有助于理解和习得语言知识，更重要的是能够拓展和深化语言知识，在语言知识与应用技能之间形成一个良性的彼此互为循环往复的"供需"状态。在教学中一味地强调语言知识的重要性，花费大量的时间和精力强化语法知识和词汇训练，而忽视其在实践中的应用，其结果就如同在陆地训练游泳动作而不入水域实操，动作再标准也不能保证在水下的生存能力。同理，教学中忽视语法规则和词汇学习，尽管在水下能费劲扑腾，但游不远、游不久，而且还可能有损自身形象和声誉。在实际教学活动中，究竟是知识传授优先还是技能训练优先、在质和量及时间精力上如何配置和分布，这要取决于学生的实际情况、具体的教学目标和各种可利用的教学资源。我国著名的外语教学专家杨治中教授曾经提出了十分幽默且极具参考价值的教学方法：外语学习"先死后活，不死不活，有死有活，死中求活，死去活来"。通俗话语所蕴含的哲理对于综合上述各种因素，有效开展外语教学启迪颇深，可以说是"贵在得法"在外语教学实践中智慧的结晶。外语交际技能在本质上是需要大量有效的实践和体验，书本知识和教师经验可传授，但内化却要靠学习者的主观体验和感悟。外语学习成功之道在于大量的体验式实践和及时有效的主观感悟。正如培根曾经指出，"知识本身并没有告诉人怎样运用它，运用的智慧在于书本之外。这是技艺，不体验就学不到"[13]。

再次，优化教学方法，追求教学"技艺"目标。众所周知，教学有法，教无定法，这是因为在教学过程中，教与学双方及各种客观因素均是因人、因事、因时、因地而不断发生变化的变量[14]。教学是基于多种学科知识和技能的综合应用，是一门源于理论又跳出理论束缚、源于学科论又跳出学科范畴的艺术。这不是因为理论和学科论的失败，而是教学本身所涉及的多种要素超出学科理论所能诠释和指导的范畴。这就提醒我们，基于价值引领的外语课程和课堂教学设计，不应是机械的说教和贴标签，而应是根据实际需求和实际情况，借助于多种教学方法和教师的言传身教，从显性的教学素材中挖掘并凝练出课堂思政所需要的隐性素材，将"基于教材又超出教材"的理念融入教学活动中，将教材信息与其背景、与中外社会文化现实、与个人所思所想相关联，基于教材营造语境（from text to context），采用探究式教学理念和方法，采用自主个性和团队合作等手段，将学习者引入教材的语境中，在理解、操练、表达、交流的过程中，"引导学生的角色由'他者'逐步向'对话者'转变"[15]，培养学生批判性思维能力和理性分析判断能力，激发学生的"想说、要说、敢说、能说"的主观能动性，进而增强学生学习的体验感和获得感，丰富学生的社会感知能力和体验经历,满足学生"有趣、有用、有收获、有价值"的心理诉求。在教学中以社会主义核心价值观为内核、以"政治认同、国家意识、文化自信、人格养成"四大板块[16]为抓手,丰富和完善外语课程的内容体系,真正发挥课程设计和教学内容所期待的"立德树人""润物细无声"和"讲好中国故事"的效果。上述观点对于解决当下外语课程普遍存在的语言知识与技能训练脱节、技能训练与语言认知脱节、语言技能与社会交往脱节、技能训练与素养熏陶脱节、训练方法与预期效果脱节、语言技能与批判性思维相脱节的问题,也能提供一些有益参考和借鉴。

三 课程思政视域下的外语教师职业素养与技能

外语课程思政语境下外语教师的职业素养和教学技能是宏观层面的课程设计与微观层面的教学设计能否取得预期成效的决定因素。这是因为物化的课程和教学设计最终还必须由人性化的教师来实施。教师对于教育的理念、教书育人的意识、职业素养和技能、个性化的人格魅力构成了教师在教学活动中的一个特殊角色,"亲其师,信其道"。教师的语言能力、教风教态、严谨亲和、正直人品、渊博学识、过硬功底、高尚素养是一个任何设计方案都不可替代的人性化标杆和仿效的榜样。"不忘初心""教书育人"的职业伦理与职业素养对于新时代从业的外语教师来说提出了更高的要求。在教学活动中,外语教师既要精于要传授的知识和技能,还要关注学生的全面成长;既要言之有理,言之有物,言之有序,又要言之有情,言之有势,言之有用;既要关注社会,关注当前热点难点,又要能够把握学生的思想动向,帮助学生解决实际问题。这就需要我们外语教师要"有理想信念、有道德情操、有扎实学识、有仁爱之心""不能只做传授书本知识的'教书匠',而要成为塑造学生品格、品行、品位的'大先生'"[17]。要做好"大先生"首先要求我们在思想认识上明晰前进的方向,在行动规划上找到发力点。

1. 做好职业发展的自我设计和行动规划。把准职业发展的脉搏,"准确识变、科学应变、主动求变",在信息技术与外语教学不断深入融合的今天,在职场竞争日趋激烈的条件下,审视自身的特点,用不断"增容扩量"的专业知识、专业技能和人格力量,打造和优化自身的核心竞争力。也可采用错位竞争策略,为职业提升与职业发展寻觅新的增长点。

2. 提高外语课程设计和课堂教学设计的能力。外语教师在长期超负荷的教学工作中往往会身不由己地拘泥于外语教学的细节层面,"埋头拉车"磨耗掉我们的原生动力和可贵的创新意识,知其然有余而知其所以然不足。外语课程思政召唤着我们从课程设计和教学设计的视角,重新审视今天的所作所为,将课程设计和教学设计能力作为提升自己职业技能的一个重要抓手。职业宏观层面的"登高望远"将有助于微观层面"脚踏实地"。在课程设计和教学设计中,需要紧扣"立德树人"的目标,在课堂教学中,需要以人格塑造为目标,努力营造以"物理空间""心理空间"和"社会空间"[18]为特征的交互渠道,以学识和性格为主要特征的人格力量为引导,以创新设计理念和方法为手段,以教学效能作为职业担当的幸福源泉。

3. 探索富有时代特点的高校外语教学理念和方法论。明确信息化环境下外语教学的供需特点,提高自身的信息素养,践行"探究式学习方法和策略着重于学习的内容、思维和逻辑方法论训练强于填鸭式和应试式的求解操作,专业智商培育与家国情怀的情商养成齐头并进"的指导思想,并将之作为职业技能上"强身健体"的重要主攻方向。与此同时,在教学模式和方法上,积极引介和应用信息技术的优势和特长,拓宽课堂教学的物理空间和教师的教室讲台,采用团队合作的方法,跨越学校教育与舞台艺术的边界,勇于"从讲台走向舞台",优化和凝练优质教学资源,提高外语教学的效能,创建具有中国特色的外语教学理论和方法。

4. 创新教学手段,提高自身的教学技能。依据二语习得的相关理论和原则,"在输入方面,语言与见识并重、中西内容并置;在呈现方面,主题统领,分项拓展,实现显隐双线相辅相成,将思政内涵的具体理解以及践行方式有机融于一个个具体的语言学习活动或语言知识点学习与能力培养之中"。[19]在教学活动中,注意"入深入细、落小落全、做好做实""注重课堂形式的多样性和话语传播的有效性,避免附加式、标签式的生硬说教,要深入分析不同专业学生的学习需求、心理特征、成长规律和价值取向,坚持因事而化、因时而进、因势而新,悉心点亮学生对课程学习的专注度,引发学生的知识共鸣、情感共鸣、价值共鸣"。[20]

5. "教书育人"完善自我人生。任何一名外语教师总要经历一个由不成熟到相对成熟乃至成熟的职业发展轨迹。教育赋予了我们双重的职责,既要完善自己又要觉醒他人。我们不是生来就是个完人,个人的成长经历和早期的知识积累和能力锻炼与不断发展的时事和现实需求相比,总有差距。只有在思想上努力学习,与时俱进,深刻领悟"八个相统一"[21],在实践中勇于探索,不断完善自己,在"教书育人"方法上不断创新求变,追求完美,止于至善,才会不辜负新时代赋予我们的神圣使命。

四　结语

在外语课程中践行课堂思政理念将有效地丰富外语课程"立德树人"的内涵，同时也要求我们"一要坚持以理服人，二要做好价值引导，三要营造活力课堂，四要形成协同效应"[22]，以便能通过"守好一段渠、种好责任田"，培养全面发展、德才兼备的社会主义接班人，在国际舞台上展示中国形象，体现中国实力和发出中国声音。这是一项神圣而艰巨的任务，唯有不断学习、不断探索、不断总结和完善，才能不忘初心，不辱"为党育人，为国育才"的历史使命。

参考文献

[1] 肖琼，黄国文. 关于外语课程思政建设的思考[J]. 中国外语，2020(5)：10-14.

[2][15] 刘正光，许哲，何岚."立德树人"与大学英语教材开发的原则与方法——以《新时代明德大学英语综合教程》为例[J]. 中国外语，2021，18(2)：25-32.

[3][4] 蒋承勇，云慧霞. 大学语文教学与大学生人文素养培育[J]. 中国大学教学，2013(2)：53-55.

[5] 文秋芳，王建卿，赵彩然，等. 构建我国外语类大学生思辨能力量具的理论框架[J]. 外语界，2009(1)：37-43.

[6] 杨枫. 学术与思想交相辉映——从英语专业大讨论谈起[J]. 当代外语研究，2019(1)：1-2.

[7] 联合国教科文组织. 学习：内在的财富：国际21世纪教育委员会向联合国教科文组织提交的报告[M]. 联合国教科文组织总部中文科，译. 北京：中国教育科学出版社，1998.

[8] 王学俭，石岩. 新时代课程思政的内涵、特点、难点及应对策略[J]. 新疆师范大学学报(哲学社会科学版)，2020，41(2)：50-58.

[9] 桂诗春. 应用语言学的系统论[J]. 外语教学与研究，1994(4)：9-16.

[10] 胡杰辉. 外语课程思政视角下的教学设计研究[J]. 中国外语，2021(2)：53-59.

[11] 林崇德. 构建中国化的学生发展核心素养[J]. 北京师范大学学报(社会科学版)，2017(1)：66-73.

[12][14] 李霄翔. 多层治理视野下的教、学、管集成：大学英语教学改革的新思路[J]. 中国外语，2011，8(4)：4-8.

[13] 费朗西斯·培根. 培根随笔[M]. 名家编译委员会，译. 北京日报出版社，2016.

[16] 翁铁慧. 大中小学课程德育一体化建设的整体架构与实践路径研究[J]. 上海师范大学学报(哲学社会科学版)，2018(5)：5-12.

[17] 习近平寄语教师金句：要成为塑造学生的"大先生"[EB/OL]. (2018-09-07)[2021-05-18]. http://cpc.people.com.cn/xuexi/BIG5/n1/2018/0906/c421030-30276689.html.

[18] 方英. 文学叙事中的空间[J]. 宁波大学学报(人文科学版)，2016，29(4)：42-48.

[19] 王守仁. 论"明明德"于外语课程：兼谈《新时代明德大学英语》教材编写[J]. 中国外语，

2021,18(2):4-9.

[20] 高燕. 课程思政建设的关键问题与解决路径[J]. 中国高等教育,2017(15):11-14.

[21] 新华社. 习近平主持召开学校思想政治理论课教师座谈会[EB/OL]. (2019-03-18)[2021-05-18]. http://www.gov.cn/xinwen/2019-03/18/content_5374831.htm.

[22] 唐景莉,李石纯. 怎样加强新时代思政课建设?——对话高校六位思政课教师[J]. 中国高等教育,2019(9):21-26.

EFL课堂教师话语语调中的母语影响

曹育珍　杨茂霞

摘要：本文通过对EFL课堂教师话语的个案研究，发现EFL课堂教师话语语调中有明显的汉语影响，表现为降调使用频率明显地超出升调，且延续升调的数目很少，语篇语调衔接较差。本研究对外语教学的启示在于，在外语教师培训中，应该加强语调的丰富性，包括语调的表意、传情、语篇衔接等功能的训练，应实现从单词调的教学向连续的短语调和完整的句调以及语篇语调的转变。

关键词：EFL课堂；教师话语；语调；母语影响

L1 Influence on Teacher's Intonation in Chinese EFL Classroom

CAO Yu-zhen, YANG Mao-xia

Abstract: Through a case study of the teacher's speech in EFL classroom, it has been revealed that the intonation of the teacher's speech shows obvious influence from the L1, mandarin, i. e. more frequent use of falling tones than rising tones, inadequate use of continuation rise and poor coherence in discourse intonation. The implication from this research on EFL teacher training is that it is necessary to increase the richness of tones to fulfil the pragmatic, affective and discourse cohesive functions. It also advocates a shift from single-word tone teaching to one that emphasizes the teaching of phrase tone, sentence tone and discourse intonation.

Key words: EFL classroom; teacher's speech; intonation; L1 influence

1 研究的必要性

在英语课堂教学中，教师不仅是课堂交际活动的掌控者、课堂话语的主要实施者、课堂语言输入的主要来源之一,还是学习者语言学习的模本。教师应该具有优秀的英语口语能力,其课堂话语应该为学生树立一个榜样。分析和研究教师话语对提高英语课堂教学质量有着重要意义。

然而,专门探讨非英语母语的外语教师的课堂话语的例子并不多。国际上较为早期的二语习得研究的集大成者 Ellis[1]在其著作中基本未涉及非英语母语的英语教师的话语中的母语影响问题。20 世纪以来这种情况有所改观,Pickering[2]以 6 名来自中国大陆的汉语母语 TESOL 国际助教和 6 名来自北美的英语母语助教为对象,分析了他们课堂上的话语,发现英语母语助教更善于运用语调选择(tone choice)来提高他们课堂话语语篇的可接受性并借以建立与学生的沟通,而汉语母语助教的话语则表现出语调与信息结构不匹配、表达衔接性不够、情感表达不当等问题。另一个以国际英语助教为研究对象的研究者是 Hahn[3]。他研究了英语母语学生听非英语母语的国际助教的英语话语语篇的反应,发现当非英语母语的国际助教的主重音(primary stress)设置恰当的话,学生们能较好地回顾教学的内容,对教师的教学也持有较为肯定的态度,相应地,对整个话语语篇的理解也较为容易。

国内关于外语教师课堂话语的研究并不多见。早期研究探讨了教师英语课堂的语言教学艺术[4],探讨了外语教学课堂交流中教师调整话语对课堂交流的作用,并分析了其话语类型和特点[5]。另外,也有研究对大学英语课堂教师话语进行了深入调查,提出了提高教师话语的具体策略并进行了相关效度研究。同时也有研究关注英语课堂教师话语的改进策略。但教师话语中的母语影响不是这些研究的焦点,且多数研究流于表面。不多的涉及语音语调教学的研究强调从传统的孤立形式和音段层面到重视连续话语和超音段层面教学的变革[6],但基本也属于随感式的探讨。总之,涉及 EFL 课堂教师话语的母语影响的相关研究较少,尤其缺乏对教师话语中的汉语母语语调的分析,这留下了探讨的余地。而《高等学校英语专业英语教学大纲》分析了语音课的性质,认为该课程的英语教师要具备良好的口语表达能力,方能实现大纲的教学目标[7]。

2 英汉语调的差别

英语属于语调语言。母语为英语的人对句子的语调很敏感,而不是句中某个词的音高。在汉语中,音高重音(pitch accent)或短语重音(phrase accent)都不会改变词调的调型(pitch contour of lexical tones)[8]。汉语允许在句末使用升调,但在意义表达上偏于情绪化。汉语陈述句句末以降势为主[9],问句句末为升调,但句中升调不明显[10]。沈炯提出声调音域的概念,认为声调音域上限的调节变化和语义的加强有关,下限的变化和节奏结构的完整性相关[11]。陈述句和疑问句的所谓"降调"或"升调",实际上是音域宽窄高低的变化。在这方面,语调语言和声调语言的表现形式很不相同。意群和意群之间,汉语声调音域有下倾,而英语则不然,多使用延续升调[12]。换句话说,英语音高曲线中出现的所有音高事件都用以构成语调,而汉语语调则是通过对声调音高特征的调节而实现的。英语语调在表达语调意义时主要凭借调型,而汉语语调则主要借助对调阶高低与调域宽窄的调节[8]。

3 研究方法

3.1 数据收集

我们以南京某大学的一位英语教师的课堂话语作为研究对象,对其为英语专业二年级学生所开设的英语阅读课的三次线上课堂授课进行了录音。将录音进行切分后,筛选出长度接近同时相对完整的65个句子进行分析。

3.2 语调分析

由于对平调(level)的定义、归属和标注有不少争议,我们虽然标注了部分平调,但没有纳入统计分析的范围。本研究语调分析的主要内容是升调和降调,重音的实现只是一个辅助线索。在本文中,升降调和重音的判定既取决于语音分析软件提供的音高曲拱以及曲线的高度,也取决于研究者本人的听觉估测。升降调的判断的基本要求是要具备在音高重音的音节上有明显的音高运动,听觉感受明显。例如:在图1中,语句是"So, some of you may see how many pets will be put in a text paper, right?"。根据语音信号和研究者本人听辨,"Some of you"是调头所在,引起下面的语篇;而"see how many pets""will be put"这两个语调组是语篇的焦点,是语调的调核所在,"in a text paper"是调尾。

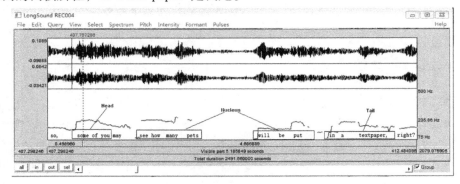

图1 "So, some of you may see how many pets will be put in a text paper, right?"的Praat标注

另外，语调标注主要采用了 Brazil[13] 的理论，并采用相应规范进行了标注，然后统计了频次和比例等。标注示例如下（"//"表示调群边界，"↘"和"↗"分别表示降调和升调，单词中大写字母部分表示重音，重音下划线部分表示调群中的主重音）：

"//↘So you GUYS had PROBlems//↘with the PRElab//↗RIGHT//"

"//QUEStion ONE was//for the exAMple on pages four and FIVE//"

4 数据分析结果

这一节我们分析教师话语的语调使用情况。表 1 是教师使用语调的总的统计结果。升调总数和降调总数之比是 36∶154。总的来看，很明显在教学中老师应用了更多的降调。正如前文所提及，根据 Brazil[13] 的语调理论，降调表明说话者认为他的内容是一个新的主张并且不能从之前的语境中被感觉到。升调表示说话者认为所指的事物是说话双方都了解的内容。显然，教师话语中往往强调独立的意义单位的存在，而不是相关意义之间的衔接。

表 1 升降调统计总表

录音采样	升调数量	（%）	降调数量	（%）
REC004	18	25	53	75
REC005	8	13	53	87
REC006	10	17	48	83
总和	36	19	154	81

表 2 升降调统计分表

录音采样		调头	（%）	调核	（%）	调尾	（%）
REC004	升调数量	5	28	7	39	6	33
	降调数量	2	4	40	75	11	21
REC005	升调数量	2	25	5	63	1	12
	降调数量	3	6	35	66	15	28
REC006	升调数量	4	40	4	40	2	20
	降调数量	3	6	31	65	14	29
总和	升调	11	31	16	44	9	25
	降调	8	5	106	69	40	26

表 2 是教师在调头、调核和调尾上使用的升调和降调的统计结果。句首（调

头)的升调和降调之比是 11∶8,句尾的升调和降调之比是 9∶40。调核,即句中部分的升调和降调之比是 16∶106。也就是说,句首的语调使用很少,或者说,基本是平调,句中语调的高低运动最为丰富,但也可以看出来,句中和句尾都以降调为主。降调虽然也发生在句首,但在句尾明显要多得多。这也说明,教师话语前后衔接的延续升调用的不多,导致语篇的内在衔接较弱。总之,分别考察句首、句中和句尾的语调使用情况,我们也发现教师话语中降调占了大多数。

教师话语中还存在意群中不恰当的语调选择。例如:如图 2 所示,"/// ↗I SPENT// ↘SEveral days and NIGHTS// ↘in the MIDdle September// ↘with an AIling pig//"一句,老师在意群"// ↘SEveral days and NIGHTS //"里使用了降调,而根据 Brazil[13]语篇语调模型中语调选择的分析与描述,在"several days"后应用升调表示后面还有部分意群没有完成。因此,这个错误有可能使学生认为"several days"和"nights"分属两个意群,从而降低学生对整个意群的理解效率。另外,"spent"处的重音不必要,教师似乎要强调"spent",但此句中"spent"绝对不是信息的焦点所在。

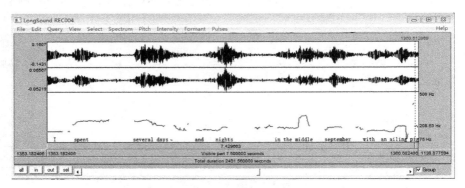

图 2 "/// ↗I SPENT// ↘SEveral days and NIGHTS// ↘in the MIDdle September// ↘with an AIling pig//"的 Praat 标注

由于升降调可能受句子类型(陈述句、疑问句)的影响,本研究进一步分析了教师话语在不同句子类型(陈述句、疑问句)中的使用情况,主要是看句末(tail)的语调变化。表 3 是教师话语中所有陈述句和疑问句数量的统计,由于个别句子结构不完整,难以区分句子类型,所以,统计结果和上文调尾的结果略有出入。数据表明,陈述句占绝大多数(83%),而疑问句只占 17%,并且疑问句还包括部分特殊疑问句。

表3 教师话语中所有陈述句和疑问句数量的统计总表

	疑问句	(%)	陈述句	(%)
REC004	7	39	11	61
REC005	0	0	14	100
REC006	1	7	14	93
总和	8	17	39	83

表4 教师话语中所有陈述句和疑问句升降调的统计分表

录音采样		疑问句	(%)	陈述句	(%)
REC004	升调数量	5	83	1	17
	降调数量	2	17	10	83
REC005	升调数量	0	0	0	100
	降调数量	0	0	14	100
REC006	升调数量	1	50	1	50
	降调数量	0	0	13	100
总和	升调	6	75	2	25
	降调	2	5	37	95

从表2可知,调尾升调和降调之比是9∶40,而表3中疑问句和陈述句之比是8∶39。也就是说,句末(调尾)升调和降调之比大体相当。这告诉我们,这位教师基本上是按照句型来使用升调和降调,疑问句用升调,陈述句用降调。由于陈述句占绝大多数,降调的数量大于升调的数量也就可以理解了。如图3所示,陈述句"//↘I COULD see that//↘he FELT//↘unCOMfortable and unCERtain//"中,"I could see"部分显然是一个降调,似乎是强调"I"能够实现"see"这个行为的能力,所以意外地在"could"上施行重音;实际上,教师是想说明后面that从句引起的内容,所以,更合理的是以一个延续升调来完成"↗I could SEE"部分,从而自然过渡到that从句引起的内容。这里的语调和重音不当是显而易见的。

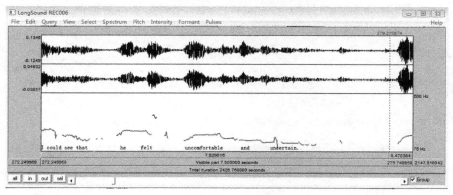

图3 "//↘I COULD see that//↘he FELT//↘un COMfortable and unCERtain//"的Praat标注

教师话语中还有部分朗读课文的语调,由于出生背景、知识层面、生活环境以及个人经历的不同,他的见解也可能有别于原著作者。但语篇的语调衔接的不足,显然会导致学生对原著理解的偏误。例如:图 4 的一般疑问句"// ↘ANYone// ↘of you want to make some COMments// ↘ON Lesson Five? //"的功能是提问,全句都是降调。英语母语者一般用升调来引起交际对象的注意和参与动机,用降调似乎有下命令的意味,这对于实现教师的交际目的来说并不是理想的选择。此外,"anyone"单独实现为一个调群,这样的调群切分不合理。介词"on"施行重音也与英语母语者的习惯有出入,可以初步推断这类对介词和助词的重音实现是受汉语每个字有字调这一现象的影响。

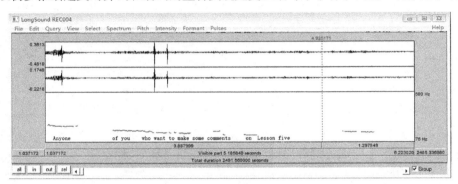

图 4 " // ↘ANYone// ↘of you want to make some COMments// ↘ON Lesson Five? //" 的 Praat 标注

再例如图 5 的特殊疑问句" // ↘What do you find something USUal// ↗about this TEXT? //"语调的使用也存在问题。使用了"something"这样的不确定性指称代词又要问"do you find",是想通过提问来引起学生的发言,那么,在语义焦点"usual"处使用升调显然是很好的选择,英语的疑问句的升调较为提前,而汉语则主要是句尾发生升调,从图 5 可见,该说话人使用的是句尾升调,可以推测为其受到汉语语调的影响。

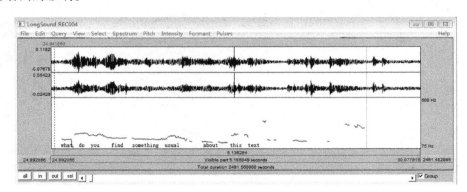

图 5 " // ↘What do you find something USUal// ↗about this TEXT? //" 的 Praat 标注

5 讨论

总的来看，在教学中老师应用了更多的降调，而且，每一个句子上的降调的数量也较多。正如前文所提及的，根据 Brazil[13] 的语调理论，降调表明说话者认为他的内容是一个新的主张并且不能从之前的语境中被认知。升调表示说话者认为所指的事物是说话双方都了解的内容。显然，教师话语中往往强调独立的意义单位的存在，而不是相关意义之间的衔接。

其次，比较调头、调核和调尾的升降调使用，可以看出，句首的语调使用很少，句尾以降调为主。调核处的升调或降调的总数都明显大于调头和调尾。也就是说，教师倾向于在调核处施行更多的音高运动，形成升调和降调。因为调核应该是话语的主要信息所在，语调相对较为丰富。但从目前的分析可以看到，调核部分语调使用缺乏延续升调，语篇内在衔接不够，意群错误连接，这些都导致了师生互动不够。

另外，从句型来看，这位教师基本上是按照句型来使用升调和降调，疑问句用升调，陈述句用降调，由于陈述句占绝大多数，这一定程度上导致降调的数量大大超过升调的数量。

表5 Pickering 研究的语调使用统计表

使用的语调	英语母语($n=6$)		汉语母语($n=6$)	
	频次	百分比	频次	百分比
降调	344	63	363	73
升调	121	22	48	9
平调	85	15	89	18
总计	550	100	500	100

这里我们将本研究的结果与 Pickering[2] 的研究结果做一个比较。该研究发现这两组人群在语调选择上有明显差别，汉语母语助教和英语母语助教对降调和平调的使用频次基本相当，分别为363∶344 和 89∶85；但是升调的使用频次相差甚远，比值为48∶121（见表5）。Pickering 在升调和降调之外还单独区分了平调，其实在 ToBI 韵律标注体系中低平调就是降调，高平调视为升调。由于 Pickering 没有明确交代平调的判断标准，这里姑且放在一边。仅就升调和降调而言，本研究的结果与其相似，英语母语者使用了更大比例的升调，用以衔接语篇，并与学生进行话语沟通，激发学生的反应等。而汉语母语者则远远没有学会使用语调的这类功能，造成

交际语篇的衔接和互动较差,有可能损伤语篇的可理解性(intelligibility)。

上一节的研究数据表明,不论从升降调使用的总量、使用的位置和使用的句型来看,降调都占了绝对多数。由此可见,对汉语为母语的且能够熟练使用英语的教师而言,降调的过度使用也是普遍发生的问题。我们有理由认为主导性原因很有可能是汉语与英语的语调音系不同而发生负面迁移的结果。本文第二节曾经提到,英汉语语调音系不同。在日常英语对话中,句中一个词的音高变化也许不会影响词意或句意,但是句子的音高变化会影响听话者对句意的理解。汉语字调为主干,语义传达主要依赖字调,语调往往只表达副语言意义。而且,汉语明显不同于英语的是,汉语以降调为主,升调只使用于疑问句的句末,或表示特殊的情感功能,语篇功能较弱。Ohala[14]指出:降调更加有知觉的突出性,使用降调,学习者能够更快地完成发音,而且很少会误发到下一个音节,恰好说明了汉语字调为主干的格局和降调的关系。英语则大量使用升调来弥补字调的缺乏,且主要通过升调来衔接语篇。因此,我们有理由认为,英语和汉语这种语言类型上的差别,是造成教师EFL课堂话语更多使用降调、语篇衔接较弱等现象的主要原因。当然,我们也不能排除其他因素的影响。例如:教师所受语音训练可能也都是传统的强调单词发音准确,语调多为陈述性调式,以降调为主。除了训练因素,可能英汉文化差异也多少有些影响。汉语文化相对而言较为保守,强调内敛,所以语调不夸张,多降式。英语文化则相反,鼓励个性的张扬和自我表达,所以语调的总趋势也相应地有较多起伏,形成较多升调。可以说,语言因素和副语言或非语言因素一起,造就了中国英语教师EFL课堂话语的现状。

6 结论

通过对EFL课堂教师话语的个案研究,我们发现EFL课堂教师话语语调中有明显的汉语影响,表现为降调使用频率明显地超出升调,且延续升调的数目很少,语篇衔接较差。本研究对外语教学的启示在于,在外语教学或外语教师培训中,应该加强对语调的丰富性,包括语调的表意、传情、语篇衔接等功能的训练,应实现从单词调的教学向连续的短语调和完整的句调以及语篇语调的转变。

本研究对象仅限于一人对课文的讲解,录音条件也远非理想,语调分析基本局限于Brazil的语调理论,而且对重音的表现涉及较少,未能就同一材料进行英语母语教师和汉语母语教师的横向对比,这些都是本研究的缺陷。

参考文献

[1] ELLIS R. Second language acquisition[M]. Cambridge: Cambridge University Press, 1994.

[2] PICKERING L. The role of tone choice in improving ITA communication in the classroom [J]. TESOL Quarterly, 2001, 35(2): 233-255.

[3] HAHN D. Primary stress and intelligibility: Research to motivate the teaching of suprasegmentals[J]. TESOL Quarterly, 2004, 38(2): 201-223.

[4] 林汝昌. 教学语言:一个仍有待研究的问题[J]. 外语界, 1996(2): 8-12.

[5] 戴炜栋, 李明. 调整语话语初探[J]. 外国语(上海外国语大学学报), 1998, 21(3): 2-7.

[6] 纪玉华, 许其潮. 朗读艺术课:英语语音课程改革新探[J]. 外语与外语教学, 2001(7): 30-32.

[7] 史宝辉. 英语专业语音课教学的几个主要问题[M]//陈桦, 杨军. 中国二语语音习得研究的现状及发展趋势. 北京:外语教学与研究出版社, 2010.

[8] 陈虎. 英汉语调音系对比研究[M]. 开封:河南大学出版社, 2006.

[9] 吴宗济. 吴宗济语言学论文集[M]. 北京:商务印书馆, 2005.

[10] SHEN X. Ability of learning the prosody of an intonational language by speakers of a tonal language: Chinese speakers learning French prosody[J]. IRAL-International Review of Applied Linguistics in Language Teaching, 1990, 28(2): 119-134.

[11] 沈炯. 汉语语调构造和语调类型[J]. 方言, 1994, 16(3): 221-228.

[12] CRUTENDEN A. Intonation[M]. Beijing: Peking University Press, 2002.

[13] BRAZIL D. The communicative value of intonation in English[M]. Cambridge: Cambridge University Press, 2007.

[14] OHALA J. The production of tone[M]// FROMKIN V A. Tone: A Linguistic Survey. New York: Academic Press, 1978: 5-39.

课程思政视域下的医学英语教学实践研究

郭锋萍

摘要：本文参照高校课程思政示范课程建设的要求，从理论角度探讨医学英语课程思政建设在大学医学英语课程的建设和教学中的必要性；从教学实践所涉及的教学目标、课程内容、教学设计、评价机制和教师角色等方面，阐述医学英语课程思政建设的途径，为在大学英语中开展ESP（专门用途英语）课程建设提供参考和借鉴。

关键词：课程思政；医学英语；教学实践

Research on Medical English Teaching Practice from the Perspective of Ideological-political Curriculum

GUO Feng-ping

Abstract: In the teaching of College Medical English, this paper discusses the necessity of ideological-political construction in medical English from a theoretical view, referring to the university's requirements of ideological-political demonstration course construction. This paper expounds on the approaches to the ideological-political construction of medical English from the aspects of teaching objectives, course content, teaching design, evaluation system and the teacher's role in teaching practice to provide a reference for ESP course construction in College English.

Key words: ideological-political construction of courses; Medical English; teaching practice

---

作者简介　郭锋萍：东南大学外国语学院教师，研究方向：外语教育，英语教学法。

一 引言

2016年12月在全国高校思想政治工作会议上,习近平总书记强调,应把思想政治工作贯穿教育教学全过程,开创我国高等教育事业发展新局面。习近平指出,"做好高校思想政治工作,要用好课堂教学这个主渠道,……,其他各门课都要守好一段渠、种好责任田,使各类课程与思想政治理论课同向同行,形成协同效应"。2018年10月教育部颁布《关于加快建设高水平本科教育全面提高人才培养能力的意见》(简称《新时代高教40条》),指出,"在构建全员、全过程、全方位'三全育人'大格局过程中,着力推动高校全面加强课程思政建设"。2020年5月,教育部关于印发《高等学校课程思政建设指导纲要》(简称《纲要》)的通知明确指出,"培养什么人、怎样培养人、为谁培养人是教育的根本问题,立德树人成效是检验高校一切工作的根本标准"。要落实"立德树人"的根本任务,全面推进高校课程思政建设,就必须将价值塑造、知识传递和能力培养融为一体,帮助学生塑造正确的世界观、人生观、价值观。习总书记的重要讲话以及教育部出台的系列文件、纲要等,都为解决高等教育中思政教育和专业教育"两张皮"的问题提供了关键且重要的引领性作用。

外语教育教学是高等教育的重要组成部分,外语学科的人文社会学科属性决定了无论是外语专业教育还是公共外语教育,其本质是人文教育,也决定了外语学习的课堂是思政育人的重要阵地。《大学英语教学指南》(2020版)(以下简称《指南》2020版)明确提出大学英语课程思政的要求:"大学英语教学应主动融入学校课程思政教学体系,使之在高等学校落实立德树人根本任务中发挥重要作用。"同时,对大学英语课程的人文性赋予了中国文化理解、对外传播、立德树人等新的内涵。

本文以大学英语教学中的专门用途英语——医学英语教学为例,探讨医学英语课程思政建设的必要性,思政元素融入课程的途径和方法,以及教师在建设课程思政中承担的角色这几个方面,深入探讨医学英语课程思政的教学实践探索。

二 医学英语课程思政建设的必要性

医学院是培养未来医学工作者的重要基地,对医学生的伦理道德、职业道德等方面都要设定更高阶、更全面的培养目标。教育部的《纲要》中第五部分,结合专业特点分类推进课程思政建设。其中，对医学类课程提出，要在课程教学中注重加强医德医风教育，着力培养学生"敬佑生命、救死扶伤、甘于奉献、大爱无疆"的医者精神，注重加强医者仁心教育，在培养精湛医术的同时，教育引导学生始终把人民群众生命安全和身体健康放在首位，尊重患者，善于沟通，提升综合素养和人文修养，提升依法应对重大突发公共卫生事件能力，做党和人民信赖的好医生。

医学英语作为专门用途语言课程，是医学类课程中的专业必修课，有着独特的思政视角和意义。它不仅是一门关于语言的课程，也是一门重要的素质教育课程，能够拓宽学生的知识和视野，使其了解多元文化，具有工具性和人文性的双重特性。因此，医学英语课程融入思政元素是课程建设的重要部分。

医学专业英语课程不是单纯意义上的自然科学，而是"仁学"，人文性可以说是它的本质属性。这也体现了医学英语思政元素融入的可行性。1) 医学英语课程面向医学院各个专业开设，包括临床医学、公共卫生、护理学、检验影像等学科，授课面广，学生数量众多，比其他医学院的专业课程更具思想政治教育的优势。2) 医学英语使用的教材内容丰富、思政元素多样化、材料形式新颖、产出成果突出。依托教材的多样化思政元素，从世界观教育、人生观教育、政治观教育和道德观教育对学生进行渗透，效果明显。3) 医学英语是面向已经完成通用英语学习的较高年级的学生的，这些学生已经有了英语语言技能的扎实基本功，思想政治水平也相对较高，更有可能对其进行"润物细无声"的思政教育，为培养"医术高超－医德高尚"的医学生打好基础。4) 医学英语课程的授课教师虽为外国语言文学的学术背景，但更能从病患或者自身就医经历的角度探讨医学问题，帮助学生在学习专业知识以外，体会"仁心仁德"的医师职业素养。

综上所述，医学英语应该是大学英语课程思政建设的主战场，能落实立德树人的根本任务。

三 医学英语课程思政教学实践

（一）基本情况

"医学英语"是针对临床医学、公共卫生等专业学生的一门大学专门用途英语课程（English for Specific Purpose，简称"ESP"）。本课程授课对象为医学院临床、预防、检验等专业的大二的学生，共计32课时，周课时为2。学生的先修课程包括大学英语Ⅲ和Ⅳ，即通用英语部分。

本课程通过知识传授和实践案例结合的方法,在教学过程中创设医学英语学习情境,挖掘素材中的德育内涵和人文知识,提高学生医学英语的应用技能,增强其医德意识和医学人文素养。本课程从 2012 年开始建设,有着近十年的建设周期,目前已经出版一本改编的国外医学英语教材、一套供教材使用的 PPT、一个中国大学慕课平台上线的"医学英语"慕课。同时,本课程获得了东南大学首批课程思政示范课"优秀"结项。由此可以看出本课程在多年教学积累下,对将课程思政融入医学英语教学做了深入的教学研究和实践。

(二)教学实践过程

1. 教学目标——精准三位一体目标

现代课程论要求课程应当以教学目标为导向展开。因此医学英语课程设计的首要任务是确立精准的教学目标。本课程的教学目标分为思政目标、能力目标、知识目标,三者应互为一体,逻辑关联,有机融合。具体如表1所示。

表1 "医学英语"教学目标

思政目标	学生能够树立正确的医德意识和职业价值观
	具备医学实践研究工作的使命感和责任感
	具备基本的医学学科人文素养
	具备一定的批判思维和创新精神
	具有中国情怀、国际视野和跨文化的交流、竞争与合作能力
能力目标	掌握医学专业英语词汇和语言交流原则
	了解英语情境中的医学专业基本概念、基本知识和研究现状
	提高医学职业和学术背景下的英语口头和书面交流技能
知识目标	掌握医学英语词汇的缘起、构成和内涵
	掌握医学英语学术阅读与写作的基本方法
	掌握医学英语学术研讨的规范语言和表达方式
	了解英语语境中临床医学和非临床医学的原则、体系、流程和现状
	了解循证医学的发展历史和现状等

在不脱离教学素材的背景下,为避免课程思政与教学内容"两张皮"的情况,教师们通过研讨,更是将课程目标细分为 8 个模块,根据每个模块的教学内容,指定了 8 个具体的教学目标:1)树立投身医学的敬业精神;2)探究问题的进取态度;3)精准务实的科学作风;4)公平发展的全球视野;5)和谐医疗的职业理想;6)抗

击病疫的责任担当;7)临床决策的合理构想;8)思辨创新的学术素养。在教学过程中,深入挖掘课程思政切入点,以这些细化目标为导向,设计教学活动和进行教学评估。

2. 教学设计——聚焦思政元素设计

医学英语课程设计包括两个模块:一个是医学英语学科模块,包括语言技能和知识点传授;一个是思政内容模块,聚焦价值塑造等。这两个模块必须要做到"基因式"融合。

本课程围绕8个核心话题展开教学,以核心话题为主线,对学生的人生理想、价值观和科学态度进行教育;帮助学生树立以人为本的职业道德观和救死扶伤的社会责任感;通过教师的言传身教影响学生,使之形成正确的医学人文道德观。实施方法如下:

1)主题研讨为核心教学内容。涉及的话题包括医学发展史、医学核心课程、医学人文知识、医德建设理论与实践、医学伦理知识等方面。通过聆听或者研读相关话题的讲座及文章,一方面,集中训练医学专业知识背景下学生的英语学术技能,强调医学英语语言学习工程中基本信息输入的质和量;另一方面,阐释这些文章或者讲座所包含的医学人文情怀,引发学生的思考。

2)英语技能训练为辅助手段。以词汇训练入手,主要介绍和集中训练医学的相关词汇,扫除医学专业术语词汇的障碍。围绕单元主题,重点训练医学专业和语言学习中信息加工和产出所需要的基本技能;分小组就话题内容进行讨论,合理应用口语和写作的产出技能,对话题引发的人文思考等进行深入挖掘。

3)形成性和终结性测试结合。每个单元结束后,考查学生对医学人文知识和医德意识及价值观的理解,强化其产出技能训练;利用各类教学平台,布置学生课后训练、测验、研学等任务,将学生的学习成果多元化展现;每个单元末尾还附有重点词汇和技能回顾,帮助学生进一步梳理所学内容。具体如表2所示。

表2 "医学英语"教学内容与思政教育的融合点

章节	单元内容	语言知识点	思政融入点
第一章	什么是医学?	词汇基础: 1)医学术语的含义与构词法 2)医学英语词汇的起源和构成 语言技能: 如何利用图形做听力笔记	以英语听力素材为媒介,听医学核心问题相关讲座,并做好笔记;再浅谈"希波克拉底誓言"的含义、起源及影响;在医学背景下,探讨社会主义核心价值观的"敬业"精神

续表

章节	单元内容	语言知识点	思政融入点
第二章	医学史上的重大成就	词汇基础： 1）医学术语的功能、语法、解释 2）查找医学词汇，并了解医学英语与通用英语词汇解释上的差异 语言技能： 1）找准主题句、改写主题句、利用改写的主题句概括文章大意 2）围绕主题句如何展开段落	阅读教材中的文献资料，列举医学史上的里程碑事件，从中挖掘科学探究的进取精神；其中，详述心脏病手术发展历史和天花疾病的消亡史；以时间为轴，以问题导向为线，介绍发现问题-解决问题-再次发现问题的科学进步历程
第三章	医学的基本原则	词汇基础： 1）单词重音问题；介绍重音规则 2）带有医学意义的词根（或前缀） 语言技能： 用恰当的表达从讲座人、同学等处获得相关信息	听讲座，了解人体各个系统。简述这11个系统，详细介绍人体的心血管系统和骨骼系统；了解人体系统、解剖体位等专业词汇；以准确的专业术语描述人体各个系统，做到精准无误
第四章	疾病的起源与影响	词汇基础： 1）同义词、反义词 2）描述趋势的词汇 语言技能： 1）学术讲座中的指示语 2）学术研讨的规范语言表达	听讲座，从讲座中了解根据疾病起因的不同分类、如何战胜疾病、如何预防疾病。从公平与发展的角度，讲述全球范围内疾病起因的定义、种类、分布，并以全球不同地域的疾病种类，分析死亡率的数据变化
第五章	临床医学——急诊与初级治疗	词汇基础： 1）学术英语词汇1 2）论文标题里的指向性动词 语言技能： 1）如何从已知信息点过渡到新的信息点 2）如何用定义法理解新词含义 3）介绍4种类型论文结构	本章节分为两部分。第一部分以优化急诊流程（ICP）为核心，以建设和谐医疗环境为目标，描述病人入院的流程图片，了解病人入院后的走向；讨论中外急诊流程的对比，提出更优化的就诊流程，为病人提供保障。 第二部分以阅读并了解关于初级治疗的3个阶段内容，展开"预防大于治疗"理念的大讨论，鼓励大众提高健康意识

续表

章节	单元内容	语言知识点	思政融入点
第六章	非临床医学——公共健康	词汇基础： 学术英语词汇2 语言技能： 1）康奈尔笔记记录法 2）理解讲座人题外话的开始、结束和相关性	阅读、观看2020年医护人员抗击疫情的相关资料，记录文本和视频资料的关键信息，讨论医护人员抗击病疫的责任与担当； 延展话题，从多角度讨论公共健康问题，包括健康饮食、干净用水、母婴健康、交通安全、卫生防疫、禁止烟草、家庭生育计划、预防传染性疾病等。其中，重点探讨肥胖问题和气候变化对公共健康的危害，讨论提高全民公共健康水平的具体措施
第七章	循证医学	词汇基础： 1）学术英语词汇3 2）中性词与带有偏向性词 语言技能： 1）学术论文结构——现状-问题-解决方法-结果评价 2）识别长句结构、撰写长句 3）如何正确书写参考书目	阅读有关循证医学的文献，了解循证医学的发展历史、现状、问题等；将循证的方法用于临床治疗，渗透临床治疗的有理有据的理念，并以此给出最佳治疗方案
第八章	医学的未来	词汇基础： 1）带有引导性的动词 2）句中、句间连接性词汇 3）表示数量的词汇 语言技能： 1）学术研究报告结构 2）准确地引用或者改写	阅读相关文献，展望未来，以创新思辨的学术素养创造医学发展的新突破；浅谈绘制人类基因组图谱、克隆和再生医学、医学纳米技术、处理大流行病的意义等

其中，以"医药英语教程"第一章"什么是医学？"教学设计为例，选本单元的第二个内容模块——"希波克拉底誓言"为设计模板，具体实施步骤如图1所示：

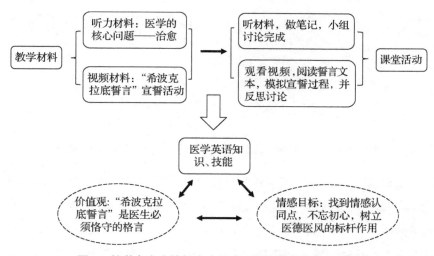

图 1　教学内容中挖掘育人元素／设计教学方案的步骤

3. 教学方法——丰富多元的教学手段

本课程采用线上线下混合式方法进行教学。课程采用和借鉴慕课平台的好课和自建在线慕课，用两种方式进行混合式教学。教师充分融合线上资源，布置课前线上自主学习内容，课上利用"慕课堂"、QQ 作业等形式检查自主学习情况；教师提炼知识点的重点难点，丰富课堂互动活动，将价值塑造类的教学内容通过线下发言、讨论和展示等形式教授给学生，提高学生的学习效率和参与度。

图 2　中国大学 MOOC"医学英语"首页

图3　慕课堂课程资源界面　　　　　图4　QQ课程群

课堂教学,运用问题驱动教学法(PBL),以问题为导向,围绕单元主题,形成研讨、汇报、论文等产出形式。涉及核心教学内容包括医学发展史、医学核心课程、医学人文知识、医德建设理论与实践、医学伦理知识等方面。通过聆听或者研读相关主题的讲座及文献,一方面,训练医学专业知识背景下学生的英语学术技能,强调医学英语语言学习过程中基本信息输入的质和量;另一方面,阐释这些文章或者讲座所含的医学人文情怀,引发学生的思考。

以课程第五章为例,学完教材中关于医院收治病人的流程介绍后,教师布置了讨论题,以小组为单位讨论"车祸骨折→急诊收治→术前检查→手术治疗→术后观察→康复理疗"这样流程的最优化方式。在这期间,授课教师从自己家人车祸住院谈起,给予词汇、句式、相关术语等方面的帮助,最终,各个小组拿出病人入院治疗的最优化方案,保证了病床的最大化利用等,效果甚佳。这样的讨论,能培养学生从病患角度出发思考治疗方案,综合考虑病人、医院和医生直接的各种关系,合理利用医疗资源。

4. 教学评价——思政功能的体现

评价是任何教学过程中的重要环节。融入思政元素的评价体系,更需要突出其评价的综合性、多元性和合理性。目前,大部分英语教师都在采用形成性评估和终结性评估结合的评价模式,医学英语也不例外。2021年,文秋芳指出,课程思政的评价体系必须要搞清楚的三个问题,即评什么,怎么评,谁来评。这三个方面都有思政教育的空间。

医学英语的具体评价比例如下:

◇形成性评估(50%)

出勤、课堂参与、作业、情况等　　　　　10%

期中讨论(小组讨论)　　　　　　　　　20%

单元测验	10%
"医学英语"等慕课	10%
◇终结性评估(50%)	
撰写医学专业学术报告	20%
期末笔试	30%

　　从评价内容看,教师无论是进行课堂测验还是期末测验,都将本课程的8个章节思政内容融入其中,依据由易到难的准则,从语言技能测试入手,逐步过渡到思政导向的测试题,比如阅读笔记测试、文献综述测试等,由此希望评价学生的思辨能力。从评价形式看,将形成性评估和终结性评估的比例平均分配,充分考虑学生在知识能力、学术素养、价值引领等方面的发展的多元性,尽可能细化地综合评价学生。从评价主体看,以上的评价方式,完全可以结合师生评价、生生互评等方式,从小组到个人,都给予了客观公正的评价结果。

　　5. 教师角色——思政教育的践行者

　　著名教育家陶行知先生的名句"身正为师,学高为范",已经成为很多师范院校的校训。他道出了作为一名合格教师,除了要有扎实的专业知识、较高的文化水准外,更重要的是要求教师应有高尚的人格和良好的道德素质。教师不仅是用专业知识育人,更是用自己的品德育人。文秋芳提出了实施外语课程思政的框架,其中包括横向维度中的一条"教师言行链"。这条思政链要求外语教师在教学生时,必须言传身教、严慈相济。用自身言行对学生进行正向的引导,以达到思政育人的效果。

　　2020年上半年新冠疫情期间,所有课程都是线上教学。虽然师生无法面对面交流,但教师的言行依旧影响着学生。从理论知识上,为了帮助学生科学客观地了解新冠病毒和新冠大流行的情况,教师从世界卫生组织等官方网站选取科学严谨的文字、视频和音频材料,给学生补充相关知识(如图5),并跟学生一起讨论甄别网络上关于疫情的各种报道的真假;从实践上,因教师家属是医生的缘故,用家人献身抗疫第一线的事例鼓励医学院学生积极投身"战疫"行动,帮助自己所在的社区、街道和城市,防治新冠病毒。学生们在教师的引领下,纷纷行动起来,并于课内课外分享自己的抗疫故事。通过这样的教学活动,更加坚定了医学生的职业信念。

图 5　教师为学生准备的新冠疫情的高频词汇

与此同时,教师在课程教学和管理中,始终严格要求,并于每学期开学初都会列出课程细则,告知学生本学期需要完成的各项学习任务,细化学习任务完成过程,明确分组分工,并做好定期学情汇报等。期中期末考核前,再次明确考核标准,做到让学生对标考核要求,认真完成医学英语学习的考核任务,如图6、图7。

图 6　医学英语课程细则　　　　　**图 7　医学英语期末考核说明**

四　结语

在重视"课程思政"建设的"大思政"格局下,医学英语课程已经内化了课程思政理念和方法,已经是外语课程思政建设的重要分支。为达到价值塑造、知识传授、能力培养"三位一体"的人才培养的目标,通过医学英语课程的教学设计,将课程思政元素与英语语言学习深度融合。授课教师在仔细研究、分析教材课程目标后,提炼、整合、加工课程内含的思政元素。通过讲解语言知识,培养关键能力,实现价值观塑造,坚持显性教育和隐性教育相统一。设计创新教学方式,基于教学内容设计高质量的交互教学活动,在传授知识的同时引发学生认知、情感和行为的认同。实施有效的教学评估,体现医学英语课程评价的价值性和知识性相统一。同时,教师的言行举止也是践行思政教育的重要途径,教师的思政教学设计素养也需要不断进取,为提高人才培养质量,教书和育人有机统一,落实立德树人的根本任务做出贡献。

参考文献

[1] 习近平.把思想政治工作贯穿教育教学全过程[EB/OL].(2016-12-08)[2020-10-11].新华社. http://www.xinhuanet.com/politics/2016-12/08/c_1120082577.htm.

[2] 中华人民共和国教育部.教育部《关于加快建设高水平本科教育全面提高人才培养能力的意见》[EB/OL].(2018-09-17)[2020-10-11]. http://www.moe.gov.cn/srcsite/A08/s7056/201810/t20181017_351887.html.

[3] 中华人民共和国教育部.高等学校课程思政建设指导纲要[EB/OL].(2020-06-01)[2020-10-11]. http://www.moe.gov.cn/srcsite/A08/s7056/202006/t20200603_462437.html.

[4] 教育部高等学校大学外语教学指导委员会.大学英语教学指南(2020版)[M].北京:高等教育出版社,2020.

[5] 丛钊.医学人文思政教育融入医学院校专业英语教学的可行性分析[J].中国民商,2018(9):246.

[6] 王晓清.医学英语思政课程的必要性和具体实施[J].中国民商,2018(11):258.

[7] 胡杰辉.外语课程思政视角下的教学设计研究[J].中国外语,2021,18(2):53-59.

[8] 文秋芳.大学外语课程思政的内涵和实施框架[J].中国外语,2021,18(2):47-52.

[9] 高宁,王喜忠.全面把握《高等学校课程思政建设指导纲要》的理论性、整体性和系统性[J].中国大学教学,2020(9):17-22.

[10] 吴晶,胡浩.习近平在全国高校思想政治工作会议上强调把思想政治工作贯穿教育教学全过程 开创我国高等教育事业发展新局面[J].中国高等教育,2016(24):5-7.

[11] 张敬源,王娜.外语"课程思政"建设——内涵、原则与路径探析[J].中国外语,2020,17(5):15-20.

英语专业课程思政的人本主义教学路径

黄文英

摘要:目前,"课程思政"已经成为新的热点研究领域。已有的研究成果厘清了"课程思政"的发展思路、历史脉络以及推进路径和实践做法,但是较少论及课程思政的教育学理论基础。本文从英语专业的人文学科属性出发,以课程思政与人本主义教育思想的契合,系统地探究了英语专业课程思政的人本主义教学路径,为切实推进英语专业"课程思政"提供了一些思路。

关键词:课程思政;人本主义;英语专业

A Humanistic Path of Integrating Ideological and Political Education into English Major Courses

HUANG Wen-ying

Abstract: The integration of ideological and political education into professional courses has been a hot research area. While there has been much research on the origin, development and practice of this integration, little is done about its pedagogical foundation. This paper proposes some methods to implement such integration from a humanistic approach as it recognizes the consistence of such integration with the humanistic pedagogy and the humanistic nature of English major.

Key words: integrating ideological and political education into professional courses; humanism; English major

---

作者简介 黄文英,江苏常州人,东南大学外国语学院副教授,研究方向:英语教学等。
基金项目 本文系江苏省高等教育学会高校外语教育"课程思政与混合式教学"专项课题(2020WYKT001)、东南大学校级课程思政教改重点项目、东南大学"课程思政"校级示范课改革试点项目成果之一。

一 课程思政的背景和内涵

"课程思政"这一概念始于上海市委市政府制定的《上海市教育综合改革方案（2014—2020年）》，该方案将德育作为教育综合改革的重要项目，以立德树人作为教育的根本任务，发掘专业课程思想政治教育资源。习近平总书记在全国高校思政工作会议上指出，"要用好课堂教学这个主渠道……其他各门课都要守好一段渠、种好责任田，使各类课程与思想政治理论课同向同行，形成协同效应[1]"。

2019年，在学校思想政治理论课教师座谈会上，习近平总书记强调要挖掘其他课程和教学方式中蕴含的思想政治教育资源，实现全员全程全方位育人[2]。2020年5月，教育部发布了《高校课程思政建设指导纲要》[3]，明确了课程思政建设的总体目标和重点内容，对推进高校课程思政建设进行了整体设计。

2018年教育部颁布的《外国语言文学类教学质量国家标准》[4]提出，外语类专业学生应具有正确的世界观、人生观和价值观，良好的道德品质，中国情怀和国际视野，社会责任感，人文与科学素养，合作精神，创新精神以及学科基本素养。

课程思政是课程与思政的结合。课程是指学校学生所应学习的学科总和及其进程与安排，思政是"思想政治"的简称。高校课程既有理论课程，又有实践课程；有显性课程，也有隐性课程。当课程与"思政"相连时，则类似于教育学所谓的"学科德育"，即在学科课程教学中渗透德育。思想政治理论课作为大学生思想政治教育的主渠道，在高校思想政治教育中具有主干地位，对于培养德智体美全面发展的人才发挥了重要作用。但是多年来，思想政治理论课一直单打独斗、孤军奋战，其他课程蕴含的思想政治教育资源和功能没能得到有效发挥，大学生思想政治教育的课程育人合力没能形成，影响了大学生思想政治教育的实效。"课程思政"概念的提出与探索正是为了化解这一问题，所以"课程思政"旨在挖掘和发挥专业课、通识课的思想政治教育的资源与功能，在专业课、通识课教学中潜移默化地开展思想政治教育实践活动。

由是观之，"课程思政"就是指依托或借助高校思想政治理论课、专业课、通识课而进行的思想政治教育实践活动，或者是将思想政治教育寓于、融入专业课、通识课的教育实践活动。

二 课程思政的人本主义理论基础

课程思政与其说是一种教学要求或者教学目标，不如说是一种教学理念或者教学观[5]。综观世界教育史,课程思政与人本主义教育观念(Person-Centered Education, PCE)的思想基本一致,尤其是德国思想家(J. F. Herbart)赫尔巴特创立的"教育性教学"理论和近二十年发展起来的世界人本主义教育思想。

赫尔巴特教育学是19世纪乃至20世纪最有影响力的教学理论。"教育性教学"是赫尔巴特教育学的根本出发点,它的心理学过程是起于兴趣,依靠行为,最终实现意志品质的形成[6]。赫尔巴特认为道德是教育的"整个目的",教学应当是一种具有教化作用的教育性的教学[7],要为未成年人能够参与到社会公共生活中去做好准备,需要培养他们的公民品格和自我负责的行动方式。赫尔巴特强调课程知识的育人功能。在他看来,没有"无教育的教学",也不存在"无教学的教育"[8]。真正的教学必须以"育人"为目的,必须是"成人"的伦理活动。换言之,那种完全不关心一个人会变好还是变坏的所谓"教学",不是真正意义上的教学[9]。

赫尔巴特反复强调内心自由、友善、法、完美性、公正这五种道德观念,反映了赫尔巴特教育思想的价值性和人文性。其中的内心自由更是直接指向人摆脱外部束缚的倾向,服从于人的意志自由和判断理性诉求。内心自由有益于情感,它能使人心情舒畅愉快,"拥有真正的自我",而人的"心灵的充实——应当视为教学的一般结果——比其他任何细枝末节的目标更重要"[8]17。

赫尔巴特"意识阈"理论更强调潜移默化的隐性教育对学生的触动和影响,而显性教育的方式有时会招致学生的心理抵触。这为"课程思政"提供了心理学依据,"课程思政"的教育过程就是依托课程教学,使思想政治教育在学生无意识的情况下发挥作用。

赫尔巴特的"教育性教学"为我们指明了在落实"立德树人"的根本任务中,教学和育人如何能够辩证地统一并最终落实到三全教育和课程思政上。教育与教学相结合,这就要求所有教师要处理好教育与教学之间的关系,因此,全员育人成为道德教育的必然趋势。赫尔巴特在《教育学讲授纲要》中单独设有"按年龄论普通教育"一章,详细介绍了各个年龄段应进行的教育[10],确认了道德教育的长期性、持续性以及连贯性,也即全过程育人。赫尔巴特还提出实施全面的教育课程体系,包括自然、社会、思维等多个方面,也即全方位育人,就要在教育实践中充分发挥其他课堂的载体作用,找到知识与道德教育之间的契合点,把握时机进行道德教育。

课程思政也是新时期全球范围的教育共识。为了应对世界范围内的挑战,诸如持续性的极端贫困饥饿现象、生物多样性的消失、温室气体排放增加、对特定人群的排斥、性别不平等、持续性的冲突和不稳定现象[11],最近二十年来,世界公民教育(Global Citizenship Education, GCE)的理念得到全球教育界的认可,它的核心是学生道德层面和社会层面的全面发展,培养学生尊重社会规则、促进包容性和多样性、与他人和谐共处、关心环保,帮助学生为在今后"超级多样化"(superdiversity)[12]的社会中生活做好准备。世界公民教育的教学目标包括对人的权利和国际事务的认知,团体归属、共情以及解决冲突的社会情感态度和技能,有道德的消费观念、可持续性的生活、社团志愿慈善服务,跨文化能力[13]等。它的一个重要层面是世界人本主义(cosmopolitan humanism)[14]。世界人本主义重视人性、人的道德义务和责任,旨在培养有利于社会的公民,既尊重他人又有责任感,保障社会和谐和融合。不难看出,世界人本主义与课程思政的目标是一致的。

三 英语专业课程思政的人本主义教学路径

作为人文学科的英语专业,其课程体系涉及西方国家的社会历史文化、文学、语言学、哲学等学科领域,每一门专业课程都蕴含丰富的德育功能,具备独特优势和便利条件来将思想政治教育纳入国际比较研究视野,为专业教师的课程思政教学改革提供开阔的视阈。但是,从既有的探索来看,可复制、可推广的课程思政整体性建设方案尚未形成,有待进一步系统、深入的研究。人本主义的教育观念有助于我们实施三全育人,把思政教育融入英语专业所有课程的教学活动与点滴的师生交往中,深度挖掘教学内容中的思政元素,把丰富的思政内涵蕴含在课程中,通过课程教学主动引入思政教育,用学生喜闻乐见的方式把正确的世界观、人生观、价值观和思维方式传授给学生,不牵强附会,不生硬灌输,充分发挥课程的德育功能,潜移默化地完成思政教育。

1 师德引领

2014年习近平总书记同北京师范大学师生代表座谈讲话时指出,"一个优秀的老师,应该是'经师'和'人师'的统一,既要精于'授业'、'解惑',更要以'传道'为责任和使命"[15]。作为"人师",教师是最直观的最有教育意义的模范,是学生鲜活的榜样。课堂教学中,教师在讲台上表现出来的得体的言行举止、谈吐气质,深厚的才学积累,良好的道德修养,营造有情有义、有爱有温度的课堂育人的氛围,会吸引学生对教师产生真诚的信赖感,从而对所学知识产生浓厚的兴趣。英语专业教师本身从学习阶段到工作阶段,在与英语语言接触的过程中受西方文化浸染较多,常常有意无意地进行中西文化对比,若掌握不好分寸,对知识点的讨论和讲解会出现偏颇,比如西方国家概况课程内容涉及西方所谓民主选举,教师极易自由发挥,进行简单表面对比,而不顾西方选举过程中的金钱浪费、财阀操控、欺骗选民、相互抹黑甚至导致社会群体分裂。因此,英语专业教师本身要树立正确的文化观,将英语教育的战略地位和自身责任相结合,自己首先立德为范,不断提升自己在中西文化两方面的业务素质,自觉弘扬社会主义核心价值观,通过言传身教引导学生的集体责任和爱国热情,坚持教书和育人相统一。专业课程的教师不能只做传授书本知识的"教书匠",更要成为塑造学生品格、品行、品位的"大先生"[16]。

2 融入专业培养目标

课程思政要始终围绕专业培养目标和学校培养目标展开,为专业培养目标服务[16]12。专业培养目标既要体现出本学科所需的知识导向、能力培养要求,又要重视价值引领在学科中的落实。没有细化为培养规格的具体要求,在学科建设、教学大纲、教育内容和教学方法中就无法落实到位,教学的育人效果也就失去了评价的准绳。《普通高等学校本科英语类专业教学指南》强调能力培养、知识传授与人格塑造相结合的全人教育,将立德树人作为英语教育改革的根本[17],据此制定的我校英语专业的培养方案明确规定,对毕业生除了有知识和能力的要求以外,还有素质要求,即具有正确的世界观、人生观和价值观,良好的道德品质,中国情怀和国际视野,社会责任感,人文与科学素养,具有严谨踏实的工作态度、刻苦钻研的精神和良好的职业道德;合作精神,具有团队协助精神和团队领导能力,批判思维,创新精神以及学科基本素养。

3 课程设计创新

我校英语专业在完成新版培养方案的制定后,组织教师从思政角度修订教学大纲和教学计划,创新设计课程内容,将课程的基本理论与前沿知识结合起来,增加思想政治教育要素,充分挖掘课程自身特色与优势,提炼其中蕴含的文化基因与价值范式,将其转化为育人的具体化、生动化的有效教学载体。创新教学方式方法,课程中的生动有效的方法也是育人的元素。将道德、情感、心理、文化等主题的课堂讨论作为教学的重点和难点。要使课堂切实成为思政教育的有效载体,教学方法必须遵循教书育人的规律,注重提升课堂话语传播的有效性,促进学生经过参与和思考,实现认知、态度、情感与行为认同,以行之有效的教育方式培育社会主义核心价值观。

4 价值观引导,对错误思潮拨乱反正

利用英美文学史及选读、西方文明史、西方思想经典导读等课程具有人文性和通识性的特点,培养英语专业学生对优秀人类文化和多元世界文明独特理解的人文素养。大学是学生人生观、价值观、世界观形成的关键时期。当代大学生是改革开放后美好生活的受益者,他们生活在一个知识爆炸、物质丰富、文化多元、社会更加开放的时代,对人生似懂非懂,对未来犹豫迷茫。选择英语专业的学生大多对英语语言、英美文学、西方文化、西方价值观等有着浓厚的兴趣,他们情感丰富、自我意识强、抗挫折能力较弱、依恋网络[5],如果教师只注重专业知识的输入,忽视正确价值观的引导,学生容易产生崇洋媚外的心理,或对中西文化差异产生偏见,"三观"偏离主流价值观。这种情况下就需要教师对学生进行正确引导,教学生学会多维度比较中西方社会的差异,客观分析中西方教育体制的不同,正确认识中西方教育各自的优势和存在的不足,并结合我国国情和历史,倡导我国教育的优良传统,防止学生无限崇拜西方文化或者忽视本国文化。教师可以结合课程内容,在课堂上或者社交媒体上发起话题讨论,学生通过踊跃发言充分探讨,进行观点碰撞,最后由教师引导话题的结论方向,修正错误思想。

5 经典作品育人

《普通高等学校本科英语类专业教学指南》将经典阅读纳入英语类专业人才培养的整体规划,制定了一份由进阶(预备)阅读、必读和推荐阅读书目三部分组成的阅读书目,选取的经典著作与《外国语言文学类教学质量国家标准》和《普通高等学校本科英语类专业教学指南》规定的人才培养目标、教学要求相一致,既考虑了英语类专业内涵发展要求,又兼顾学生的实际阅读能力,彰显大学的精神气质和全人教育的宗旨[17]5。英语专业许多课程也要求阅读西方著名的文学作品,经典文学作品中的真、善、美就是育人的资源。教师可以借此机会以英语为媒介,让学生走进西方经典,熟悉西方文学作品,提升文学鉴赏能力,认识经典阅读的当代价值。在背景知识讲解、作者介绍、相关问题讨论、课文内容理解、注释讲解、课文评论、习题评讲等环节挖掘有价值的思政元素和课程思政的有效结合点,丰富课堂教学内容,激发学生了解课文背后的故事,引导学生比较中西方文化差异,学会全面、客观地看待问题、分析问题,有利于实现立德树人的教学目标,对学生的素质形成和人

格发展产生深远影响。

6 讲好中国故事

在带领学生熟读西方经典作品的同时,教师要以课程思政改革为契机,融入中国优秀的传统文化和现当代经典作品,激发学生运用英语将熟知的中国文化和典籍、听到的中国声音和了解到的中国故事翻译成英语,积极向世界传播,让世界看到中国、了解中国,实现中国文化走出去的美好愿景。中国元素的加入将丰富课程的教学内容,扩展课程的文化资源,为开展以内容为依托的教学模式提供重要条件。鉴于学生更加熟悉中国的经典作品,对于读过的经典作品更有独立的见解,教师可以在课堂上布置任务,要求小组推荐一部中国的经典作品,经课外讨论、制作课件交流阅读体验和观点。从教学的语言目标、知识目标升华到文化育人目标,通过对比赏鉴中外经典名篇去激发学生对中华民族自身的文化认同和文化自信。教师要把中华优秀传统文化和中华美德的传承和创新,把实现民族复兴的理想和责任融入课程教学之中,发挥课程育人功能,不仅要传授知识,更应注重价值引领,把学生培养成为能够担当民族复兴大任的时代新人[18]。

7 中外优秀作品或译文对比

教师带领学生阅读西方经典文学作品时,可以引导学生将其与中国经典文学作品进行比较,如戏剧《牡丹亭》与《仲夏夜之梦》的对比,《红楼梦》与《罗密欧与朱丽叶》中的悲剧主题对比,长篇小说《平凡的世界》和《百年孤独》的对比分析[19]。在对比研究中激发学生提出新颖观点,培养质疑精神和批判思维,锻炼文学鉴赏能力,以开放的思维和比较的视野去解析作品蕴含的普世价值和主题思想,最终达到课程思政教学改革的育人目标。

8 中外文化对比

结合英语国家社会与文化、跨文化交际等课程,教师可以引导学生运用比较研究的方法去对比分析中西社会、历史文化与跨文化沟通方面的共性与差异,增强对文化差异的敏感性,从而增加文化包容力和跨文化交际能力,加深学生对人生和社会的感悟力。教师要时刻关注社会文化动态,了解社会文化热点,找到外国文化类课程教学与社会现实和学生思想动态的契合点,精心编制教学案例。课堂教学可以将学生分成小组,组内成员分工合作进行实际案例分析,培养学生自主学习、与人探讨的协作精神,实现思政内容的自我教育,教师在点评环节更深层次地挖掘中西社会文化案例中的思政要素,对学生进行诚信教育、爱国主义教育、团队合作意识教育等。

9　补充中外时文阅读

英语专业的学生阅读西方主流媒体的专家文章和国际新闻,既可扩大阅读面和词汇量,也可提高学习兴趣,了解国内外政治、经济、教育和文化,深刻认识国际形势,关注天下事,培养国际意识、对社会现状以及热点问题的独立思考和分析能力以及逻辑判断能力,在学习专业知识的同时扩展人文科学知识、增进自身综合素养,将外语专业教育与思想政治理论教育结合在一起。

10　语言实践育人

重视实践教学环节,开展形式多样的第二课堂活动如辩论赛、演讲比赛、朗诵比赛、写作比赛、志愿者服务、支教活动、学生社团活动等课外活动,通过语言实践教学,达到学生语言综合使用能力和思想道德共同提高的教学效果。与学校校史馆合作,组织学生用英语讲解校史,学生在提高英语专业知识的同时,也了解了校史、时事政治和社会热点。培养学生爱校爱国情怀、团队合作和志愿服务精神,在服务社会、帮助他人的过程中增强自信,既加强师生交流、拓宽学生视野,又有利于增强学生的自主学习能力。将思政元素植入学生的科研实践项目,创建研究项目,让学生组队独立探究,寻找解决问题的策略。

11　契合时代精神,关注中国发展建设

结合热点问题融入爱国主义教育。比如《战狼2》《红海行动》等电影热播之际,组织英语专业学生探讨电影中的中国外交;国庆节来临之际,让学生分组搜集新中国取得的伟大成就,制作英语微视频,激发学生的自豪感和对中国特色社会主义道路的认同感。环保已经是世界范围内引起人们强烈关注的主题,英语阅读课、报刊英语课以及综合英语课程中常常会读到环保题材的文章,教师可以融入中国政府的绿色发展理念,与习近平总书记提出的"绿水青山就是金山银山"的生态文明理念和"绿色治理观"有机地进行衔接和融合,引导学生关注中国生态环境的改善以及我国生态文明建设取得的令人瞩目的成就。与环保密切相关的多元主题还有中国古代生态智慧、现代生态文明理念、人类命运共同体、全球变暖、西方科技

观、科学发展观等,可以激发学生的研究兴趣,拓宽知识视野,提升批判性思维[19]22。

12 完善课程教学评估体系,树立正确评价导向

在以教学效果为导向的课堂教学评价体系中加入对课程思政开展情况的考查,转变以往单一的以文化知识考查为主导的高校英语教学评价考核方式,构建育人与知识充分结合的综合性英语考评体系,使思政元素成为评教的重要内容,从而提升学生的思想政治素质,提高道德品行,激励教师积极主动地在课程教学中挖掘运用思政元素,自觉地发挥课堂教学的思政教育功能。健全督导反馈机制,及时跟进了解英语专业教学中课程思政的开展情况,并进行及时反馈,不断优化、提升实施效果,树立课程思政工作开展典型,在全校以及兄弟院校中积极推广,逐渐建立高校课程思政的长效机制。

四 结语

英语专业属于人文学科,人文学科的核心是人文主义与人文精神,致力于理想人格的塑造,着力培养学生的人道主义精神和人文情怀,使他们具有批判思维能力,追求和维护公平正义[20]。从大的方面来说,"人文学科关系到一个社会的价值导向和人文导向,关系到一个民族的形象和精神的塑造[21]"。具体而言,熟读中外经典名著,熟练运用中英双语翻译和传播中华优秀的经典作品,用英语讲好中国故事,做中国文化和中华文明的传播者,是英语专业学生的责任与使命,是人本主义教育理论的目标,也是新时代高校实施课程思政教育理念的终极目标。

参考文献

[1] 新华网.习近平:把思想政治工作贯穿教育教学全过程[EB/OL].(2016-12-08)[2021-05-16].http://www.xinhuanet.com/politics/2016-12/08/c_1120082577.htm.

[2] 央广网.习近平主持召开学校思想政治理论课教师座谈会[EB/OL].(2019-03-18)[2021-02-16].http://news.cnr.cn/native/gd/20190318/t20190318_524547148.shtml.

[3] 中华人民共和国中央人民政府.教育部关于印发《高等学校课程思政建设指导纲要》的通知[EB/OL].(2020-06-06)[2021-02-16].http://www.gov.cn/zhengce/zhengceku/2020-06/06/content_5517606.htm.

[4] 教育部高等学校英语专业教学指导分委员会.外国语言文学类教学质量国家标准[EB/OL].(2019-03-27)[2021-02-16].https://elt.hunnu.edu.cn/info/1005/1037.htm.

[5] 王越.课程思政视阈下《基础英语》课程教学改革探析[J].白城师范学院学报,2019,33(7):85-88.

[6] 许丽.高校"课程思政"建设的理论基础与实践探析:以赫尔巴特"教育性教学"思想为视角[J].黑龙江教育(理论与实践),2021(3):27-28.

[7] 林凌.德国系统教育学中的教育行动形式研究:基于对康德、赫尔巴特与施莱尔马赫教育理论的历史考察[J].首都师范大学学报(社会科学版),2019(3):149-159.

[8] 赫尔巴特.普通教育学[M].李其龙,译.北京:人民教育出版社,2015.

[9] 赫尔巴特.赫尔巴特文集(3)[M].杭州:浙江教育出版社,2002.

[10] 赫尔巴特.普通教育学·教育学讲授纲要[M].杭州:浙江教育出版社,2002:77.

[11] United Nations. Report of the Secretary General on SDG Progress 2019. Special edition. Available at:https://sustainabledevelopment.un.org/content/documents/24978Report_of_the_SG_on_SDG_Progress_2019.pdf.

[12] VERTOVEC S. Super-diversity and its implications[J]. Ethnic and Racial Studies,2007,30(6):1024-1054.

[13] UNESCO. Global citizenship education:Topics and learning objectives,2015. Available at:www.unesco.org/.../MULTIMEDIA/FIELD/Beirut/pdf/GCEDTopicsandLearningObjectives_01.pdf.

[14] FRANCH S. Global citizenship education:A new 'moral pedagogy' for the 21st century?[J]. European Educational Research Journal,2020,19(6):506-524.

[15] 习近平.做党和人民满意的好老师:同北京师范大学师生代表座谈时的讲话(2014年9月9日)[N].人民日报,2014-09-10(2).

[16] 邱伟光.课程思政的价值意蕴与生成路径[J].思想理论教育,2017(7):10-14.

[17] 蒋洪新.推动构建中国特色英语类本科专业人才培养体系:英语类专业《教学指南》的研制与思考[J].外语界,2019(5):2-7.

[18] 邱伟光.论课程思政的内在规定与实施重点[J].思想理论教育,2018(8):62-65.

[19] 崔永光,韩春侠.英语专业实施"课程思政"教学改革的可行性分析与实践研究:以专业核心课程"英语精读Ⅲ"为例[J].外语教育研究,2019,7(2):19-24.

[20] 查明建.英语专业的人文学科属性与人文课程的意义:以《国标》人文课程为中心[J].外国语言与文化,2017,1(1):18-26.

[21] 张中载.外语教育中的功用主义和人文主义[J].外语教学与研究,2003,35(6):453-457.

外语教学中大学生健全人格的塑造

季 月

摘要：本文从心理学、语言学和思想政治教育原理的角度出发，阐述了思想政治教育和外语教学与人格发展的关系，并结合当代中国大学生人格发展的特点，探讨通过外语教学，塑造中国大学生健全人格的途径。

关键词：人格；外语教学；思想政治教育

Developing College Students' Healthy Personalities in Foreign Language Teaching

JI Yue

Abstract: This paper probes into the relationship between ideological and political education, foreign language teaching and personality development from the multi-discipline perspective of psychology, linguistics and ideological and political education. It is claimed that the moulding process of Chinese college students' healthy personalities in foreign language teaching should be combined with the investigation of their personality development in the new era along with language teaching theories and practices.

Key words: personality; foreign language teaching; ideological and political education

　　人的问题一直是哲学、心理学和社会学研究所关注的中心问题。随着社会的发展和进步，人们也越来越注重人的内在需求和个性培养，思想政治教育的目的已经从提高人们认识世界和改造世界的能力，过渡到促进人的全面发展上面，以建立

作者简介　季月，东南大学外国语学院副教授，研究方向：心理语言学和神经语言学。
基金项目　2020年江苏高校外语教育课程思政与混合式教学专项课题"外语课程思政中道德判断的ERP研究"的阶段性成果。

合理的社会价值观念,解决思想意识问题,并体现思想政治教育的人文关怀,完善人格,提高育人效果。而外语教育的目的是通过完善学习者的语言使用能力,增强对母语文化和外语文化的理解和评价,并将其整合到自己的人格结构中去,形成一种崭新的精神面貌,塑造新的人格。很显然,思想政治教育和外语教育是两种不同的育人方式,但最终目的都是要培养人,追求人的心性完善,发展健全人格。作为外语教育者,外语教师应该将外语教学放在逐级扩大的层面进行思考,培养微观层面的语言能力(语音、词汇、语法等语言知识)、中观层面的交际能力(听、说、读、写、译技能),并努力上升到发展学习者宏观层面的社会文化能力,有效地加工社会文化信息,使人格向更加丰富完整和健康的方向发展。本文从思想政治教育原理、人格心理学、心理语言学的角度认识思想政治教育与人格发展的关系,了解当代中国大学生人格发展的特点,探讨通过外语教学塑造中国大学生健全人格的途径。

一 外语和思政教育中的人格

什么是人格? 人格一词(personality)源自拉丁文的 persona,意思是面具、脸谱,由古罗马一戏剧演员因斜眼戴面具而产生。几千年来,不同的学者从各自不同的角度出发对人格一词进行了不同的阐释。现代西方心理学给人格下的定义是:人格是心理特性的整合统一体,是心理特性一个相对稳定的组织结构,在不同的时空背景下影响人的外显和内隐的行为模式。人格是人与人之间的主要区别性特征,具有独特性、稳定性和整体性,往往指个体人格。[1]汉语中使用的人格的含义与西方心理学中的含义是有一定的出入的。《辞海》中人格一词有三层含义:个人的尊严、价值和道德品质的总和;具有自我意识和自我控制能力,即具有感觉、情感和意志等机能;个性。从这里我们不难看出,汉语中人格含义要比西方心理学中的含义宽泛。它不仅包含了区别于他人的人的独特性,还包含了人的共性,并加入了人的道德品质修养、精神追求和社会评价的内容。

从思想政治教育的角度来看,人格往往是道德品质和气质等内在素质的总和,体现为人的自主和创造等人格因素。[2]另外,人格是在一定的社会条件下逐步形成和发展的,因此又打上了时代的烙印,带有某种政治上的整合性和方向上的同一性。要发展自由人格,人能够自主选择和行动,贡献于社会,同时也被社会所认可。一般来说,一些人如果拥有良好的人格,那么他们往往能为所在的团体或社会所认可,具有良好的思想道德素质,正确把握方向,处理好人与集体的关系,并明确自身的义务和责任。

从外语教育的角度来说,人不只是单独生活在客观世界中,而且还受到了语言的制约。每种语言的背景系统不仅仅是表达思想的复制工具,还是思想的塑造者,是人心理活动、印象分析和思想存储的程序和指南。人们按照本族语言所规定的方式,达成一定的协议来组织语言,而这种协议适用于讲这种语言的地区的人们进行交流。当掌握了一门语言,人们开始获得对周围世界的认识和经验,也不知不觉受到了这门语言所规定的认识方式的限制,形成了该语言所在社会所认可的心理-行为模式,拥有了该社会特有的人格特征。与此同时,人们也在某种程度上不自觉排斥着与之相异的思想观念和行为方式,因而获得的社会知识和心理行为模式都受到不同程度的影响。而一门新语言的学习可以帮助人们打破原有语言的限制,从语言的桎梏中解放出来,用一种全新的符号形式认识周围的世界,将外部世界的信息纳入原有的心理结构,通过同化和顺应的过程,完成内部心理结构的调整和修正,获得新的认识和经验,使自身的结构获得发展,形成新的人格。也就是说,学习一门新的语言就意味着掌握一种认识世界的方法。通过这种方法,人们可以更好地认识外部世界,接受不同于母语文化的新信息,开阔视野,正确地理解和认识外来文化,将外来文化的财富整合到自己的人格结构中去,使人格得到健康完善的发展。

可见,思想政治教育和外语教育从两条线与人格发展发生一定的联系,有共性和个体差异性,但都能促进人格的发展和完善。对于中国大学生来说,很难也没有必要通过外语学习,将自己彻底脱胎换骨,变成一个操着地道外语、有着西方思维方式和生活方式的西方人。由于中国大学生的母语是汉语,西方语言和文化的浸润相对还是比较少的,实际上他们受中国传统文化和当代文化的影响更深。

二 当代中国大学生的人格特点

当代中国大学生的人格特点主要由两方面融合而成。一方面,它作为一个特定年龄阶段的特殊群体,带有自身人格发展过程中的特点,如生理上迅速发展成熟、自我意识高度发展、价值观的确立以及在行为、情感和道德评价方面的自治需求等。另一方面,它又受到所处社会文化的诸多影响,存在着中国人特有的人格特征,带有浓厚的东方民族色彩。这两方面的特点融合在一起,在当今社会发展背景下,显示出独有的人格气质和行为特性。

1 自我意识

当代中国大学生的自我意识有了较大的增强,敢于提出和坚持自己的思想观点,敢于面对困难和挑战。这与传统意义上中国人不愿突出个性和标新立异的特点相比无疑是一大进步。他们重视自我价值,奋发进取,勤奋好学。中国当代大学生的自我认识日趋现实,观念上更为自由开放,他们能够对自己的能力和价值有较为客观的定位,正确对待他人对自己的评价,表现在"自尊、自信和自强"方面。但是,当代大学生的恃强性、敢为性有所降低,冒险意识下降,顾虑增多。遇到困难畏缩不前,甚至自暴自弃,贬低自我。与此同时,中国大学生对社会和他人的责任感和使命感也有所下降,集体观念有淡化趋势。[3] 由于过分关注切身的利益和自我的发展而表现出唯我独尊和玩世不恭的态度,缺乏应有的行为规范和自控力。

2 价值观念

在价值取向上,当代的中国大学生一反过去的理想型人物而成为积极务实的一代新人。他们更注重物质和精神的需求而不是一味讲求纯粹的奉献和集体至上。根据一项对我国110所高校的一次价值观调查发现,在"拥有巨额财富是成为人生赢家的重要标准"的看法上,持认可态度的大学生占35.1%,持不确定态度的占25.7%,不赞同的占39.2%。在"有人通过打擦边球、钻政策制度的空子等方法来达到个人目的"的态度上,有50.2%的大学生认为自己可能会这样做,另有7.8%的大学生认为肯定会这样做。在"位卑不忘忧国""先天下之忧而忧,后天下之乐而乐"上,持无所谓和不赞同的大学生占26.4%。[4] 由此可见,目前相当多的大学生注重实际,他们从自身需求出发,在注重个人和社会兼顾的同时,寻求个人价值的最大化,带有明显的功利色彩。

3 行为取向

在行为取向上,传统的中国人较重视他人和社会对自己的看法,往往会通过外界的反应和期待来决定自己的行为。顺从和从众是典型的行为取向。很多大学生还没有摆脱对父母和老师依赖性,自信心差,遇事优柔寡断。校园内从众行为十分普遍,游戏热、考证热一再升温。从众行为有其积极的一面,但过分的从众压抑了大学生的独立思维能力和创造力,影响个人潜力的发挥,甚至导致行为扭曲。与此同时,随着巨大的社会变迁和自我意识的增强,大学生的行为倾向呈多元化趋势。

一项大学生业余时间管理调查显示,很多大学生目标规划不清晰,时间管理效率低。在多选题"外出游玩""社团活动""玩游戏""看手机无所事事""图书馆看书""兼职"中,各选项大一新生的占比分别为 76%、64.01%、47.33%、40.11%、40.04% 和 18.71%。大三学生分别为 40.12%、33.71%、28.01%、31.04%、61.07% 和 35.67%。[5]可见,当代中国大学生的行为选择多样化,有着既从众又独立,既积极又消极的冲突性特点。而且,在目前的社会大环境下,大学生容易产生浮躁倾向,表现为迷茫困惑,急功近利,腐化庸俗。

影响中国大学生人格特征的因素有两方面。一方面是遗传因素,遗传因素是人格形成和发展的基础,为人格的形成和发展提供了可能性和发展方向。另一方面是环境因素,主要是指社会环境,包括个体生活环境、社会文化、个人成长经历、自我教育,等等。大学生的人格就是在遗传和环境诸因素的相互作用中形成和发展起来的。其中任何因素的变化都会使人格的形成、发展和重塑产生很大的影响。而大学阶段是人格统一与完善的关键时期,因此大学生应当充分重视自己的大学时代,在学习和生活中塑造健全的人格。

本文作者认为,当代大学生的健全人格就是具有健全的心理生活的人格,其含义超越了西方心理学定义的人格的范畴,延伸到人在社会生活中的诸多方面。它将个体人格与社会人格相统一,反映了人在社会生活中的价值取向和社会对个人的评价。严格地讲,健全的人格并没有统一的标准,但不难发现存在一些共同的特点,那就是,理解和宽容自己与他人在价值和观念上的不同,能接受自己和他人;具有爱的能力,关心自己、他人和自然,与他人和睦相处,富于同情心,无妒忌感;拥有良好的自我意识,了解自己,并能调节和控制自己的情感和行为,经得起生活的考验;富有创造性。在当今中国大发展时期,健全的大学生人格包括以下几个方面:

(1) 确立高尚的人生观和价值观,明确人格塑造的导向

人生观和价值观是人格的核心,是推动人格形成和发展的主要动力。有了正确的人生观和价值观,人就有了追求,就能正确地面对生活中的困难和挫折,不懈进取,勇于探索真理,有较强的社会责任感,为民族的富强和全人类的和平幸福贡献自己的力量。另外,高尚的人生观和价值观能使大学生以积极的态度审视人生,理解和分析周围现实,善待生活,保持乐观向上的生活态度。

(2) 养成良好的个性品质,加强自身的人文修养

良好的个性品质是健全人格的基础。没有良好的个性品质,高尚的人生理想和追求就犹如空中楼阁。因此,大学生应保持心理的健康,坦然地接纳自己,正确

地对待自身的缺陷和不足,充分发挥自身的优势。与此同时,人文修养也是人格塑造的重要一面。新一代的大学生不是有用的机器,而是和谐发展的人,具有人文意识,不仅要关心自己,还要关心他人,关心全人类,关心大自然,并与之和谐共处。

(3) 培养创造意识和开拓精神

众所周知,中国大学生在创造力、独立成就和灵活性上较西方学生低。然而,要迎接新时代的挑战,就必须要有创新意识。过去由于受传统文化的长期影响,中国人形成了善于忍让、乞求权威、保守惧变的性格。这虽然不能很好地适应现代社会的发展和各种竞争挑战。因此,培养创新意识和开拓精神是当代教育的一项重要任务,也是塑造健全人格的不可或缺的组成部分。

总之,当代中国大学生应该把自己塑造成有高尚的人生追求、强健的体魄、扎实的业务功底和健康的心理品质的新型人才,求真、求善、求美、求健、求群,这既是个体完善的需要,也是整个社会发展的需求。

三 塑造中国大学生健全人格的途径

对外语教育者来说,教外语不仅意味着帮助学生掌握语言知识和运用语言技能,注重语音词汇和语法篇章的教学以及听、说、读、写、译等技能方面的训练,而且要让学习者得到全面系统的学习和训练,提高学生的社会文化能力和塑造健全人格。因此,将思想政治教育融入外语教学中,并与发展健全人格相结合,将是广大外语教师值得思考的问题。

1 文化教学

大学生在接受外语教学的过程中,也会涉及外语文化的教学,而文化教学往往被当作外语教学中的一种手段,目的是帮助学生理解词句和语篇。实际上,外语教学和文化教学在某种意义上是相互作用、互为目的的。掌握了外语就等于掌握了了解其他文化的钥匙,可以直接迅速地接触新的思想价值观念、思维方式和精神蕴涵,分析和评价本民族与外国民族的文化差别,从而热爱自己的祖国,克服和摆脱民族文化中不利的一面,提高自身素养,塑造健全的人格。例如:汉语注重意合,句法关系靠词序和语句来表现,而英语注重形合,语法成分在句子中有其独立作用,靠词形变化组句,句子结构严谨,逻辑性强。这种差异跟东西方各自的思维模式是紧紧相连的。学好外语就能掌握一种新的思维方式,增强自己的思维能力。因此,通过东西语言文化差异的分析比较,学习者可以对不同的文化形态、思维方式、宗教信仰、社会制度和价值观念做出合理的评价,并将其整合到自己的人格结构中去,使人格往健康、完善的方向发展。教师在外语教学中应当尽可能多地让学生接触外语文化。除了在课堂内学习语言技能和文化技能外,书刊报纸、媒体网络和各种智能手段都是了解外语文化的重要窗口,讲座、讨论和晚会同样是了解和感受外语文化的重要方式。与此同时,有必要培养大学生对文化差异的敏感力和评价能力,深入了解中国文化,并将其与外语文化进行合理的分析比较和评价,从而更好地提高自身的社会文化能力,形成健康的人格特征。

2 意志磨炼与品格修养

学过外语的人都知道,在没有相应的文化背景下学习外语,其过程是非常艰难的。很多大学生经过很长一段时间的学习后,由于兴趣降低和难度增加等原因,很难持之以恒把外语学好。不少学生往往停留在中级水平,难有大的提高,考试"吃老本",只求及格了事。然而要学好外语,不下一番狠功夫,不投入足够的时间精力是很难成功的。因此,学习外语的一个重要条件就是要有坚强的意志和百折不挠的必胜信念。从语言能力上讲,外语学习涉及知识和技能两方面的学习——语音、词汇和语法的语言知识和听、说、读、写、译的语言技能。而这些知识和技能中的任何一项内容都会给某些学习者带来极大的困难。因此,只有那些具有高度坚韧品质和顽强毅力的学习者才能不畏艰难,有效地调节和控制自己的情绪、思想和行动,突破重重难关,取得成功。可见学好外语和学习者的意志力是分不开的,外语学习的过程也是培养良好意志品质的过程。

提高外语能力还有赖于大量的交际活动,尤其是面对面的口语交际。这就意味着必须建立和保持良好的同学关系、师生关系和朋友关系。大学生的外语水平有高有低,动机也不尽相同,还有着不同的个性特征,以及世界观、价值观和伦理道德观。因此,在外语交际活动中,教师应引导学生学会待人接物,正确地认识自己和他人,合理地调整自己的认识和行为模式,能够以宽容、友爱、和尊重的态度与他人交往,克服傲慢和自卑心理,与人和睦相处、相互理解、相互关心、相互帮助。在交往过程中,大学生还应尽可能地优化个人形象。在现实生活中,具有一定的品格修养和才能特长,以及热情、乐观、真诚、活泼和幽默的人总是较受欢迎,易于接近。此外,交际过程还要讲究交谈的艺术,培养敏捷的思维能力和沉着的应变能力,使用合适的体态语言和得体的言辞。在与外国人的交往中,更要体现自身的修养,自尊自爱,不卑不亢,表现中国学生自信、平和、乐观的个人风范。

3 创造意识的培养

自 20 世纪 60 年代以来,研究者们致力于创造力的研究。他们认为人脑的左右半球存在不同的信息加工方式。左半球主要负责语言、运算、分析、逻辑推理,以抽象和求同思维为主;而右半球主要负责空间、表象、情绪、音乐和艺术,以形象和求异思维为主。一些研究者认为,右半球是创造力的本源,创造力依靠连接左右半球的胼胝体实现对同一任务的不同加工。如果只学母语,人主要开发大脑的左半球,如果学了母语后又学了外语,则大脑的右半球会得到更好的开发。可见外语学习是有助于创造性思维的形成和发展的。此外,人本主义的人格特征理论认为,人与生俱来就有自我实现的创造力,而这种创造力发端于人格。有创造力的个体更能自由地表达自己的思想,有自我接纳、自我超越和自我整合的能力。因此,拥有健全的人格有利于创造潜能的发展。

培养创造力首先在于学习者要有丰富的知识。学习外语就如同又打开了一扇知识的大门,使学生接触和掌握更多的知识。诚然,在某种条件下,知识经验会影响人的创造思维,因此在掌握知识的同时还有必要形成合理的知识结构,打破常规思维,发展直觉和辩证思维,大胆猜测,打破心理定式,提高思维的灵活性。虽然外语学习需要大量的机械识记和模仿,但不必一味地追求模仿,照办照抄。不管是课内课外,都要开动脑筋,独立思考,善于提出疑问和不同看法,批判地进行吸收。另外,传统中国人存在顺从权威、守常求安和从众保守等问题,大学生应勇于打破常规,大胆求新,提高自信心,积极开拓,担负起社会的责任。教师必须了解学生不同的个性特点,认识学生思维的独特性,努力创造适宜的情境,鼓励奇思异想,培养学生的变通性品质。同时,教师应具有细致而敏锐的观察力和辨别力,及时发现创新型人才,因材施教,使每个学生的潜能都得到发挥和发展。

四 结语

科学技术的飞速发展和国际竞争的日趋激烈,使高质量的人才成为全社会的需求。世界各国都开始重视人才的培养和健全人格的塑造。因此,培养健全的人格是思想政治教育者和外语教育者以及其他各类教育者一项共同的重要任务。愿所有的外语教师在教授外语的同时,能够拓宽视野,注重学生的全面发展,培养出外语过硬、思想政治素养高的新人才,贡献祖国,报效社会,实现自身的价值。

参考文献

[1] 伯格. 人格心理学[M]. 陈会昌,译. 北京:中国轻工业出版社,2010.
[2] 许晓飞. 对思想政治教育根本目的的探究[J]. 学理论,2011(35):270-271.
[3] 马前广. 当代大学生人格发展状况分析及对策思考[J]. 思想理论教育,2017(11):105-110.
[4] 陈庆庆,李祖超. 新时代大学生道德价值观的问题分析与对策研究[J]. 高校教育管理,2019,13(3):116-124.
[5] 王文硕,黄琰博,高鹏博,等. 当代大学生时间管理规划情况分析:以苏州高校为例[J]. 科技经济导刊,2020,28(14):96-98.

基于可理解性输入输出理论的课程思政与英语视听说教学融入研究

鲁明易

摘要：作为英语专业基础阶段的核心课程，英语视听说不仅要培养语言运用能力、跨文化能力、思辨与创新能力等核心能力，还要对学生进行政治认同、家国情怀、道德修养等方面的教育。本文以可理解性输入输出理论为基础，结合当代大学生的思维、行为特点和关注热点，提出将课程思政元素融入英语视听说教学当中的具体路径。

关键词：可理解性输入输出理论；课程思政；英语视听说

The Integration of Ideological and Political Education into Audio-Visual-Oral English: A Comprehensible Input and Output Hypothesis Perspective

LU Ming-yi

Abstract: As a basic course for English majors, Audio-Visual-Oral English aims to develop students' listening and speaking skills, cross-cultural awareness, as well as critical and creative thinking abilities. Through this course, students may better cultivate the love of homeland, increase legal awareness and social responsibility. The Comprehensible Input and Output Hypothesis sheds light on how to integrate ideological and political education into the Audio-Visual-Oral English course by taking into account how and what college students think and do.

Key words: comprehensible input and output hypothesis; integrating ideological and political education into courses; audio-visual-oral English

---

基金项目 本文系东南大学校级课程思政教改重点项目、东南大学"课程思政"校级示范课改革试点项目成果之一。

2016年,习近平总书记在全国高校思想政治工作会议上指出,"高校立身之本在于立德树人""要坚持把立德树人作为中心环节,把思想政治工作贯穿教育教学全过程,实现全程育人、全方位育人"[1]。习总书记的话指明了大学的人才培养目标和大学教师的根本使命,即以立德为前提,德育与智育并重,将知识传授和价值引领有机结合,促进学生理想信念、道德伦理、知识技能的全方位成长。2020年,教育部就如何进行课程思政建设提出具体指导,要求构建科学合理的课程思政教学体系,对学生进行政治认同、家国情怀、文化素养、宪法法治意识、道德修养等方面的教育[2]。

《普通高等学校本科外国语言文学类专业教学指南》指出,英语专业要培养语言运用能力、跨文化能力、思辨与创新能力、实践能力等核心能力[3]2。作为英语专业基础阶段的课程,英语视听说的教学对象是大学一、二年级的学生,他们正处于价值观形成的关键时期。课堂作为教书育人的最主要场所,对他们的价值观有着极为重要的影响。在制定英语视听说这门课程的教学目标时,不仅要考虑语言的工具性,在语言技能方面体现英语专业基础课的要求,即培养学生理解英语音频、视频并就相关内容进行口头表达的能力,还要兼顾语言的人文性,即不仅要培养学生的"才",更要培养学生的"德"。要将思政元素融入课程,使英语视听说课程成为传播社会主义核心价值观、传递正确的价值追求和理想信念、培育具备使命感和责任感的国家栋梁之材的阵地。

一　课程思政背景下高校英语教学相关研究

自"课程思政"理念提出后,从事英语教学的一线教师发表了大量关于如何将思政元素融入高校英语教学的研究。

相关研究可以大致分为三大类。第一类研究是从改革高校英语教学的角度出发,不局限于某一门具体课程,从整体上研究高校英语教学中实施"课程思政"的路径。如卞云飞等提出,高校英语教师要加强思政学习,在课程大纲、教学内容和教学活动设计中体现思政,将社会主义核心价值观和中国政治、经济、文化、历史等内容有机融入"听、说、读、写、译"各个教学环节[4]119。第二类研究是结合具体英语专业,如翻译专业,从师资队伍建设、人才培养方案和课程体系设置等方面探究如何推行"课程思政"[5]70。第三类研究是结合具体课程,如跨文化交际,具体说明如何将思政元素融入英语教学[6]47。

这些研究对于将课程思政融入英语专业教学的重要性都做了较为详尽的解读,部分研究还结合具体案例说明如何将二者融合在一起。遗憾的是,绝大多数研究都缺乏理论基础,研究大都聚焦教学中教师的作用,对教学的另一方,即学生的作用研究不够。本文试图弥补以上缺陷,以可理解性输入输出理论为基础,结合当代大学生的思维、行为特点和关注热点,研究将课程思政元素融入英语视听说教学当中的具体途径。

二 可理解性输入输出理论

(一)可理解性语言输入

美国语言学家 Krashen 提出的语言输入假设(input hypothesis)指出,语言学习者在习得过程中需要可理解的语言输入(comprehensive input),并且这些语言输入要满足"$i+1$"的条件,其中 i 代表符合语言学习者当前水平的语言材料,1 代表略高于学习者当前水平的语言材料[7]118。具体来说,可理解的语言输入要满足四个条件。首先,语言输入要能够被学习者理解。其次,语言输入的难度应稍微高于学习者当前的语言水平。再次,要有足够的输入量。只有语言输入达到一定的量才能对语言习得产生作用。可理解输入的量越大,语言学习效果就越好。最后,输入的语言材料要既有趣,又相关。因为语言材料与学习者越相关,就越能激发学习者的学习热情,语言输入就越能通过情感过滤被学习者吸收。

(二)可理解性语言输出

可理解性输入只是语言习得的必要条件,不是一个充分条件。要成功习得语言,仅靠语言输入是不够的。从语言输入到语言习得,还必须经过可理解性输出这一不可或缺的环节,即学习者依靠大量的语言输出练习,理解语言形式和结构的符号意义,实践语言运用。

Swain 提出,可理解性输出在语言习得中有三个重要作用[8]127。首先,可理解性输出能够激发注意功能。学习者在用英语表达思想的输出过程中,要调用已学过的语言知识,但很可能遇到语言能力不足的情况,即想表达的与已有语言知识之间存在差距。这种差距会促使学习者意识到他们的语言困难,引起他们对自身语言问题的注意,激发内在的语言学习需求。这种注意差距是一种深层次的注意,因而能够在更高层次上促进语言习得。其次,可理解性输出具有假设检验功能。学习者在学习过程中会对目标语不断做出假设,并通过检验对假设进行修正,可理解性输出正是一种对假设进行检验的手段,在修正的过程中,学习者语言表达的准确性得到提高。最后,可理解性输出能够激发元语言功能。元语言功能指的是学习者用语言来分析和解释语言,是对语言使用的反思。学习者在语言输出过程中,会加深对语言形式和规则的理解,从而对语言习得起到积极的作用。

（三）营造语言使用情境,实现可理解性输入输出

要将可理解性输入和输出结合起来,教师首先要营造有意义的语言使用情境。Ellis 提出的"现时原则"(the here and now principle)为如何创造有效的语言使用情境提供了理论指导。Ellis 指出,与学习者息息相关的思想和事件最具有可理解性、重复率高、最能引起学生的兴趣和共鸣,使他们产生交际需要。即语言的心理现实性(psychological reality)越高,语言习得的效果就越好[9]12。

由此可见,引起学生兴趣和共鸣的视听说话题是营造好的语言使用情境、提升教学效果的前提条件。教师在选择视听说材料时,要充分考虑学生的兴趣,将语言材料与学生关注的社会热点结合起来。此外,教师还要根据学生的思维和行为特点,为学生创造合适的语言输出环境,鼓励学生进行更多的语言交际性输出,帮助学生通过使用和分析语言,在加深已有语言知识的基础上,主动获取新的语言知识,不断提高英语听说能力。

三 当代大学生的思维、行为特点和关注热点

（一）思维特点

（1）思想独立、主体意识强

"主体意识就是人对自身的主体地位、主体能力和主体价值的自觉意识,以及在此基础上对外部世界和人自身自觉认识和改造的意识"[10]24。在新媒体环境下成长起来的"00 后"大学生思想开放独立,主体意识强,对权威不再盲从。他们流露出较强的自我意识,更加关注自我价值。此外,他们还崇尚个体情感体验,乐于表达观点。

（2）思维活跃、勇于接受新鲜事物

相较于"80 后""90 后","00 后"大学生成长的家庭环境和教育环境更加开放和自由,更加鼓励独立思考和自主选择。因此,他们较少受到固定思维模式的影响,他们视野开阔、思维活跃、富有创造热情、善于发现新鲜事物、勇于接受新鲜事物。

（二）行为特点

（1）生活方式网络化

"00后"大学生成长在移动互联网时代，作为"数字原生代"，他们熟练使用各种网络技术，无人不网、无日不网、无处不网，网络已经成为他们日常生活中不可分割的一部分，互联网对他们的思维模式和生活方式产生了巨大的影响。

他们通过手机新闻客户端获取最新的资讯；通过论坛了解各类社会热点事件；通过微信、QQ等社交软件进行交流；大量使用各种网络热词；他们关注社会热点问题，在社交网络上积极表达观点。

（2）学习方式多元化

网络突破了课堂的边界。以教材为主要载体、以教师讲授为主的传统学习方式已不符合当代大学生的要求，他们的学习方式呈现出一种多元化的特点。这既包括学习内容的多元化，即不再拘泥于课本中的知识，网络新闻、社会热点都是他们渴望获取的信息，也包括学习手段的多元化，他们的学习工具不再是纸和笔的简单组合，电脑、手机、电子书、录音笔等都是他们常用的设备。

（三）关注热点

根据南开大学马克思主义学院"大学生思想热点问题调查"[11]9的研究，国际、国内大事以及中国社会的发展是大学生共同关注的热点话题。其中，国际热点问题包括中国与其他国家的关系、世界文化多元化、能源危机、可持续发展等。国内热点问题涉及我国的政治、经济、文化、国计民生等诸多方面。中国社会发展过程中出现的一些新问题也是大学生关注的热点，如何看待人的自我价值与社会价值之间的关系，如何打造诚信社会，如何看待拜金主义等。

四　课程思政与英语视听说教学融合途径

（一）补充合适的教学材料，结合学生关注热点将思政元素融入教学

教材是教学的最主要材料，是课程实施的载体，是学生接受知识的重要途径，在整个课程中占有相当重要的地位。当前有不少视听说教材经过多年的教学实践，日臻完善，被许多高校英语专业采用。但不可否认的是，由于从编写到出版需要一定的时间，教材难以反映社会政治、经济和文化的最新发展，因而与大学生的关注热点可能关联不足，较难激发学生学习的热情。因此，有必要在教材的基础上

补充合适的视听材料。

可理解性输入输出理论告诉我们,在视听说教学中引入当代大学生感兴趣的热点话题,营造有意义的语言使用情境可以激发学生的学习和参与热情,促使学生积极主动地获取和使用语言知识,提高语言学习效果。因此,教师在选择视听材料时,应当结合学生的关注热点。

此外,教师在选择视听材料时还应考虑其是否包含思政元素。学生的关注热点与材料包含思政元素并没有矛盾。事实上,很多大学生关注的热点社会问题涉及社会责任、法制意识、价值观等,有着浓厚的思政色彩。课程思政绝不是高高在上的空中楼阁,而是与当代大学生的生活有着紧密的联系。从一定意义上说,课程思政是一个非常具有包容性的概念。只要有利于学生理想信念的培养,并将其与专业课程内容有机结合,就属于课程思政建设的范畴。通过对大学生关注程度和参与程度较高的政治、经济、文化、科技等社会热点问题的讨论,可以帮助学生形成正确的人生观、价值观和世界观。

当然,选择视听材料时还要充分考虑材料语速的快慢、词汇和语篇的难易程度,既要考虑学生原有的听说水平,又要使材料具有一定的难度,以实现语言材料的可理解性输入。

(二)采取开放的教学模式,利用学生思维特点将思政元素融入教学

视听说水平的提高离不开大量的语言输出。大学生思维活跃、思想独立、主体意识强的特点要求教师在营造语言使用情境时,应采取开放的教学模式。这不仅能活跃课堂气氛,鼓励学生积极参与课堂活动,还能使教学更具亲和力、更具感召性。

开放的教学模式包括教学氛围的开放性,即营造自由、轻松、平等的教学环境,学生畅所欲言、各抒己见,教师倾听学生的观点,以平等的态度对待每位学生,以包容的态度对待每个看法,师生相互交流,分享彼此的观点,增强情感共鸣。在开放性的教学氛围中,学生情绪更容易被调动起来,更可能主动参与课堂讨论,在潜移默化中接受思政教育。

开放的教学模式还包括教学形式的开放性。针对大学生思维活跃的特点,教师要打破传统的以教师为主体的封闭、单向的讲授式教学,改为以学生为主体的探究式学习,将学习的主动权交给学生,充分发挥学生的主体作用,通过个人探究、合作学习、小组讨论、实践体验等教学活动,提高学生学习的注意力和学习兴趣,引导

学生独立思考、理性判断。此外,针对大学生乐于表现的特点,教师应为学生提供自我展示的平台,促使学生主动积极地参与课堂,并通过师生、同伴之间的分享交流自发地产生感悟,深入理解视听材料中蕴含的家国情怀等德育元素。

(三) 利用现代的教育技术,根据学生行为特点将思政元素融入教学

随着互联网技术的发展,教育与信息技术深度融合,以课堂教学为主的传统教学模式已经跟不上科技发展的步伐。当代大学生高度依赖网络、熟练使用各类电子设备和信息技术的特点要求将以网络通信技术和智能移动终端为代表的新媒体技术引入课堂,实现混合式教学。

混合式教学指的是将传统的面对面课堂线下教学和基于网络的线上学习相结合,实现二者优势互补的一种学习方式。根据可理解性输入理论,只有通过足够的可理解性输入才能对语言习得产生作用。线上学习可以解决课堂教学课时不足的问题,实现大量的语言输入。网络上有着丰富的教学资源,通过线上学习,学生可以接触到更多蕴含思政元素的视听材料。线上学习激发了学生的学习志趣和潜能,使得教师在线下学习阶段能够更好地发挥引导作用,提高学生的语言技能,传递正确的价值观。

具体到英语视听说这门课,教师可以课前在社交平台,如QQ群,发布与课堂教学主题相关的视频材料或链接。学生经过自主学习后,获得对相关主题的初步认识。课堂上,学生就不懂的问题以及视频材料中蕴含的思政元素与教师进行讨论。课后,教师在QQ群发布拓展视频材料,进一步加深学生对课程内容和主题的理解,并要求学生就相关主题提交视频或语音作业,教师还可以在QQ群展示学生的优秀成果。这种线上线下、课前课后的混合式教学,丰富了教学资源,拓展了教学手段,提升了教学效果。

五 结语

英语视听说是高等学校英语专业基础阶段的必修课程,通过对可理解性输入输出理论的梳理,我们不难发现,要想提高学生的视听说水平,并且同时落实德育,就要掌握"00后"大学生的思维和行为特点,充分了解他们关注的问题,根据学生成才的需要选择视听材料,为学生营造一个开放平等、轻松愉快的语言课堂环境,充分利用网络教育资源进行线上线下混合式教学,充分发挥学生的主体作用,实现

输入和输出的完美结合。

参考文献

[1] 新华网. 习近平:把思想政治工作贯穿教育教学全过程[EB/OL]. (2016-12-08)[2020-11-20]. http://www.xinhuanet.com//politics/2016-12/08/c_1120082577.htm.

[2] 中华人民共和国教育部. 教育部关于印发《高等学校课程思政建设指导纲要》的通知[EB/OL]. (2020-06-01)[2020-11-20]. http://www.moe.gov.cn/srcsite/A08/s7056/202006/t20200603_462437.html.

[3] 教育部高等学校外国语言文学类专业教学指导委员会. 普通高等学校本科外国语言文学类专业教学指南[M]. 北京:外语教学与研究出版社,2020.

[4] 卞云飞,狄天秀. 从"课程思政"角度看大学英语教学中存在的问题及其解决方法[J]. 课程教育研究,2019(14):119.

[5] 秦晓梅. 基于课程思政的翻译专业建设与研究[J]. 高教学刊,2020(21):70-72.

[6] 沈乐敏. 外语专业融入"课程思政"的实践与探索:以"跨文化交际"课程为例[J]. 宁波教育学院学报,2020,22(2):47-50.

[7] KRASHEN S D. The input hypothesis: Issues and implications[J]. TESOL Quarterly, 1986,20(1):116-122.

[8] SWAIN M. Three functions of output in second language learning[M]// Cook G, Seidlhofer B. Principle and Practice in Applied Linguistics: Studies in Honour of H. G. Widdowson[M]. Oxford: Oxford University Press, 1995.

[9] ELLIS R. Understanding second language acquisition[M]. Oxford: Oxford University Press, 1985.

[10] 张建云. 主体意识与人的全面发展[J]. 中共四川省委省级机关党校学报,2002(4):24-29.

[11] 徐曼. 当代大学生关注的思想热点问题探析[J]. 思想政治课研究,2017(6):7-11.

挖掘疫情素养发展价值 培养英语学科核心素养

毛彩凤

摘要：新冠疫情作为突发公共卫生事件，对我国高校教学秩序造成重大影响，但从教育资源来说，这次突发事件具有重大的英语学科核心素养发展价值。本文探讨了如何深入挖掘新冠疫情所内涵的价值意蕴，从而达到发展学生英语学科核心素养，落实国家"立德树人"教育方针的目的。为发展教师的疫情资源意识、激发教师的教学潜能、提升英语专业的人才培养成效提供了有益的参考和借鉴。

关键词：新冠疫情；英语专业；核心素养

A Study on the Development of English Core Competence from the Perspective of Positivity in COVID－19

MAO Cai-feng

Abstract: As a public health emergency, COVID-19 pandemic has greatly affected school education in China. However, this event provides the possibility of developing English core competence in terms of education resources. This paper explores how to exploit the positivity in COVID-19 pandemic so as to develop the English core competence and, more important, implement the educational policy of "fostering character and civic virtue". This paper sheds light on the essence of English core competence, development of educational resources and factors behind effective English teaching.

Key words: COVID-19 pandemic; English major; core competence

2014 年教育部印发的《关于全面深化课程改革落实立德树人根本任务的意

作者简介 毛彩凤（1976—），江苏徐州人，东南大学外国语学院讲师。研究方向：对比语言学。

见》(以下简称《意见》)提出,要把国务院关于"立德树人"的要求落到实处,主要环节之一是建立"各学段学生发展核心素养体系,明确学生应具备的适应终身发展和社会发展需要的必备品格和关键能力"。[1]《意见》从中观层面深入回答了"立什么德,树什么人"的根本问题,明确了要把发展学生核心素养作为落实"立德树人"的重要手段。从微观层面,由于课程是教育理念、教育目标和教学内容的主要载体,作为国家教育方针的具体化措施,核心素养必须在课程中体现方能转化为教育教学可用的具体实践。2020年年初以来,突如其来的新冠疫情对我国高校的正常教学秩序造成了严重干扰,但从教学资源来说,这一突发公共卫生事件具有丰富的核心素养发展价值和教学资源挖掘意义。2020年年初,教育部颁布了《关于在疫情防控期间做好普通高等学校在线教学组织与管理工作的指导意见》,要求"停课不停教、停课不停学",要求确保疫情时期的教学质量。[2]所以,如何利用这一契机,深入挖掘并利用疫情的正面价值意蕴,努力培养学生的核心素养,已成为广大教师面临的现实问题。

一 挖掘新冠疫情素养发展价值的必要性

社会重大事件是指社会各个领域内所发生的对人类生产生活和情感认知造成重要影响的客观事实,如自然灾害、战争、瘟疫等。纵观历史,社会重大事件作为人类社会的主要历史节点,因其范围之广、影响之深,均具有重要教育价值。德国教育哲学家博尔诺夫认为,"在人的生活中会有一些突然出现的、非连续性的事情,包括有威胁生命的重大危机,这些事件能突然地、令人震惊地影响到人们的生活和生命,如果人们深入研究这些事件的各个方面,它们对人的一生具有决定性的意义"。[3]如对战争的深入研究可以深化人们的爱国主义和英雄主义的情怀,同时教育人们铭记历史、热爱和平。作为人类历史上进入现代医疗水平以来的突发重大疫情和公共危机,新冠疫情对我国的生产生活造成了巨大影响,这场前所未有的事件从不同层面冲击着每个人的经验世界。在个人层面,居家隔离、在线工作学习让每个社会成员真切感受到疫情的存在。在家庭层面,家庭成员工作方式的变化,家人共处时间的增多无形中影响着家庭各成员之间的相处模式。在社会层面,密集的新闻报道,出行购物等生活方式的被迫改变,让每个人都感受到疫情之下的生活压力。在国家层面,在党的领导下,全国上下团结一心,涌现出了众多英雄人物和感人事迹,取得了举世公认的防控效果。在国际层面,中国政府以及时迅速的反应和所取得的优异高效的成果成为全球抗疫的成功典范。但是在全球通力抗疫的大趋势下,总有一些不和谐的杂音,包括对中国的误解甚至抹黑等。从教学来说,这些事件都提供了教育价值,为更好地发展学生核心素养提供了更多可能性,而且如果方法得当,这种教育带来的效果远远超出传统模式。

高校学生作为求知欲旺盛、思想活跃的社会群体,对社会重大事件具有与生俱来的敏感性和参与感。他们身处这一重大历史变动时期,浸润于海量相关信息之中,作为事件主体和亲历者,其经验体悟尤为深刻。疫情作为重要时事,与学生的知识背景、个人需求和生活经验具有紧密关联性,其内在时效性赋予其吸引和维持学生注意力的强大能力,学生的学习动机将由此得到极大激发。依托疫情这一社会重大事件,深入挖掘其教育价值,及时有效地培养学生的核心素养,是将学生培养成"全面发展的人"的应有之义和必然逻辑。

二 核心素养与英语学科核心素养

正确认识疫情的素养发展价值是知识核心时代转向核心素养时代的必然要求。自 21 世纪初以来,经合组织(OECD)和联合国教科文组织(UNESCO)率先提出了核心素养框架,以满足新世纪对人才的需求。面对迅速发展的国际形势,我国于 2016 年发布了《中国学生发展核心素养》,将"立德树人"宏观教育理念和人才培养目标与具体教学实践连接起来,明确了学生的必备品格和关键能力。根据《中国学生发展核心素养》的分类,中国学生核心素养分为文化基础、自主发展、社会参与三个方面,主要包括人文底蕴、科学精神、学会学习、健康生活、责任担当、实践创新六大素养,又可以具体细化为人文底蕴、国家认同等 18 个基本要点。[4]

核心素养作为一个宏观概念,必须分解为各个学科素养,通过具体学科教学实践才能落地。"只有将上位核心素养与学科核心素养结合在一起,并真正贯穿在整个教学过程的时候,核心素养才能落到实处,才能走近学生的素养结构,成为学生的素养"。[5]不同学科之间的学科核心素养有重合之处,协同以实现核心素养整体发展目标,但同时也存在差异之处,而这正是各学科核心素养的独特价值体现。教育部研制的中国学生核心素养指标体系将外语素养定义为"能够根据自己的愿望和需求,通过口头和书面等语言形式,运用其他语言实现理解、表达和交流"。[6]也有学者认为,外语专业核心素养就是"用外语去言说与写作"的能力。[7]17作为外语学科的重要一员,英语学科的核心素养就是用英语进行口头和书面开展表达交流的能力,这也是英语学科"不同于其他专业的、自身所独有的品质与竞争力"。[7]18 通过英语进行言说和写作,"可以反映我们的阅读和思考,体现我们的批判性思维,表达我们的真知灼见,展现我们的世界眼光,传播我们的人文情怀,既可以向中国讲好世界故事,也可以向世界讲好中国故事"。[7]18 以教育部对中国学生外语素养的定义为参照系,在对以上表述进行提炼的基础之上,我们可以概括出高校英语专业核心素养的特有构成要素:语言能力、文化意识、思维品质、社会责任(图1)。这四个素养元素突出了英语学科独有的"涉外"特点。[8]

图1 英语学科核心素养构成元素

语言能力是英语学科最重要的核心素养。这个语言能力不仅指传统意义上的英语听、说、读、写技能,还包括语言交际能力,即在不同语境下恰当得体地运用语言变体进行交流的能力。国际交流能力和跨文化意识是21世纪人才的必备素养,学生在高校阶段形成的价值观念和情感态度会对其一生产生重要影响。文化意识指学生在英语学习的过程中,接触大量英语国家的文化现象,通过对比归纳,建立本民族文化自信,形成自己的文化立场,发展跨文化交际能力。语言与思维关系密切,与英语学科相关的思维品质指通过英语学习,了解和掌握英语思维模式,从不同认知角度和方式思考问题,加深对客观世界的认识。高校英语专业承担着为国家培养对外人才的重任,学会如何向世界讲好中国故事应该成为英语专业人才的必备技能和天然社会使命。在这四种构成要素中,语言能力是基础,文化意识是价值观,思维品质体现了心智水平,社会责任是时代诉求。这些要素是知识、技能和态度的综合,共同形成互动融合、协同发展的关系,体现了英语学科的育人价值。

三 疫情蕴含的英语学科核心素养发展价值

学科素养通过具体的学科教学实践才能落地,这要求教师基于学科素养目标精选课程内容,打磨课程设计,从学生的身心特点和生活情景出发,不仅要"教教材",更要"用教材教",把核心素养培养具体落实到日常教学中,通过教学活动影响学生的思想行为,进而稳定发展实现素养化。疫情所蕴含的多维信息特征和核心素养培养目标具有天然黏合性,采用和疫情相关的新鲜事件和教学情境来吸引和维持学生的注意力,可以让学生在感性层面对教学内容产生兴趣。学生所学内容与学生的知识背景、个人需求和生活经验之间的关联性越强,学生的学习动机越强,从这一意义上,疫情作为社会重大事件,应当成为英语专业课程设计的重要考量。以学科核心素养培养目标为指导,教师可以从WHO官网等权威网站搜集关于新冠疫情的官方文件以及展现中国抗疫成果的相关资料,通过朗读、摹写、改写等教学方式,实现对学生英语专业核心素养的培养(图2)。

图2　新冠疫情素养发展价值与核心素养逻辑关系图

1　语言能力

关于疫情的各类海量实时信息为疫情提供了优质的教学资源。本次疫情让人们开始深刻思考与人类命运利益攸关的重要问题,如什么是新冠病毒?如何防治?进而,人与自然、人与社会、人与人之间应该如何和谐相处?但如果缺乏相关核心词汇知识,对这些话题的理解和认知就成为无本之木,无从实现。以词汇学习为例,选取WHO官网以"WHO chief says pandemic threat of COVID-19 very real, but controllable"为题的新闻一则,首先指导学生通过泛读提取诸多时效性语块,如 sporadic cases、clusters of cases、community spread、suspected case. trace patients' contacts 等,然后完成一篇以新冠疫情为话题的汉英翻译练习,内含第一篇文本中提及的语块。学生学会了相关词汇及短语表达,并将这些英文表达运用到模拟场景中,既锻炼了英语语言能力,又深化了对疫情形势的认识。

2 文化品格

中国政府把维护人民群众生命安全和健康放在第一位，全社会动员起来，万众一心，取得了抗疫斗争的重大成果，实现了经济稳步前行，成为全球唯一经济正增长的主要经济体。与此同时，中国政府勇于担当，坚持不懈推动国际抗疫合作，促进全球经济复苏，以实际行动推动人类命运共同体的构建，为国际社会抗击疫情提供帮助、建立信心。由此，中国通过脚踏实地的行动成为全球抗疫的榜样和典范。学习英语语言技能的同时也是学习跨文化知识，进行跨文化对比，发展跨文化意识的过程。学生通过学习大量的英语语篇，跟踪全球抗疫形势，对比各国抗疫成果，自然坚定了民族共识和国家认同，进一步坚定了道路自信、文化自信和制度自信。如以联合国网站肯定中国疫情防控措施的一则新闻"ECOSOC Informal Briefing Joining Forces：Effective Policy Solutions for COVID-19 Response"为例，请学生在线观看并采用复述等教学方式，既锻炼了学生的听力技能，又无形中增强了学生的国家认同感和荣誉感。

3 思维品质

在使用英语进行理解和表达的过程中也有助于学生理解或发展不同于本族语的思维方式和思维能力。英语学科兼具工具性和人文性，学生作为新冠疫情的亲历者，这一突发公共卫生危机为学生提供了最真实的语言情境。通过足量的语言输入，学生可以实现沉浸式语言学习，最终形成用英语思维，真正将英语变成语言工具，实现用英语流利言说和写作，改变大多数英语学习者进行跨文化交流时的交流不足，实现充分交流，从而在国际社会发声时，能够采用英语使用者能够理解和接受的方式更好地分享抗疫经验，讲好中国故事，树立良好的国家形象。

4 社会责任

自疫情暴发以来，国际社会不乏抹黑中国的诸多言论，甚至出现"武汉病毒""中国病毒"等说法。面对这些不实言论，进行反击、澄清真相的重任就成为对外宣传人才的不二职责。高校英语专业的学生作为专业英语人才，自然则无旁贷。这一历史时刻，更需要他们加强社会使命感和责任感，担负起讲好中国故事，向世界呈现一个真实的中国的历史重任。在教学过程中，以"How can someone be so + adj. + as to do something"这一句套为例，教师提供若干精心挑选的中文例句请学

生进行中英翻译操练,如:

How can Trump be so arrogant yet ignorant as to call it "Chinese virus"?

How can Trump be so arrogant yet ignorant as to ignore/not see what China has done?

类似训练既锻炼了学生熟练使用句套的能力,又培养了学生明辨是非的价值取向,也训练了学生在参与国际事务、面对国际挑战时的措辞应对能力。

综而述之,新冠疫情的时事性和时效性赋予其丰富的英语教学资源和素养发展价值。教师以语言能力为起点,通过教学设计,最终上升为学科核心素养,也可以学科核心素养为导向,精选材料,进行合适的教学设计,自上而下进行教学。

四 启示与反思

21世纪的人才培养已进入核心素养时代。有学者甚至建议,要以核心素养而非知识引领课堂实践,要将选择课程内容的标准和依据从知识在学科体系中的意义,转向知识在核心素养培育体系中的意义上来,一劳永逸地解决知识的选择矛盾。[9]故此,教育工作者一定要深化对疫情素养发展价值的认识,从这一突发公共卫生事件中深入挖掘学科核心素养元素,从核心素养培育入手,不仅要"教教材",更要"用教材教",从而提升学生的学习动机,提高学生对学习的"黏度",提升育人效果。

在使用新冠疫情所蕴含的丰富教学资源时,要采用灵活多变的教学方法和手段。课堂教学目标分为知识、技能、情感三个层面。培育核心素养属于情感层面,要达到"情感"层面的教学目标,应当采用巧妙的课程设计,灵活运用内容依托、问题解决、词汇中心等多种教学法,把显性教育与隐性教育相结合(更多倾向潜移默化的隐形方法),实现专业教学和核心素养培育相互补充、相得益彰,从而培养出符合时代需要的高素质专业外语人才。

要引起重视的是,教师的核心素养意识是一个重要话题。教学实践具有知识、能力、素养三重目标,三者相互联系,有机融合。知识可以学习、传授,为能力提供基础和前提,而素养无法通过学习或传授直接获得,素养的养成往往需要以知识和能力的传授和训练为载体,其形成和发展是一个长期过程,要在日积月累,潜移默化中实现由量变到质变的转化。在教学实践中,教师的素养意识往往决定选择何种知识和能力类型进行传授,更决定了核心素养培养能否落地。教师如果选取教学内容不当,不能灵活多变,采取因地制宜的教学方式对教学内容进行预处理,内容中所蕴含的核心素养元素就无法体现,无法实现核心素养的培养目标。基于此,教学管理部门也要发挥教学管理机制的指导保障作用,可以采用集中培训、专题研究等方式,培养教师对疫情素养发展价值的挖掘能力,总结推广典型经验和优秀成果,鼓励教师积极参与相关课程改革研究,对相关科研成果予以承认并列入教师考核范围,并在经费、人员以及信息技术手段等方面提供必要的保障。

五 结语

本文通过对英语学科核心素养进行分析,探究了挖掘新冠疫情的英语学科核心素养发展价值,以培养学生核心素养的可行性,希望提出的观点对英语专业提高学生核心素养培养效果和人才培养质量提供有益启发和借鉴。

参考文献

[1] 中华人民共和国教育部. 教育部关于全面深化课程改革落实立德树人根本任务的意见[EB/OL].(2014-04-08)[2020-10-20]. http://www.moe.gov.cn/srcsite/A26/jcj_kcjcgh/201404/t20140408_167226.html.

[2] 中华人民共和国教育部. 教育部印发指导意见 疫情防控期间做好高校在线教学组织与管理工作[EB/OL].(2020-02-05)[2020-10-20]. http://www.moe.gov.cn/jyb_xwfb/gzdt_gzdt/s5987/202002/t20200205_418131.html.

[3] O.F.博尔诺夫.教育人类学[M].李其龙,等译.上海:华东师范大学出版社,1999.

[4] 核心素养研究课题组.中国学生发展核心素养[J].中国教育学刊,2016(10):1-3.

[5] 成尚荣.回到教学的基本问题上去[J].课程·教材·教法,2015(1):21-28.

[6] 程晓堂,赵思奇.英语学科核心素养的实质内涵[J].课程·教材·教法,2016(5):79-86.

[7] 郭英剑.论外语专业的核心素养与未来走向[J].中国外语,2019(1):15-19.

[8] 束定芳.关于英语学科核心素养的几点思考[J].山东外语教学,2017(2):35-41.

[9] 石鸥.核心素养的课程与教学价值[J].华东师范大学学报(教育科学版),2016(1):9-11.

强化大学教师的父母角色定位刻不容缓
——以笔者在疫情中的教学实践为例

王 军

摘要：教师是个特殊的职业，教师面对的不是工厂流水线上的无生命的产品，而是最高级的生命体——人，千差万别的人。这就决定了教师的角色不是单一的，而是多种角色的复合体。其中，教师，特别是大学教师的父母角色定位是个一直被忽视但是却相当重要的话题。疫情模式下不同寻常的教学方式，更对教师的角色形成了新的挑战。本文结合疫情下的教学实践，说明了大学教师作为"父母角色"定位的重要性和必要性，并提出要把让父母角色成为大学教师的基本职业道德作为紧迫的任务去完成。

关键词：教师的角色；大学教师；角色定位；父母角色；疫情

It Is Urgent to Highlight the Parental Role of University Teachers
—Take My Teaching Practice in the Epidemic as an Example

WANG Jun

Abstract: Teaching is a special profession. What teachers face is not the inanimate products on the factory assembly line, but the most advanced life—humans, who are different from one another. This means that the role of a teacher is not a single one, but a complex of many roles. Among them, the parental role of teachers, especially for university teachers, has been a neglected but quite important topic. The unusual teaching methods employed in the epidemic have posed new challenges to the role of teachers. Combined with the teaching practice under the epidemic, this paper illustrates the importance and necessity of the university teachers' parental role, and proposes it an urgent task to make the parental role as the basic professional ethics of university teachers.

Key words：teacher's role；university teacher；role positioning；parental role；epidemic

1　教师的角色

角色起初是戏剧舞台中的用语,后来被引入社会心理学研究。角色通常是指一个人在社会群体中的身份以及与其身份相对应的行为规范。教师的角色概念通常包括三种含义:一是教师行为;二是教师的社会地位;三是对教师的期望。因此,教师角色的构成是复杂的,可以说,教师角色是其身份、地位、使命、职责、行为规范等的复合体[1]。

教师是一个特殊的职业,因为教师的产品是特殊的产品。教师面对的不是工厂流水线上无生命的产品,教师面对的是有生命的个体,而且,是特殊的生命体——人,个体千差万别,甚至大相径庭,比如,性格、智商、情商、特长爱好、知识结构、知识水平、家庭背景等不同。因此教师的角色不是单一的,而是多样的,这就引发了众多学者对教师角色定位的讨论。比如:

张应强把高校教师定位为"研究者、教育者和知识分子"[2]9。王俊明从角色冲突的角度把教师的角色定位为"(1)权威与朋友;(2)教员与父母;(3)领导者与顺应者"[3]。陈佳莹等认为,在互联网时代,为了应对课堂教学所面临的挑战,教师课堂角色的转型成为必然的趋势。在"互联网＋教育"背景下,教师的课堂角色由知识传授者、学习监管者、课堂主宰者、道德规范者向学习引导者、学习促进者、共同学习者、道德引领者转型[4]。王健认为,疫情危机下的在线教育中,教师要成为学习指导者、价值引领者、情境营造者、资源整合者[5]。

可以看出,不同的出发点、不同的视角引发了不同的角色定位。实际上,教师的任何一种角色定位都不是孤立的,教师其实是各种角色的有机复合体。只不过在不同的场合下各种角色的显性程度不一样。但是,到目前为止,社会和研究者似乎忽略了对教师作为父母角色的讨论和研究,也许笔者阅历有限,笔者还没有发现有针对这个课题的专门论著,也鲜有专门针对这个话题的论文。其实,这个是不可忽视的重大课题,对学生的健康成长和发展至关重要。

2　教师缺乏父母角色后果严重

仅仅最近几年,就发生了多起产生严重后果、成为社会舆论热点的典型案例。

2017年12月26日,西安交通大学博士生杨宝德因无法忍受读博期间导师对其造成的精神和生活上的压力而跳河自杀[6]。这个导师经常让他做购买日用品、干家务、洗车等和学习无关的事情;2018年4月,时任北京大学中文系教授的沈某被举报曾对学生高某进行性骚扰并导致高某自杀[7];2019年10月,赣州师范高等专科学校陈锡明性侵该校2名女学生被捕[8];2019年12月26日,南京邮电大学材料与工程学院一学生因不堪忍受导师三年来的谩骂、压榨、人格侮辱,在实验室自杀身亡[9];2020年1月,浙江省安吉县民办天略外国语学校教师许某某因性侵多名女学生,被当地法院判处无期徒刑[10];2020年8月,南宁师范大学师园学院教师陈某某私自召集学生到其家中饮酒,一名女学生醉酒后遭陈某某性侵[11]。这些被公开的案例只是冰山一角,众所周知,由于害怕名声受损、遭受报复等,多数人选择了沉默,比如,赣州师范高等专科学校陈锡明案件,虽然只确认性侵两名女生,但是网传受害女生有十几名[12]。如果不是那两位学生情绪异常被发现,可能她们也永远不会去揭发。

"一日为师,终身为父。"这个成语本来是为了表达学生对老师的尊敬的。但是,逆向思维,从教师的角度看,这句话恰恰是对教师的要求——教师要像父母一样对待自己的学生。笔者本人就是一直这样做的。比如,有一个经济困难的学生在2017和2018年累计从笔者这里借走1300元,现在已经毕业大半年了笔者也没有向他要,因为笔者对他说过可以等找到工作后有钱了再还。笔者举这个例子不是抬高自己,而是为了提供反差强烈的鲜明对比。如果上面案例里面的这些老师有父母角色的定位,能发生这些事吗?! 答案不言自明。毫无疑问,这些教师并没有把学生看成自己的子女,也就是说缺乏父母角色定位。由此造成的后果也是相当严重的。生命无价,失去的生命无法挽回! 性侵导致的痛苦也会伴随终生!

教师缺乏父母角色的危害远不止于此。除了这些热点事件,影响更广泛的是当今社会在中小学中存在的一些司空见惯的行为。比如,歧视、体罚甚至侮辱学生;为了自己的班级能考出好成绩,以便在考试排名中取得优势,不顾学生的身心健康,占用大量学生自习课时间和课余时间给学生上课;布置海量作业(笔者经常听到有学生抱怨熬夜到晚上12点还完不成作业);让学生花大量时间死记硬背一些根本不需要记的东西;逼迫差生转学、退学;布置的作业不批改或者只改一部分;

让学生购买指定教辅教材并从中捞回扣……

在这种环境下长大的学生,不但容易产生生理健康和心理健康问题,危及未来正常生活,还有可能墨守成规、思维禁锢,缺乏想象力和创造力。在课堂上和题海中浪费了太多时间,导致他们知识面狭窄,高分低能。这些是我国获得诺贝尔奖几乎为零的原因之一,也是我国在大多数尖端技术上都落后于西方的原因之一,影响不能说不严重。教师缺乏父母角色引起的后果已经到了非重视不可的地步了。

3 父母角色定位是大学教师不可缺少的素质

多位知名学者曾提到过教师的父母角色。弗洛伊德认为,"当一个孩子成长起来,父母的角色由教师或其他权威人士担任下去"[13]。

"替代父母关系"是当代现象学教育学派的代表人物范梅南提出的教育学概念,他认为,"教学的本质和做父母有着深层的联系",教师承担了"替代父母关系"的职责[14]。

然而,有关教师的父母角色定位,国内外对此专门研究的却比较少,研究大学教师的父母角色定位的就更是凤毛麟角了。但是,大学教师更需要具有父母角色定位的职业道德。

3.1 大学教师的工作方式需要父母角色

大学教师的工作形式与众不同,大学几乎没有针对教师的强制坐班制。教师一般上完课就可以回家了。所以,大学教师的工作弹性很大,更需要靠"良心"去工作。而良心是父母与生俱来的最根本的道德特征。而且,大学教师的上课课时也比较少,只有中小学教师的三分之二甚至一半左右,所以,大学教师的工作时间更灵活。这就更需要大学教师靠良心来工作。只有把学生当成自己的子女,也就是把自己定位为父母才能出色地完成教学工作。

3.2 大学教师的科研工作也需要父母角色

大学教师课时少是因为还要做科研。比如,写论文、编教材等。特别是教材的编写更需要父母角色定位。因为教材会影响到成千上万甚至超过数百万的学生。在教材编写中,大学教师定位为父母,想象为自己的孩子编写教材,就会避免教材中常见的乱象。比如,有一本大学英语课本附带的录音光盘里面的课文朗读竟然是机器朗读的。本来用机器朗读已经是让人匪夷所思了,更让人吃惊的是机器朗读明显错误的地方竟然没人发现。比如,语气词"mmm"竟被读成了三个字母!可见是何等的不负责任;又比如,有一本阅读与翻译教材大谈翻译原则,然而,教材中的翻译却错误百出,这对自己所谈的翻译原则真是莫大的讽刺。明显的翻译错误就有 23 处,比如,"Who was pulling his son and 80 pounds of gear(齿轮) on a trailer cycle"[15]158,这儿的 gear 是指旅行装备,却翻译成了"齿轮";又比如,"At the moment holidays tally(结账), but what happens if the holiday dates differ?"[15]26 这儿的 tally 是"吻合、一致"的意思,却翻译成了"结账"。笔者不相信如果是为自己的孩子编写教材还能犯如此低级的错误!

粗制滥造的教材导致教材频繁更换,并进一步导致老师无法进行高质量的教学。原因在于,新教材导致老师要重新备课,而要想备好一节课并不是容易的事情,要花数日甚至更长时间,而且,每轮教学完成后,都会有新的体会、新的想法,发现新的问题,下一轮备课的时候会更完善,如此反复。不经过数轮的教学实践是很难有一堂好课的。然而,就在刚能上好一堂课的时候,甚至还没有锤炼到能上好一堂课的时候,教材却不用了,这极大地打击了教师备课的积极性、频繁更换教材,导致有的老师不再认真备课了。就像自己精心培育的果苗,每次都是在刚刚开始结果的时候就被人偷走了,谁还会再去继续培育?! 所以,父母角色定位的教师,要么不要去编教材,要编就要编真正意义上的精品教材,就要编像《新概念英语》那样具有百年生命力的教材。

3.3 大学生比中小学生更需要父母角色定位的老师

父母角色定位其实早已溶入很多老师的血液中。比如,江苏省金坛区城南小学的殷雪梅老师在千钧一发之际,面对飞驰而来的汽车,本能地用自己生命的代价救下 6 名学生;陕西省铜川市的马均有老师,面对突如其来冲向教室的泥石流,面对即将倒塌的教室,他用肩膀顶住门框,让学生们往外跑,第 48 个学生跑出后,房屋倒塌了,他也因此献出了生命。姜华、李芳、谭千秋、荣朋秀、王爱华、吴忠红、袁文婷、张米亚、朱长海、祝香云……无数为了救学生而牺牲的老师的名字笔者无法全部罗列,他们在生死之间做出的选择无一不是因为父母角色定位,唯有这种定位,才能在危难发生时,使他们本能地把个人生死置之度外。

关于教师的父母角色,社会上讨论比较多的是幼儿园教师、中小学教师的角色定位。比如,潘健认为,小学生的依赖性、向师性、基础性、可塑性特点,特别需要小学教师扮演"替代父母"的角色[16]。

大学教师和中小学教师有所不同,中小学教师基本上每天都和学生面对面接触。但是,大学教师大多每个星期只给学生上一两次的课,"在目前的大学教育中,师生关系并不是很紧密。随着高等教育大众化,学生人数增多,高等教育以一种流水线式批量生产的方式进行。这给教师关心学生全面发展,建立良好的师生关系带来了困难"[2]11。所以,从某种意义上说,同中小学老师相比,大学教师更需要有父母角色定位。

3.3.1 大学生和中小学生的生态环境不一样

因为绝大部分大学生初次远离父母,父母鞭长莫及,更关键的是,父母无法了解学生在校状况,虽然现在通信发达,但是,现实情况是大学生和父母的沟通并不多,不能像在中小学那样每天见面,学生有什么变化可以随时知晓,中小学老师和家长之间的联系也更紧密更方便。即使大学生和父母有沟通,学生也很少把自己的负面事项告诉千里之外的家长。只有老师才能随时了解学生生活状况和学业状况。初次脱离父母的束缚,有些自控力差的大学生在"自由"世界中无法把控自己,沉迷于网络游戏、熬夜、旷课、懒散、消沉、放纵、颓废……大学生们不但需要教师的父母般的监督,也需要教师的父母般的温暖。

3.3.2 大学是人生的关键转折点

大学是人生观、世界观和价值观形成的重要阶段,而且是学生们从学校走向社会的转折点,是人生中的一个重要节点,在这个关键节点,大学教师的引导作用无可替代,大学教师要像对待自己孩子一样对待每位学生,给他们自信,让他们走出迷惘,使他们形成乐观积极的生活态度,引领他们驶向美好生活的海洋。

3.3.3 大学生较低的心理年龄隐含风险

需要引起警惕的是,很多大学生是独生子女,自小就受到父母无微不至的关心甚至溺爱,现在的生活条件也比过去好多了,他们生活无忧无虑,没有经历过挫折和磨难,有些连家务活都没有干过。他们在成长过程中,一直是以升学为导向的,真正与社会接触的机会很少,所以,"很多大学生年龄上是成年人,但心智上远未成年,自控能力和自理能力都与成年人的标准相差太远"[17]。而学校和父母,都从生理年龄上把他们当成年人了,过早地卸去了本该承担的父母角色,丝毫没有觉察到他们已经让有些心理年龄还处于儿童阶段的大学生处于可怕的危险中。明枪易躲,暗箭难防,这个比喻虽然不贴切,但是用在这儿却很恰当——危险来自误把心理上还是儿童的大学生当成成人,"成人"这个标签对有些大学生来说不是意味着安全而是意味着风险。这更进一步证明,在远离父母的高校,特别是在一、二年级,大学老师肩负着不可推卸的父母角色责任。近年来,不少知名高校每年都有百人左右退学,从退学的原因看,大多是由于在父母角色缺位的情况下,没有及时发现并解决问题所导致,主要原因有长期未参加教学活动、不适应大学学习或者学业成绩不达标等[18]。这太令人惋惜和心痛了。所以,大学教师的父母角色是教师不可缺少的素质,亟待引起教育界的重视。

3.4 笔者的教学实践也充分证明,父母角色定位也是大学教师必不可少的素质

3.4.1 笔者的教学成绩

2020年是个特殊的年份,突如其来的新冠疫情,打乱了正常的教学秩序。很多教师在疫情初期经历了迷茫和无助。但是,从东南大学外国语学院的期末教学评估看,老师们都完成了和往年一样的教学任务,笔者在本学期也取得了比较好的教学效果,教学成果显著、学生评教优异。

3.4.2 笔者的教学成绩和父母角色定位密不可分

疫情下的远程教学和以前的教学方法迥然不同,教师的角色定位也会有所差异。虽然笔者的定位也是多种角色的复合体,但是,笔者把"父母"这个角色排在了首位。因为,思想就是指南针。笔者相信种瓜得瓜,种豆得豆。如果把自己比喻成种子,那笔者的角色定位就决定了笔者这颗种子将会繁育出什么样的果实;如果笔者把自己定位成一个流水线操作工人,学生就是流水线产品,那笔者只是机械地完成其动作,学生的好坏和笔者无关;如果笔者只是把工作看成养家糊口的工具,那笔者就成了没有感情的机器人。教师工作的特殊性就在于教师的产品不是无生命的产品,而是独一无二的有思想的人。所以,笔者突出了作为学生"父母"的这个定位。

在疫情期间,教师只能远程授课,无法做到和学生面对面,这更给师生的交流带来了新的障碍和挑战。但是,有了正确的角色定位,重于泰山的障碍也可以轻如鸿毛。"父母角色"的定位,让笔者在教学中别具一格。

1) 对学生无微不至

把学生当成自己的孩子,就会全方位地去关心学生,无论和学习是否有关,都会全力以赴去对待。比如,笔者看到有一个学生在微信朋友圈发了一条信息"存在的意义??? 活着的意义???",笔者心里一惊,预感到这个学生遇到大麻烦了,甚至还有轻生的苗头,心里咯噔一下。情况紧急,笔者立即联系了她。得知是她父母亲出现了比较大的问题,而且存在了好多年,让她对生活感到心灰意冷。笔者和她进行了长时间的交谈,寻找父母亲各自问题的根源,提供了化解父母之间矛盾的一些有益建议,也对她进行了开导,让她感到豁然开朗。最后,她说"心里开朗多了"。

2) 对学生宽严相济

好的父母爱护孩子但是不会娇惯孩子,更不会放任不管。笔者会时刻关注学生的学习状况。由于是远程教学,比常规教学更不容易掌握学生的学习状况。但

是,如果是父母的角色定位,这些困难都可以克服。笔者会每天关注学生的学习情况。比如,慕课的完成情况。笔者会经常进入慕课后台查看学生的学习情况,并及时作出提醒。再比如讯飞口语练习,笔者也会在任务布置后经常进入后台查看,对进度慢的同学进行提醒,特别是最后一天,更会加强提醒的频率。有一个学生,笔者QQ留言没有回复,笔者就打QQ电话给他,被他挂断,但是,笔者并没有放弃,锲而不舍地等了半个小时仍然没有等到他的回复,就接着给他打电话。终于让他在截止时间之前完成了任务。

3) 不计报酬,不计较个人得失

比如,外国语学院的教材《新大学英语》只有第三篇课文在参考书中有译文。笔者教的二级学生是入学分级考试排名大概处于最后25%的学生,他们的英语水平普遍比较差,课文理解难度大。为了让他们更好地理解课文,提高学习效率,笔者把其他课文也翻译了。

又比如,批改网上的作文,一般高校都不要求老师全部手工批改。但是,笔者将所有的作文都手工批改了。因为笔者发现批改网的自动批阅功能还有很多缺陷,比如,有些语法错误,甚至还有拼写错误都没有被检出,并且在逻辑和篇章结构方面自动批阅表现得更弱。打分更是不靠谱,有些分数和手工批改的相比误差太大了。教过分级考试排名最后25%的学生的英语老师都知道,批改他们的作文需要比较大的耐心,也很费时间。

笔者从教二十多年来,还从来没有过只批改部分作文,都是全部批改。

4) 不计成本

"工欲善其事必先利其器。"笔者发现家里现有的话筒效果一般,而在远程教学中,话筒是很关键的设备之一,直接关系到授课质量。为了取得优秀的播音效果,笔者又买了一个一千多元的话筒。因为家里还有其他人要用网络,视频上课时有时候网络很卡,严重影响教学。所以,笔者就改用手机热点,因为手机的4G网络比较稳定。缺点是用手机热点会消耗比较大的流量。

补充一个和疫情无关,但是却和本话题密切相关的事实:到目前为止,笔者已经为学生累计印发了70万多页讲义,这些讲义不但是笔者个人制作的,复印费也全部是由笔者个人承担的(至今还在发纸质讲义的原因是因为用起来方便,而且,不会像电子屏幕那样伤眼睛)。

5) 谨小慎微,注重每个环节、每个细节

教学过程有诸多环节,笔者会对每个环节都精心设计。比如,为了让学生按时上课,避免迟到,笔者每次都在课程开始的时候用雨课堂进行测验,因为雨课堂测试可以实时查看哪些学生开始答题了,而且,每次科学地设置了测试时长,来迟了就很难完成测试,更可以记录哪些学生没有提交试卷,没有提交的,就是没有来的。这个雨课堂测试还可以检查学生的学习情况,另外,也可以起到复习的作用。达到一箭三雕的效果。

雨课堂的测试,基本上每次有20个题目,每次设计出20道测试题目,还是颇费时间的,但是,为了教学,为了学生(也相当于自己的孩子),花再多的时间也丝毫不在意。

6) 不怕批评

定位为父母,就能虚心接受孩子的建议,也能心平气和地接受批评,而且能主动寻求批评建议。比如,笔者的班级QQ群是可以匿名发言的,之所以这样设置,一方面是因为笔者会尽量把工作做得完美,不怕匿名批评;另一方面是因为笔者希望学生能多提一些批评建议,如果不匿名,他们可能因为种种顾虑不敢提,匿名以后就消除了这些顾虑。让我觉得欣慰的是,到目前为止,还没有同学对我提出过意见或者批评。

4 结论

也许有人会说,教师的任务就是把课上好,父母角色是分外的,教师的工作已经很辛苦了,已经背负多重角色了,再强调父母角色会使教师不堪重负。比如,兰惠敏认为,高校教师所承担的角色是相当复杂的,老师、朋友、父母……还承担着家庭以及相关的各种社会角色。这些极易使教师产生角色冲突,"过高的社会期望与多重的角色期待所形成的压力,已严重影响了教师的心理健康"。[19]但是就笔者亲身感受来说(笔者多年来一直是注重笔者作为教师的父母角色的),虽然会增加一些负担,但是不会增加到夸张的地步。而且即使增加负担,也是义不容辞的责任。就像信仰,我们可以为信仰献出生命,辛苦一点又何足挂齿呢?!范梅南自己也曾说过,"某些读者可能会感到过于理想化,有种道德说教的味道……但我不会为关心孩子们的这份热情而感到歉意"。父母角色的定位,也是新时代的要求。国际教育大会第三十五次会议致函各国教育部,建议"帮助教师和未来的教师认识教师的角色转换,并为新的角色及其功能做准备"。

通过本文论述,结论显而易见:讨论、宣传、指引、制定大学教师的父母角色定位规范已经到了刻不容缓的地步了。从教育主管部门到教师,都要意识到其必要性和紧迫性,要让父母角色成为大学教师的基本素质,要让教师职业形成一种信仰,成为宗教般的信仰,这种信仰凝聚了教师的多重角色定位,让教师职业成为真正的神圣的职业!

参考文献

[1] 范蔚. 教师多元角色的矛盾冲突与现实转换[J]. 宁波大学学报(教育科学版),2004,26(1):7-10.

[2] 张应强. 大学教师的社会角色及责任与使命[J]. 清华大学教育研究,2009,30(1).

[3] 王俊明. 近年来国内关于教师角色冲突的研究综述[J]. 教师教育研究,2005,17(3):44-48.

[4] 陈佳莹,田秋华. "互联网+教育"环境下教师的课堂角色转型及其实现路径[J]. 教育导刊,2019(12):79-84.

[5] 王健. 疫情危机下的教师角色、行为与素养[J]. 教师教育研究,2020,32(2):27-31.

[6] 李雁南,王文礼. 高校研究生教育师生关系问题研究:基于博士研究生培养的中西比较视角[J]. 绍兴文理学院学报(教育版),2020,40(12):24-30.

[7] 杨军,保琰. 高校教师性骚扰的行为类型与法律属性[J]. 荆楚学刊,2020,21(3):70-76.

[8] 观察者网. 涉嫌强奸罪,赣州师专双开教师陈锡明被刑拘[EB/OL]. (2019-10-15)[2021-02-16]. https://www.guancha.cn/politics/2019_10_15_521371.shtml.

[9] 陈璐璐. 浅谈新时代高校师德师风建设研究[J]. 品位经典,2020(10):81-83.

[10] 中华人民共和国教育部. 教育部公开曝光8起违反教师职业行为十项准则典型问题[EB/OL]. (2020-07-27)[2021-02-16]. http://www.moe.gov.cn/jyb_xwfb/gzdt_gzdt/s5987/202007/t20200727_475108.html.

[11] 中华人民共和国教育部. 违反教师职业行为十项准则典型问题[EB/OL]. (2020-12-07)[2021-02-18]. http://www.moe.gov.cn/jyb_xwfb/gzdt_gzdt/s5987/202012/t20201207_503811.html.

[12] 王中银. 江西赣州师专教师陈锡明强奸十多名女生最高可判死刑[EB/OL]. (2019-10-12)[2021-02-18]. https://www.douban.com/group/topic/154890342/.

[13] 弗洛伊德. 弗洛伊德后期著作选[M]. 林尘,等译. 上海:上海译文出版社,1986.

[14] 范梅南. 教学机智:教育智慧的意蕴[M]. 李树英,译. 北京:教育科学出版社,2001.

[15] 宋银秋. 大学英语长篇阅读与翻译3[M]. 北京:高等教育出版社,2015.

[16] 潘健. 试论小学教师专业特性及其培养体系的构建[J]. 河北师范大学学报(教育科学版),2010,12(12):103-108.

[17] 林燕清. 积极心理学在高校思想政治教育中的应用研究[J]. 太原城市职业技术学院学报,2013(9):148-150.

[18] 刘晓光,张硕. "95后"大学生退学原因分析及其启示:以F大学近五年(2013—2017)数据为样本[J]. 教育与考试,2020(2):67-72.

[19] 兰惠敏. 关于我国高校教师职业倦怠的调查研究[J]. 教育探索,2012(5):143-145.

● 外语在线教学

线上英语学习中的多模态符号资源对认知过程的影响

赵雪宇

摘要：本文通过全面研究疫情防控背景下多模态化的线上英文课堂与认知过程的关系，总结基于多模态话语理论和多模态教育模式的利弊，吸取精华，发现不足，为实现疫情防控背景下线上英文课堂的科学化、现代化、全球化提供参考意见。
关键词：线上英语学习；多模态化；认知机制

The Influence of Multimodal Resources in Online English Learning on Cognitive Process
ZHAO Xue-yu

Abstract: This article summarizes the pros and cons of multimodal discourse theory and multimodal education models. Through a comprehensive study of the relationship between multi-modal online English classes and their cognitive processes, both the advantages and disadvantages were examined. In the context of the COVID-19 pandemic, this paper aims to provide references to online English classes that are scientific, modern, and globalized.
Key words: online English learning; multimodality; cognitive mechanism

一 引言

面对突如其来的新型冠状病毒性肺炎，全国各族人民在以习近平同志为核心的党中央坚强领导下，团结一心，众志成城，以前所未有的信心和决心投入这场特殊的战斗中。疫情时期的大规模在线学习的实践，促进了多模态话语与信息技术在线上课堂中的应用,对于评价其对学习者的认知影响机制也应随之变革。近年来,经济全球化、文化多元化的发展促进了多模态话语理论的发展,研究视野和方法思路呈现多样化。同时,认知科学中认知负荷理论的蓬勃发展和丰富成果也为研究提供了理论基础。

二　文献综述

（一）多模态话语分析理论

作为术语的"多模态"兴起于上世纪90年代西方国家。新伦敦小组在一次国际会议上提出了将多模态应用于外语教学的观点,之后对于多模态的研究越来越热。早在1975年,Sinclair和Coulthard就指出,在语言研究领域,教师和学生的语言一直是课堂话语研究所关注的目标,很少包括其他非语言手段。然而随着上个世纪末多模态话语分析理论研究的兴起,研究者在非言语交际上进行定性和定量的判断和分析,使言语与手势、面部表情与语音识别、面部表情与语音综合等多种模态的互补研究成为多模态话语分析研究的一大发展趋势。近十几年来,许多国外语言学家在对多模态话语理论的研究上取得了比较突出的成果,多模态分析已广泛运用到符号学、哲学、社会学、人类学等各领域。

在多模态语言教学研究中,教学话语不再是单一的语言表达,课堂教学由多种模态来共同完成,包括口语、书面语、图像、图表、空间、手势、动作以及其他可以用来构建意义的各种符号资源(Sinclair,1975)。这些不同的模态相互协同,相互组合,在合适的语境中表达意义,实现交际目的,或者和其他模态来共同配合完成交际目的。在话语交际中,话语的一大部分意义是由非语言因素体现的,如:声调、音调、音速等语言特征,手势、表情、动作等身体特征,PPT、音响设备、网络、实验室等非身体特征和周围环境因素等。在这种情况下,交际不再是利用一种感官进行的,而是运用听觉、视觉、触觉等多种感官同时进行,通过语言、声音、图像、动作等多种手段和符号资源进行交际。以这种交际方式产生的话语就是多模态话语,多模态话语分析是国际上分析口语语料的新趋势,为全方位研究非言语交际能力提供了可能。

李战子(2003)是首个将多模态研究引入国内的学者,而顾曰国(2007)是国内最早将多模态话语理论运用于外语教学的,他提出记忆力跟获取信息的模态有关系:多媒体、多模态学习比单媒体、单模态学习更能增强记忆力。多模态是指除了文本之外,包括图像、图表等的复合话语,或者说任何由一种以上的符号编码实现意义的文本。简而言之,使用一种符号资源来进行互动的叫单模态,使用两种以上符号资源进行互动或表达意义的称为多模态。话语也具有多模态性,多模态话语指运用听觉、视觉、触觉、嗅觉、味觉等多种感觉,通过语言、图像、声音、动作等多种手段和符号资源进行交际的现象。在此过程中,语言与其他符号资源共存,共同建构意义。

张德禄(2009)在将多模态话语理论运用于外语教学领域做出了卓越的成果。他利用多模态话语分析理论在外语课堂教学中做出了一系列的努力,并结合前人的研究成果提出了自己的教学设计理念与教学原则,即有效原则、适配原则与经济原则。张德禄(2010)指出,国内多模态话语的研究还处在初始阶段,运用多模态话语分析理论开展外语教学的研究还不多见。因此,教学话语的多模态性已经成为一个重点研究领域。特别是随着现代技术的迅速发展,各种多媒体技术已开始进入课堂,网络和多媒体技术日新月异的发展拓展了语言的内涵和外延,使语言的阐释从传统的单一的文本模式转变为多种模态的表达模式,国内众多学者(如李战子,2003;胡壮麟,2007;朱永生,2007;王梅,2012;刘国强,2016;程奉,2018)认为源于系统功能语言学理论的多模态话语分析可以有效弥补原先单模态话语分析的不足,多模态外语教学研究为语言教学设计研究提供新的维度和视角。

(二)认知负荷理论

认知负荷理论的研究,是以美国心理学家米勒于1956年的脑力负荷或心理负荷研究为基础,由澳大利亚新南威尔士大学的认知心理学家John Sweller于1988年首先提出来的。John Sweller认为"认知负荷是处理被给信息所需要的心智能量的水平"(Sweller, 1988);此外,具有代表人物的Paas和Van Merriënboer(1994)认为,认知负荷由多维度构成,是执行一项具体任务时,施加于个体认知系统的负荷(Paas, Merriënboer, 1994)。

认知负荷理论是本研究的理论基础之一。线上外语学习是一个主动和复杂的过程,学习者会从看到的和听到的线索中提取信息,并将这些信息和大脑中长期记忆中的信息相关联。认知负荷理论提出,知识以图式的形式存储在大脑长时记忆中,人们大脑的工作记忆是有限的,当太多的信息同时输入时,就会出现负荷过量。如果输入的信息和大脑长期记忆中的图式相关,工作记忆负荷就会被降低。

我国学者曹宝龙等人认为,认知负荷指一个事例中智力活动强加在工作记忆上的总数(曹宝龙,刘慧娟,林崇德,2005);之后,赖日生、曾晓青、陈美荣(2005)等人认为认知负荷指的是在特定的场合下施加到工作记忆中的智力活动的总量。杨心德、王小康（2007）则将认知负荷定义为完成某项任务而在工作及以上所进行的心智活动所需的全部心智能量。安其梅和吴红则在广义和狭义上分别定义了认知负荷：在广义上，认知负荷是指在一定任务环境下，个体在进行认知活动时，当前任务是加给学习者认知结构（主要是指工作记忆上的智力活动）的总量；在狭义上，认知负荷是指在一定的学习时间和条件下，不同的学习者在学习活动过程中，加工不同的任务所需占用的认知系统的认知资源总量（安其梅，吴红，2015）。

三 研究方法

（一）样本介绍

笔者所授课程为"英语写作2"，共有73个英语专业学生，共3个班。课程共16周，32个学时。笔者采用的是直播方式授课，授课软件为腾讯会议，要求学生至少准备两个硬件设备。

（二）研究方法

1. 剖析线上外语学习中多模态资源的应用与多模态资源种类

着重统计分析学生做到线上外语的有效学习所需要用到的多模态资源，多模态资源包括但并不局限于PPT、电脑、投影仪、黑板、教师的肢体语言、面部表情等。另外，线上教学资料的排版，以及所运用的字号、字体、颜色、图片，抑或是采用加粗或斜体的方式来体现难点和重点也是多模态资源在线上学习的应用。分清多模态资源的种类是本课题开展的第一步。

2. 探究线上外语学习的内容与多模态资源应用的对应关系

根据线上外语学习的内容不同，多模态资源的使用也会略有不同。例如，听力课堂中会更多地使用到视觉模式和听觉模式的材料，而写作课程则更多地会使用文字和符号模式的材料。探究多模态资源如何应用在不同外语学习内容上，并理清其对应关系是本课题开展的第二步，继而为下一阶段的认知机制影响的分析做铺垫。

3. 探悉多模态资源分布对外语学习者认知机制的影响

多模态资源的分布不同会对学生在线上学习时产生不同的认知负荷。认知负荷是由学习材料本身的复杂程度与学习者原有知识水平决定的，如果学习资料的模态越简单，学习者长时记忆中具有与图式建构相关的知识越多，那么加工学习任务所需要占用的认知资源就越小,对于学习者来说,认知负荷就越小。相反,当学习材料越复杂,学习者所具备的知识经验越少,则个体加工图式所需要的认知资源就越多,学习者的认知负荷就越大。了解多模态资源分布对外语学习者认知机制的影响可以为揭示多模态资源在外语学习中的合理使用和下一阶段的研究奠定基础。

4. 揭示多模态资源在外语学习中应用的最佳之对策

线上外语学习要协同使用多模态资源。线上英语课堂通常以语言模态为教学的主要运用模态,辅以肢体语言模态、表情模态和动作模态来配合语言模态进行协同教学。线上学习资料运用图片、视频、音频与文字等模态进行多元化结合,培养学生的听、说、读、写能力,提升学生的思维发散水平,强化学生的跨文化意识。多模态的适当使用可以在外语学习中起到积极的作用。但同时,多模态资源的过度使用会给学习者造成过量的认知负荷,进而影响学习效果。因此,如何科学适当地运用多模态并发掘最佳之对策是研究者应关注和攻克的重点和难关。

四 结果与讨论

将线上外语学习中使用到的多模态资源进行分类,并依据外语学习内容的不同重新分析整合成不同的多模态资源组合,丰富了多模态话语分析理论和符号学多模态化库理论。探析不同多模态资源组合在不同外语学习内容中的使用情况,进而得出如何科学合理地将线上外语学习搭配不同的多模态资源,实现有机结合,从而达到最佳的外语学习效果。基于多种科学前沿的研究方法,可拓展阐释多模态化理论与应用的深度与高度,推动研究的成熟发展;揭示多模态资源的合理分布如何促进线上外语学习效果,发掘多模态资源的使用对线上外语学习实践的指导意义;总结高效线上外语学习所需要的多模态资源种类,着重探析不同多模态资源种类在学习不同外语内容时所起到的不同支撑作用;描绘多模态资源在线上外语学习中合理使用的蓝图,为线上外语学习和线上外语课程的建设提供借鉴意义。

在疫情防控背景下,统筹推进疫情防控与线上教育的发展,既是我们做好疫情防控的题中之义,也是全方位推进教育教学改革,促进高等教育高质量发展的必然之举。

另外,多模态概念的提出为疫情背景下我国高校的线上外语学习提供了开放式的思路,多模态话语这一新的学术领域的发展促进了高校外语课堂中多模态话语运用能力的培养。可以积极而充分地利用多种模态而不仅限于语言这一种模态，多元化学习模式可以避免传统外语学习的枯燥乏味，增加和增强大学生的外语学习动力与主观能动性。不同的模态对大学生的不同感官会造成不同的刺激，可以全方面提高大学生学习外语的效率。多模态形式下的线上外语学习，将有效改变大学生被动接受教育的现象。这样，外语教师的主导功能与大学生的自主学习模式成功地融合在一起，两者形成开放式的学习关系，从而调动起大学生外语学习的主动积极性。

五 结语

本文通过全面研究疫情防控背景下多模态化的线上英文课堂与认知影响机制的关系，总结基于多模态话语理论和多模态教育模式的利弊，吸取精华，发现不足，为实现疫情防控背景下线上英文课堂的科学化、现代化、全球化提供参考意见。在疫情期间线上学习的背景下，为在线情景下的多模态课堂建设和完善提供理论依据和实践证明，实现英文课程在线学习的最优化效益。同时为教师和学生的多元听、说、读、写能力发展做出规划和构建。其学术价值在于开拓外语学科的在线学习的研究跨级，完善在线学习方式的知识体系和规范；结合认知语言学、系统功能学、符号学、社会语义学等建立跨学科的多模态教师话语研究体系，同时，检验其对学生的认知影响。其应用价值在于基于定量定性研究结果，探究数字科技与高校英语教育的应用和融合，发现以数字科技为载体的多模态符号的意义构建方式，提高外语学习者的多元素养，创建在线学习模式下教育学的有效互动体系，为进一步完善生态化、多媒体、移动化的教学方式提供路径。

参考文献

[1] 安其梅，2015，吴红. 认知负荷理论综述[J]. 心理学进展(1): 50-55.

[2] 曹宝龙，刘慧娟，林崇德，2005. 认知负荷对小学生工作记忆资源分配策略的影响. 心理发展与教育(1): 36-42.

[3] 程奉，2018. 基于"SPOC"混合式教学模式的研究与实践——以商务英语写作为例[J]. 海外英语(18): 130-131.

[4] 顾曰国，2007. 多媒体、多模态学习剖析[J]. 外语电化教学(2): 3-12.

[5] 胡壮麟，2007. 社会符号学研究中的多模态化[J]. 语言教学与研究，(1): 1-10.

[6] 赖日生，曾晓青，陈美荣.，2005 从认知负荷理论看教学设计. 江西教育学院学报(社会科学)(1): 52-55.

[7] 李战子,2003.多模式话语的社会符号学分析[J].外语研究(5):1-8.
[8] 刘国强,2016.多模态课堂话语的例示化原型研究[J].英语教师,16(21):23-28.
[9] PAAS F G W C, MERRIËNBOER J J G, 1994. Instructional control of cognitive load in the training of complex cognitive tasks[J]. Educational Psychology Review, 6(4): 351-371.
[10] SINCLAIR, J, 1975. Toward an analysis of discourse: The English used by teachers and pupils[M]. Oxford: Oxford University Press.
[11] SWELLER J. 1988. Cognitive load during problem solving: Effects on learning[J]. Cognitive Science, 12(2): 257-285.
[12] 王梅,2012.多模态与多元文化读写能力培养实证研究[J].外语教学,33(1):66-69.
[13] 杨心德,王小康,2007.认知心理学视野中的认知负荷理论.宁波大学学报(教育科学版)(3):11-15.
[14] 张德禄,2009.多模态话语理论与媒体技术在外语教学中的应用[J].外语教学,3(4):15-20.
[15] 张德禄,2010.多模态外语教学的设计与模态调用初探[J].中国外语,7(3):48-53.
[16] 张德禄,王璐,2010.多模态话语模态的协同及在外语教学中的体现[J].外语学刊(2):97-102.
[17] 朱永生,2007.多模态话语分析的理论基础与研究方法[J].外语学刊(5):82-86.

任务教学法在线上教学中的实践

陈文雪

摘要：在新冠疫情背景下,全国高校纷纷开展线上教学,力求"停课不停教,停课不停学"。在线教学突破时空局限,成本低廉,有效解决了突发疫情带来的教学矛盾。然而,在授课过程中,由于技术条件限制,线上课堂存在种种问题。本文从客观条件、教师和学生三方面探讨任务教学在线上教学实施过程中出现的问题,并结合一学期的线上授课经验,提出解决方案。

关键词：交际教学;任务教学;线上教学;任务辅助教学

Implementation of Task-Based Language Teaching in Online Instruction
CHEN Wen-xue

Abstract: As the world is fighting against the COVID-19 outbreak, a majority of teachers and students are doing online lectures and facing the prospect of online exams in brand new formats. Online teaching and learning is economical as it breaks the limits of time and space. However, it also encounters many challenges due to technical issues. This paper analyzes the problems that might occur in online courses when teachers employ a task-based teaching approach. The problems are categorized into structural problems, teacher-related problems, and student-related problems. Suggestions are offered in order to improve the online experience of the users.

Key words: communicative language teaching; task-based language teaching; online teaching; task-supported language teaching

1 引言

作为交际教学法(communicative language teaching)的一种实现方式,任务教学法(task-based language teaching,TBLT)自20世纪80年代被提出。21世纪初,任务教学法在我国推广开来。例如:颁布于2001年由教育部制定的《全日制义务教育普通高级中学英语课程标准》明确指出授课"尽量采用'任务型'的教学途径"。长期以来,任务作为外语教学关键词之一,在研究和实践领域广受关注。然而,突发的新冠疫情使得任务教学再次蒙上面纱:如何在线上教学中实现以交际为基础的任务教学?本文回顾了任务教学法在实施过程中可能面临的挑战,并结合东南大学外国语学院教师线上教学的实践经验,梳理了任务教学在线上教学实施过程中可能遇到的困境,并在文章末尾提出解决方案。

2 课堂中的任务教学及教学效果影响因素

Long[1]最早将任务定义为人们在日常生活中所从事的各种事情,比如在图书馆借书、预订酒店房间、填写信息表格等。之后,Skehan[2]和Bygate[3]对Long的定义进行修正。他们认为,语言课堂无法完全模拟现实生活,因此教学中的任务是指能够使学生完成过程中产出目标语言的任务。这种任务区别于单纯的课堂语言训练活动。就语言训练来说,练习效果即为学生练习中的表现情况。而语言任务效果取决于学生是否能够完成任务既定目标。以找茬任务(spot-the-difference task)为例,任务效果由学生是否能够找出所有不同决定。此外,Ellis[4]认为,语言任务与训练的关注焦点也存在差异。语言训练侧重于语言形式本身,而语言任务以意义为首,强调在有意义的语言产出中引导学生关注语言形式。例如:在完成找茬任务的过程中,学生需要使用相关介词表达,从而在教师的引导下关注该语言点。而常见的课堂介词练习活动包括介词填空、介词选择等仅围绕介词形式本身,相比意义交流,只是一种解码行为。

学者们普遍认为,学生能够通过在特定任务中有意义、有目的的互动交际,实现语言习得。首先,基于任务的教学活动能够提高学习者语言使用准确度。在交际活动中,学生能够对语言输出词汇、语法、语言情境切合度以及语言使用频率进行一定关注,从而不断调整自己的语言产出[3]。其次,相较语言训练,语言任务通过引导学生围绕任务内容进行讨论来促进语言产出丰富度。除相关目标知识点外,学习者仍需使用其他语言结构完成任务,在一定程度上提升了输出多样性。最后,任务教学同样有助于语言流利度的提高。借助于重复或复述等方式,学生能够调整语言结构以及话轮转换模式,从而输出更加流利的语言表达[5]。

虽然任务型教学法在提出之后便广受推崇,但随后的实证研究也指出其一些问题。例如:García-Mayo & Pica[6]发现,并非所有学生都能在完成任务过程中意识到自己的语言产出问题。相反,由于学生将精力集中于完成任务,对目标知识点的习得反而不够准确。Ellis[7]系统地归纳了任务教学在实施的各个环节中可能出现的问题(见表1)。Ellis 指出,结构问题在亚洲英语课堂比较普遍。大多数外语教师面临学生人数众多、小组活动难以组织的问题。而在教学环节中,教师一般需要遵循既有教学大纲。在应试教育背景下,教师很难将任务教学法与既有教学大纲以及基于词汇语法内容的语言测试相结合。从学生层面来说,学生的学习态度、学习动机等都直接影响任务教学实施效果。有些学生认可任务教学仅仅是因为各类教学任务具有趣味性。对于水平较低的学习者,在完成任务过程中保质保量地实现目标语言产出难度也非常大。从教学层面来讲,教师对任务教学的效果起到决定性作用。很多教师适应传统教学方法,对任务教学法缺乏了解,存在抵触心理。即使教师乐于尝试,由于对口语能力不自信,一部分教师也会放弃。还有一部分教师在尝试过程中出于增加的备课量等因素同样选择退出。

表1 任务教学实施中的潜在问题[8]

结构问题	教学条件限制:大班教学,学生语言水平参差不齐 社会层面、机构层面限制: ➤ 固定的教学大纲 ➤ 大量语言精确度的测试
教师相关问题	➤ 对任务教学法的理解较为模糊 ➤ 口语能力不足 ➤ 受个人传统教学经历影响拒绝尝试新的教学法 ➤ 对学生语法能力的担忧 ➤ 对使用新型教学法从而产生的备课量的担忧
学生相关问题	➤ 对外语学习的理解局限于语法和词汇层面 口语能力不足从而导致: ➤ 将任务教学视为"玩乐"而非教学活动 ➤ 任务完成过程中过度依赖母语 ➤ 出于完成任务目的而输出大量洋泾浜语

Ellis 认为,表1可以作为教师设计任务教学时的问题核对清单以保证教学顺利进行。事实上,在网络授课过程中,任务教学实施所面临的困难不仅于此。空间的障碍以及技术的局限等客观条件使得交际教学面临更大挑战。

3　线上课堂中的任务教学

21世纪初,学者们开始将视角从线下面授课堂转至线上课堂,但研究主要集中于教学实验或线上辅助教学。例如:González-Lloret[9]发现线上线下相结合的任务教学对学生后续语言使用有持续的积极作用。我国学者同样发现,以任务教学法为指导,课堂教学结合课后任务布置、学生线上自主学习,能够有效地提高学生的语言运用能力[10-11]。Hampel & Hauck[12]是最早一批将任务教学在线上教学中应用并进行研究的学者。他们搜集了两节75分钟线上指导课程数据,根据30位学生反馈,发现尽管学生对课程整体满意,但学生的课程参与度却逐渐降低。随后,Hampel[13]的另一项研究同样证实,线上教学时学生对任务的参与度以及师生、学生之间的互动频率不稳定,水平较低的学生明显缺乏参与。Lai et al.[14]通过师生满意度调查以及对照组研究方法发现,师生对线上任务教学模式满意度较高,采用任务教学的线上班级期末口语测试均分高于未采用该教学法的线上班级。尤其在语言表达流利度方面,实验班级均分显著高于对照班级。然而,在课程结束后的访谈中他们发现,为期12周的课程过半后,学生开始出现抵触心理。多位学生指出,希望教师能够更明确地讲解个别语法知识点,课程能够增加词汇、句型拓展与练习。与Hampel和同仁的研究类似,Lai等发现学生课程参与度呈现两极分化。其中两位同学期末口语测试分数相较其他同学差距较大,课堂录音与观察同样证实,两位同学课堂参与不积极,十分被动。

总的来看,任务教学可以并应当运用在线上教学活动中,但学界缺乏相关研究。因此,探索任务教学与网络教学的有效结合,顺应互联网时代教学需求,能够为广大外语教师在新冠疫情背景下提供更多教学思路和方法。

4　研究方法

本研究在2020年3月至6月,通过电话、微信语音、面谈等方式收集了来自全国5所高校30位教师对线上教学的反馈。每位老师访谈时长为20~30分钟。通过半结构式访谈了解教师在线上授课各个阶段所遇到的问题以及调整对策。受访教师均为英语专业教师,平均教龄12年,其中5位老师教龄低于3年。30位教师中,22位教师明确表示在授课过程中采取任务教学,仅1位教师没有采用任何与任务教学相关的教学模式。学期结束后,研究者向教师索取各校评教报告,12位教师提供了来自近500名学生关于线上授课学期的评教反馈。

收集师生反馈数据后,本研究将访谈数据进行转录,同时导入 NVivo 11 进行分析。首先进行大类划分,区分线上教学问题与对策;再对有关任务教学的相关内容进行细化。经过反复研读,将问题与对策进行分类。

5 影响线上任务教学实施的因素

本文结合对 30 位高校教师疫情期间在线授课情况的访谈以及笔者授课过程中的反思与学生反馈,以表 1 框架为基础,总结了线上任务教学模式所面临的挑战(见表 2)。首先,互联网特性要求使用者具备一定的操作技术。由于新冠疫情属于突发情况,很多没有线上教学经验的教师被迫采取网络授课。在被采访的教师中,22 位教师表示第一次开展线上授课。而超过 25 位教师表示授课初期出现焦虑情绪,其中一位老师在开课前与同事、学生进行线上模拟多达 10 余次。近一半老师同时表示,除授课电子设备外,还会再准备一台电脑作为备用,以免发生技术问题。对于学生来说,由于缺乏监控,容易出现上课注意力不集中等现象。多位教师指出,随机抽查学生回答问题时,发现存在学生无法做出反应等问题。此外,网络授课也一定程度上限制了课堂互动。传统课堂中的一对多(教师同时与多名学生互动)以及学生间的互动形式(如小组互动)在网络授课中只能以文字形式实现。例如:使用腾讯会议平台进行授课时,如果多人同时开麦发言,会导致聊天室噪音、杂音多。雨课堂授课过程中,学生仅能通过发送弹幕的形式进行多人对话。此外,由于疫情影响,期中、期末测试也由线下转至线上。相较形式多样的传统测试,线上考试由于监控等条件限制,考试内容与形式也受到一定局限。

从教师层面来说,除了技术障碍以及焦虑情绪外,由于网络授课的局限性,多数教师对于即便是已经反复教授了若干轮的课程也进行了适当调整。一是诸多互动活动无法在网络课堂有效开展,二是网络课堂由于技术限制(如网络信号不稳定导致师生掉线、音质不佳等),使得网络课程进度往往慢于面授课堂。因此,基于隐性教学(implicit teaching)的任务教学被弱化,教师会选择显性教学(explicit teaching)从而保证语言知识点的全面覆盖。从学生层面来讲,自疫情开始后,全球众多高校都从传统授课转为线上教学,这种集中式网络授课很容易使学生产生抵触心理,尤其影响课堂互动参与度。大多数在线授课为保证网络通畅,通常不要求学生打开摄像头。在这种情况下,关注焦点集中于语言本身,口语能力较弱的学生往往羞于开口。此外,由于互动性的限制,线上授课很难真正实现"以学生为中心",加之教师教学策略的调整,如减少课堂互动,容易导致学生缺乏学习兴趣,学习动机降低。表2总结了任务教学在网络课程实施过程中可能遇到的困境。

表2 线上任务教学实施中的潜在问题

结构问题	技术局限：网络信号、学生间互动（如小组讨论）
	社会层面、机构层面限制： ➢ 固定的教学大纲 ➢ 基于互联网的测试实施难度大
教师相关问题	➢ 对于网络和相关教学软件的使用熟练度 ➢ 对教学过程中出现网络等技术问题的担忧 ➢ 对教学计划完成度的担忧
学生相关问题	➢ 课程出勤动机削弱 ➢ 互动方式减少，课堂参与度下降

6 对策

由于突发的新冠疫情，诸多教师应对不及，面对网络教学信心不足，尤其是交际教学受到极大局限。在这种情况下，采取任务教学法的教师，可对任务教学方式进行适当调整。为了保证课程知识点的完整度，相较于基于任务的教学（TBLT），即任务贯穿整个教学过程，借助任务的教学（task-supported language teaching, TSLT）将传统的显性教学与任务教学相结合，从而更有效地引导学生关注语言知识点。Sato[15]指出，TSLT教学模式更适合亚洲二语语言教育，在显性教学前应用能够引发学生注意，在显性教学后可提供大量练习，促进语言产出。以一篇讲述如何成为优秀学子的文章为例，传统课堂条件下，学生以小组为单位，通过课前调研与访谈、课上结合课文内容进行分析与修正、课后撰写调查报告为任务，进行课文相关内容与知识点的讨论。转为线上课堂后，由于课上小组讨论效率较低等因素，我们对原本的课程设计进行了改进。首先，课前要求学生在家制作"居家学习Vlog"，课上教师通过筛选个别学生的Vlog进行对比和展示，引导学生思考课文主题，学习文章相关知识点。采用Vlog的形式有助于激发青年学子的学习兴趣，同时将受限的课堂交际转移至课后，提高课堂效率。

除了教学方法的改变，高校教师还应加强互联网、计算机应用方面知识的学习。在5G时代背景下，互联网教学将是未来趋势。在这一方面，东南大学紧跟时代要求，对教师开展了线上软件指导，并开设了智慧课堂使用辅导等培训课程。近年来，外国语学院组织师生录制微课、慕课，两位教师分别在第三届、第五届全国外语微课大赛上获得最高奖项,同时推出国家级精品慕课,为应对突发线上教学情况提供支持。

  对于大多数教师来说,线上教学都是一项挑战。基于任务教学理论,我们在一学期的实践中不断总结,逐渐调整。事实上,很大一部分教学设计都进行了调整。从上述单元案例中不难看出,这一单元的线上教学推翻了原有的设计。值得庆幸的是,在学期末学生测评中,任务辅助教学这一方法也受到了学生的好评。线上教学是未来教学发展的趋势,微课、慕课等网络课程形式已经普及,线上授课离我们并不远。如何将传统教学方法有效应用于线上课堂,是每位教师不得不思考的问题。

参考文献

[1]　LONG M H. Input and second language acquisition theory[M]// Gass S, & Madden C G. Input in Second Language Acquisition. Rowley, MA：Newbury House, 1985：377-393.

[2]　SKEHAN P. A framework for the implementation of task-based instruction[J]. Applied Linguistics, 1996, 17(1)：38-62.

[3]　BYGATE M. Quality of language and purpose of task：Patterns of learners' language on two oral communication tasks[J]. Language Teaching Research, 1999, 3(3)：185-214.

[4]　ELLIS R. Task-based language learning and teaching[M]. Oxford：Oxford University Press, 2003：55-60.

[5]　WIDDOWSON H G. Context, community, and authentic language[J]. TESOL Quarterly, 1998, 32(4)：705-716.

[6]　GARCÍA-MAYO M, PICA T. L2 learner interaction in a foreign language setting：Are learning needs addressed? [J]. International Review of Applied Linguistics in Language Teaching, 2000, 38：1-22.

[7]　ELLIS R. Teacher preparation for task-based language teaching[M]// Lambert C & Oliver R. Using Tasks in Second Language Teaching：Practice in Diverse Contexts. Bristol：Multilingual Matters, 2020：99-120.

[8]　SOLARES-ALTAMIRANO M. L2 Teachers' responses to an online course on task-based language teaching in Mexico[M]// Lambert C & Oliver R. Using Tasks in Second Language Teaching：Practice in Diverse Contexts. Bristol：Multilingual Matters, 2020：193-212.

[9]　GONZÁLEZ-LLORET M. Computer-mediated learning of L2 pragmatics[M]// Alcon Soler E & Martinez-Flor A. Investigating Pragmatics in Foreign Language Learning, Teaching and Testing. Clevedon, UK：Multilingual Matters, 2008：114-132.

[10]　邓杰,邓颖玲.网络环境下英语视听说任务型教学研究:英语视听说国家精品课程建设例

[11] 赵华雪,代彬.线上线下混合教学模式在大学英语听说教学中的应用研究:基于问卷星及Blackboard网络平台的实例分析[J].大学外语教学研究,2020:43-54.

[12] HAMPEL R, HAUCK M. Towards an effective use of audio conferencing in distance language courses[J]. Language Learning and Technology, 2004, 8(1): 66-82.

[13] HAMPEL R. Rethinking task design for the digital age: A framework for language teaching and learning in a synchronous online environment[J]. ReCALL, 2006, 18(1): 105-121.

[14] LAI C, ZHAO Y, WANG J. Task-based language teaching in online ab initio foreign language classrooms[J]. The Modern Language Journal, 2011, 95: 81-103.

[15] SATO R. Reconsidering the suitability and effectiveness of PPP and TBLT in the Japanese EFL classroom[J]. JALT Journal, 2010, 32(2): 189-200.

(Note: item [11] begins with "析[J].外语教学,2007,28(5):45-49." as continuation of previous reference before the new [11] entry.)

疫情背景下基于POA的线上大学英语写作课程设计

范国华

摘要：2020年初突发的疫情把教学完全推到线上，大学英语写作教学面临新的挑战。"产出导向法"提出了适合中国国情的英语教学理论，给大学英语写作教学指明了方向。基于此理论的大学英语写作课程设计可以应对疫情时期的困难，有效地提高学生的英语写作能力，达到预期的教学效果。

关键词：产出导向法；大学英语写作；课程设计；疫情

POA-Based Syllabus Design of College English Writing in Pandemic Situation

FAN Guo-hua

Abstract: The pandemic that started in the early 2020 pushed teaching online. Teaching of college English writing is facing new challenges. "Production-oriented approach" (POA), based on the English teaching situation in China, sheds light on the teaching of college English writing. POA-based syllabus design of college English writing helps to deal with the difficulties, and to effectively improve students' writing ability through online teaching in the pandemic situation.

Key words: production-oriented approach (POA); college English writing; syllabus design; pandemic

2020年初，一场突如其来的新冠肺炎疫情扰乱了人们生活的节奏。面临开学，教师和学生都有些茫然。教育部提出"停课不停教"，教学全被推到了线上，几

作者简介　范国华(1966—)，江苏南通人，东南大学外国语学院副教授，研究方向：英语语言学。

乎所有的教师都通过互联网平台向全国各地的学生授课,对于教师和学生来说,这是前所未有的挑战。教师不仅要学会并熟练运用网络教学平台,更需要对教学内容、教学方法、评估手段做出精细的设计。大学英语写作是一门实践性很强的课程,注重培养学生英语书面语的产出技能。近年来,以中国特色的英语教育为基础,旨在提高学生英语实践能力的教学理论——产出导向法(POA),给从事大学英语写作教学的教师很大的启发,也为课程设计和实际教学指明了方向。疫情环境下,不能面对面授课和交流,但是精心的课程设计、便利的网络平台,使得线上教学得以平顺进行,弥补了缺憾,达到了预期的教学效果。

一 产出导向法

产出导向法(production-oriented approach,POA)是文秋芳教授[1]基于"学习中心说""学用一体说""全人教育说"创建的英语教学理论,旨在提升学生的英语实践能力。该理论突出英语语言产出,着力培养学生的语言运用能力,其教学流程涵盖三个阶段,即驱动、促成、评价。驱动指教师呈现相关场景和有认知挑战性的话题,指明学习目的和需产出的任务导向,学生在明确了解交际和语言的目标要求后,即尝试进行产出活动,从产出过程中感觉到自身知识和语言的不足,即"做而后知不足",这比传统的被动式"学而后知不足"的感受更深切,故而激发学新知的兴趣,产生"我要学"的愿望;促成指教师解释产出任务和具体要求,使学生进行有针对性的学习和练习产出,包括产出的内容、语言形式、话语结构等,教师给予指导和检查;评价指师生共同学习产出评价标准,对学生的产出成果,对照标准进行有针对性的评价,师生可以共同在课堂和课下进行评价,学生提交的产出成果作为形成性评价的依据[2]。产出导向法从中国英语教学的实际出发,创立了符合我国国情的英语教学理论,扭转了我国英语教学理论过度依赖西方的状况,对我国英语教学实践有指导意义。语言的产出放在了突出的位置,贯穿于教学的始终,它既强调产出的过程,又重视产出的结果[1]。语言的产出既是教学的出发点,也是落脚点。这对我国的英语教学,尤其是大学英语写作教学提出了明确的方向和路径。

二 大学英语写作教学

写作是大学英语教学的重要组成部分,也是教师和学生认为难教难学的课程,其实践性很强。长期以来,大学英语教学偏重于输入,弱化输出,重学轻用。教师的日常教学往往偏重讲解阅读课文的语言点、中心思想、写作技巧,对于写作实践教学无暇顾及,只能将其放到次要的位置,成为阅读教学的附庸。由于课堂教学的绝大部分时间都花在接受性技能训练上,产出技能的培养充其量只能兼顾,偶一为之[3]。学生在英语写作学习过程中,仍多以应试为目标,尤其是为了通过国家四、六级考试。学习过程中背范文、仿写"万能作文"的现象很普遍。尽管学生写了较多的习作,教师花了很多时间和精力批改作业,但是学生没有真正掌握英语写作技能和提高英语写作能力,导致写作成绩偏低,继而缺乏写作兴趣和动力,形成恶性循环。产出导向法针对这种弊端,在教学中遵循驱动—促成—评价的流程,调动学生写作的兴趣,学生自觉自愿地对照目标学习英语语言形式和话语结构。产出导向法非常契合大学英语写作教学,它并不忽视输入的作用,输入是为输出服务的,输入是产出的手段和工具,促成产出活动的完成[4],其注重学以致用。学生在实践中学会语言产出,"做中学""边学边用""学用结合",在产出中体会和掌握写作技巧,逐步提升英语写作能力。

三 疫情时期基于 POA 的线上大学英语写作课程教学设计

疫情暴发,由于不能返校面对面授课,教师只能依靠网络平台实施教学。教师在教学设计时,须充分考虑疫情环境下教学的特殊性,探索语言、语言教学、学生和教学环境之间的关系[5]。教学环境变化必然导致教学手段的变化、教学内容的重新选择、评价方式的调整。当前大学外语教学的课时被压缩,疫情期间师生只能通过网络平台交流,教师线上授课的时间宝贵,教师必须优化教学设计,分析学生需求,精心选择教学材料,研究新形势下的教学方法和评估方式,从而实现教学目标,达到教学效果,保证教学质量。设计每个教学环节或任务时,都要想到学生能够从中学到什么[4]。教学中教师如果不识变、不应变、不求变,就很有可能落后,无法获得理想的教学效果[6],疫情时期更是如此。对于大学英语写作课程的教学设计,产出导向法有很强的指导意义。教师根据学生的英语基础和实际写作能力,精心设计教学活动和任务,以激发学生的产出兴趣,促成学生主动学习,实施师生合作评价,提高学生的英语书面语产出能力。

1 学生需求分析

在学期初的教学访谈中,多数学生对自己的英语写作能力不满意,期望能够写出高质量的英语作文,这也正是教师的愿望。这样的期待和愿望本身就是很好的驱动力,利于激发学生的主观能动性。与此同时,教师要根据教学经验和检测来了解学生的客观需求,了解学生的整体英语水平,分析学生在英语写作各个要素方面的掌握程度,明确目标,列出哪些要素是在教学过程中要着重练习、讲解、提升的,如何安排英语写作微技能的教学顺序、材料选择、教学方法、时间分配、任务布置、评价和反馈手段等,细化到每节课的教学计划中,把产出导向法运用到教学实践中,在实践中总结经验教训,再实践,再总结,不断提升教学质量。这样不仅能使学生取得满意的写作考试分数,更能够切实提高学生的英语书面表达能力。

2 教学内容安排和材料选择

大学英语写作教学材料不必拘泥于某个现有教材,而应根据教学目的和内容,依据前期的检测结果和教学经验加以选择,博采众长。如某课时教学的内容是英语写作用词准确,则教师可以要求学生先就一话题当堂写出几句话,自己分析和小组讨论用词的准确度,教师选择其中典型的例子进行讲解。此外,选择用词精确的文章、段落或句群,予以示范并讲解。同样,也可以选择一些在用词方面有共性错误或瑕疵的篇章,以及学生写作作业中出现的用词不当的篇章,由学生讨论、分析和纠正。有时,挑选一些容易出现用词错误的句子,译成汉语,让学生在课堂上做汉译英练习,如表达"尊敬的"意思时用"respected""respectable",还是"respectful";表达"忍受"意义时用"tolerate""bear""put up with""withstand"还是"endure"等。类似地,主旨句的写法、句式、段落结构,段间的意义推进等,都可以选择典型素材,通过示范、讨论、仿写、修改的教学方法,提高学生在这些方面的意识,逐步提升实际英语写作能力。

长期以来,不少大学英语教师习惯于精讲阅读文章,从语言点、篇章结构和意义安排出发,这是理解和赏析式的输入法教学;学生也习惯于视阅读课文为优秀范文,力求理解并记忆。近年来,一些英语阅读教材选取了网络文章,这些教学材料虽然是"鲜活"的现实中的语言,但有些"原汁原味"的文章存在一些疏漏,如语言不规范、结构不合理、逻辑不严密,不宜做学习英语的范本,但从写作教学的角度,可以选择一些篇章与学生一起分析、讨论,对照优秀文章的标准修改,不失为用于英语写作过程教学的好素材。同时,选择一些经典名篇,通过理解、赏析、模仿,激发学生的写作兴趣,在经典的示范引导下,不断实践,提高英语写作能力。

疫情期间线上教学的实际困难在于师生可能交流不畅,教学内容的安排更需注重系统性和渐进性。写作任务有不同的形式,从短信息、通告、信件、叙述、描写、概要、缩写,到议论、评述、学术论文等。本文以短议论文的写作教学为例,对照标准,分析学生客观需要提升的英语写作的具体方面,如核心思想、框架结构、逻辑推进、支撑细节、词汇、句式、标点等。以常见的短议论文写作教学为例,把教学内容从微观的易于掌握的选词、句子的信息重心和句法、句式的选择、引导句、主旨句,到较为宏观的句群、段落结构、支撑细节、句间衔接和段间衔接,以及意义的逻辑推进、篇章主体性和连贯性等分成条块,课件内容比传统课堂更细化,每个条块辅以足够的例示材料。将课件、例示材料、优秀范文都传到班级群里,便于学生复习。

3 教学方法

疫情期间的线上课堂,学生不像传统课堂那样可以当面提问,教师也不易于随时观察学生的反应和把控教学的节奏。为弥补这样的缺失,教师需要设计有别于传统课堂的教学方法。产出导向法以语言产出为核心和目标,可以指导教师通过驱动、促成、评价的过程实施教学。

不少同学在被问及写作的根本目的时,茫然失措,不知如何回答,甚至有的说是为了完成老师布置的任务。以短议论文写作为例,说到底,写作是提供信息,向读者说明自己的立场,解释观点。要达到目的,需有扎实的语言基本功,也要掌握系统性地、逻辑性地表达思想的方法。教师将英语短议论文的写作的具体方面细化为一个个目标,按由易到难的顺序分解到课堂教学中。每次课教师都直接清楚说明本次课的教学目的和要求学生达到的目标。教学内容和活动围绕目标展开,增加例示,并通过课后作业检验巩固,以确保这些细化目标的实现。这样的教学方法可以促成产出,以及细化目标逐个实现,归结起来促成总目标的完成[4]。写作任务的设计要考虑到学生的英语总体水平,选择写作的话题尽可能贴近学生生活、社会热点等,使学生有话可说。疫情期间的线上英语写作课上,笔者布置了一篇作文,要求学生以"疫情期间大学生是否应被允许出校园(Should college students be allowed to go out of campus in the pandemic period?)"为话题,尝试写作议论短文,课堂10分钟试写第一段,有同学在群里留言:"这个话题我有一肚子话要说,只是要用英语写出来不太容易。"这说明此类话题可以激发学生的表达愿望,大部分同学在构思和尝试英语写作时,发现词汇不足、句式单调、衔接不畅、结构不合理等问题,教师应及时解答学生在词汇、表达方式等方面的问题,鼓励学生大胆尝试写作,把想表达的思想写出来。教师设计产出任务时应做到具有真实性、符合学生语言水平，这样的驱动更有效。

　　短议论文写作评判标准尽管措辞不同，但大致都围绕语言和意义两个方面有相同或相似的表述。如优秀的议论文要有意义明晰的核心主旨句来表明作者的立场和观点，而意义明晰要通过准确、恰当的用词以及合适的句式来实现。全文围绕核心主旨展开，要有统一性和合适的组织结构，并辅以恰当的解释、支撑细节和例证。意义和语言两者不可偏废，长期以来，英语教学偏重语言知识积累，忽略使用准确和合适的语言表达意义和意义的组织。教师在做课程设计时，尽量安排多样性的促成活动，如把原文的句子打乱顺序，让学生讨论如何正确排序、如何分段、如何安排段落的顺序等，也可练习句群和段落，对照标准检验是否达到要求。

　　明确目标和标准后，教师要明晰地解释课堂做什么、怎么做、为什么这样做。教师布置对应于具体目标的、学生易于操作的任务，学生先尝试写作。同样，教师的讲解也针对具体的目标和标准，依据学生的初作，教师指导如何改进。再布置对应于相同目标的、稍难的任务，让学生再写，再讲解。这是个不断产出的螺旋式上升的过程。范文例证是必要且行之有效的输入，但让学生随堂练习、及时操练效果会更佳。设计围绕目标、易于操作的课堂练习任务，激发学生兴趣，引导学生以目标为方向思考，如填空练习，即时讨论和反馈，即学即用，能够让学生在很有限的课堂时间掌握设定的目标知识。如前文所提及的课堂练习写作短议论文的第一段，教师应明确告知这一段的目的是由背景引入话题，提出文章的主旨。选择一两位同学将随堂写的首段上传，全班同学分析讨论，教师针对性地指导，并针对例如背景信息句写什么、怎么写、写多少，主旨句的位置、措辞、谓语动词的选择等学生在初次尝试写作时遇到的问题，逐一解决。例示范文的首段，由同学分组讨论优缺点，掌握首段写作的目的和实现方法。再布置另一话题的作文首段的写作任务要求学生在课堂或课后完成。主体段、结尾段也是这样逐步促成学习。针对作业中出现的问题，教师设计填空、选择、排序等练习，实现精准性、分阶段渐进性、多样性的促成。疫情期间，笔者教130多位同学英语写作，问卷调查显示，110多位同学认为边练边讲再练、分析讨论的促成方式很有成效。一位同学在反馈中写道："以前只会背范文、套句式，很少考虑选词、句子类型、表达的意图和实际效果、意义的逻辑推进等细节；现在课堂上分步、分段练习，对英语写作技巧掌握更深，以前写完后有完成任务的解脱感，而现在写作完成后有的更多的是能够把想表达的思想写清楚完整而又有条理的成就感。"

　　课程设计时，教师可基于批改作文的经验和学生常见的错误，预估写作中可能出现的问题,如词性误用,部分同学把 social 误用作名词,choice 误用作动词。还有不少同学受到公式性的所谓万能作文影响,滥用套语,认为这样的作文才有"闪光点",如动辄使用"It is universally acknowledged that…""It is beyond doubt that…""Only in this way can we have a better life"。这些套语多数情况下不适合语境或没必要使用。课堂例示这些错误,可以起到预警作用,可以增强学生用词精确和表达恰当的意识的能力,鼓励学生通过正确的语言表达自己的批判性思维,不盲从,不生搬硬套看似优美的词语或句式,这样有助于提高学生产出的有效性和质量。

  疫情期间,线上课堂师生互动、学生间互动可能不如实际课堂便捷,但是网络平台如腾讯会议、Zoom 等都设有聊天框或讨论区。学生有问题可以随时提问,教师也可以及时看到学生对问题的回答,平时上课不主动发言的学生也会在聊天框提问题或发表自己的观点。应当说,交流互动的平台和渠道是畅通的,充分合理利用会促进学习。教师可以多设计一些围绕课堂教学目标的问题以激发学生思考,参与讨论,鼓励提问和质疑,提高学生的兴趣。课后学生还可以通过班级群与老师和同学交流。教师设计小组活动可以培养学生的互助合作精神,也可以通过学生互相评价产出成果来提高学生客观评价他人优缺点的能力,也能够认识到自己语言能力的不足,增强自觉学习的内在动力。在学生互动交流的基础上,教师再提供恰当的输入材料,这些材料就能起到"专家引领"的作用,有效拓展学生现有的知识与语言体系,将产出水平推向一个新高度[3]。教学中,学生出现的共性问题可在课堂或班级群里指出,教师加以指导,而对于个性问题教师可与学生单独沟通。这样可以做到点面结合,"一对多"与"一对一"结合。通过师生在线交流、问卷调查、征求意见等方式,教师可以及时调整教学方式和内容。

  写作是实践课程,需要反复训练,除课堂的即时操练、讨论外,课后作业是复习巩固的重要环节。疫情环境下,教师借助批改网可以实现布置、批改、反馈作业。批改网的优点在于学生可以多次修改,并可以快速评分,指出作文的语言错误并给出修改建议。同时,教师可以人工批改,看到学生修改的轨迹,可以查出个别学生是否存在抄袭嫌疑,以便及时制止。笔者通过批改网布置议论文作业,在作业要求栏里,清楚标明学生须在作文中运用课堂所讲的议论文写作的某项具体微技能,并要求布置当日,学生仔细审题,看清要求,构思,列出提纲。次日要求学生写出初稿。隔两天后再根据要求和评判标准,每日修改,至少修改三次后方可提交。这样做既可使学生养成反复修改的习惯,也防止了学生直到截止日期前的最后时刻才写作文,仓促提交,初稿即定稿,应付交差的现象。需要指出的是,利用批改网并非完全依赖批改网,鉴于批改网的局限性,作文的批改仍需教师人工进行。每次从学生作业中选出三篇作文,以课堂教学的分项目标技能为批判标准,分别代表优秀、中等、较差等级,隐去姓名,做成文件,作为课堂讨论的重要材料。学期结束时的教学访谈中,学生也很认可这样的作业管理方式,认同好作文是修改出来的。

4 评价

大学英语写作的课程评估不应只关注学生期末考试限时命题作文的成绩,因为此类写作测验可能会低估学生在自然条件下的写作能力[7],教师应更多关注过程评估。在疫情背景下,线上课堂师生不见面,教师不免忧虑学生是否在认真听、认真写,写作技能掌握得如何。课堂提问回答的总是少部分学生,教师不易弄清班级整体学习状况。因此,强化形成性评估很有必要。课程设计时,教师可以增加形成性评估的频次,扩大形成性评估(包括平时作业)占学期总评分的比例(60%以上),促使学生对平时学习更加重视。针对平时教学每课时的细化写作微技能,设计相应的写作小测试,检查学生的掌握情况,检验教学效果。如某一周讲解议论文的论证逻辑推进,教师可设计改写小测试,要求学生不增加额外信息改写逻辑混乱的段落或短文,布置的作业也突出强调论证逻辑,增加此项技能的分数权重。

写作的评估是主观活动,但是评估的标准是客观的,可以采用学生自我评估、小组互评、师生合作评价的方式。学生自我评估和小组互评可以使学生更深刻地掌握写作微技能,培养自主性,调整学习方法。同侪互评的反馈也有助于改善和促进写作学习。课堂上评价学生习作可采取师生合作评价的方式。教师课前精心批改所要讨论的作文。课堂上,教师先将未经批改的原文发给学生评价,再给出自己的修改方式,然后与学生共同讨论修改的理由。这样的合作评价方式通常能够取得更好的学习效果[3]。课后,教师也可把学生的习作匿名发到班级群里,供同学们评价和讨论。教师对于学生在课程不同阶段的写作进行评价,可以发现学生取得的进步和仍需多练的方面,也便于对教学适时作调整。通过班级群和在线课堂平台的交流区,教师可给予学生及时的指导。

笔者在学期期中、期末做了问卷调查,91%的同学认为产出导向法用于英语写作教学比传统的规定式,即教师先规定要求、再练习、写作业、最后考试的方法更能激发兴趣,对写作过程和技巧体会更深,学习效果更好。每周班级群都有同学交流,有同学留言表示,这种教学方式有意思,获得感强,只要自己肯学,跟着做,反复练,多思考,线上线下差别不大。产出导向法着眼于产出、初始于产出、终结于产出,同时重视输入、评价和反馈,对于英语写作教学实践有很强的指导意义。

四 结语

疫情倒逼教学做出改变,多亏了网络技术平台,师生得以顺利参与隔空教学。课程设计也要适应新形势。大学英语写作课程实践性强,产出导向法对该课程的教学有很好的指导作用。本文以产出导向法为理论基础,对大学英语写作教学的课程设计从需求分析、教学内容和材料、教学方法、教学评估等方面作了阐述。教师是主导,在产出导向法的理论指导下,教师对课程精心设计,组织产出活动,激发学生的产出兴趣,推动和促成学生实践写作,评价和反馈产出结果。学生是主体,是教师引领下的写作的实践者、体验者、评价者。师生围绕产出这一核心,互动配合,循序渐进,相信会取得良好的教学效果。

参考文献

[1] 文秋芳. 构建"产出导向法"理论体系[J]. 外语教学与研究,2015,47(4):547-558,640.
[2] 王鹏,郝春雷. 产出导向大学英语课程中输入促成设计的有效性研究[J]. 考试与评价(大学英语教研版),2019(6):79-84.
[3] 文秋芳. "产出导向法"的中国特色[J]. 现代外语,2017(3):348-358.
[4] 文秋芳. "产出导向法"教学材料使用与评价理论框架[J]. 中国外语教育,2017(2):17-23.
[5] 邹为诚. 把握外语教学的发展方向,提升外语教师的教学实践能力[J]. 中国外语,2019,16(6):10-11.
[6] 吴岩. 新使命 大格局 新文科 大外语[J]. 外语教育研究前沿,2019,2(2):3-7,90.
[7] SILVA T,BRICE C. Research in writing[J]. Annual Review of Applied Linguistics,2004,24:70-106.

旨向深层学习的大学英语四级综合课程翻转课堂线上教学设计
——以《新大学英语综合教程·鼎新篇》为例

范　雁

摘要：新冠肺炎全球化疫情使我国高等学校的教学全部转为线上，这也为纯线上大学英语网络教学增加了挑战，而基于微课的线下翻转课堂教学如何实现纯线上过渡并且做到保证教学质量和促进学生深层学习的发生也成为当务之急。通过基于线上教学准备、教学平台支撑、线上教学模式和特点、线上翻转课堂实施过程中所面临的挑战以及线上翻转课堂评价方式的改变等分析，提出旨向深层学习的大学英语四级综合课程翻转课堂的线上教学设计，以期为大学英语网络教学改革提供借鉴。

关键词：翻转课堂；微课；深层学习；大学英语四级；线上教学设计

An Online Teaching Design for College English Level 4 Based on Flipped Classroom Approach for Deep Learning
—Take *New Experiencing English Course Book Learning to Change* as an Example

FAN Yan

(School of Foreign Languages, Southeast University, Nanjing, 210096, China)

Abstract: China's colleges and universities were forced to turn to complete online teaching during COVID-19 pandemic which increased the challenges for pure online college English teaching. Therefore, it has become the top priority to realize the tran-

---

作者简介　范雁(1975—)，东南大学外国语学院讲师，硕士，研究方向：英语语言学、国际汉语教学。

sition from the off-line micro-lecture-based flipped classroom teaching to a total online one while ensuring the quality of teaching and the deep learning efficiency of students. An online teaching design for comprehensive course of college English band 4 based on flipped classroom approach for deep learning was put forward on the analysis of online teaching preparation, online teaching platform, online teaching models and features, challenges in the process of online flipped classroom teaching and changes of evaluation in flipped format to provide reference for the reform of college English online teaching.

Key words: flipped classroom; micro-lecture; deep learning; college English band 4; online teaching design

一 问题的提出

微课(micro-lecture)是"微型视频网络课程"的简称,指运用信息技术,按照认知规律,呈现碎片化学习内容、过程及扩展素材的结构化数字资源。微课是"以微型教学视频为主要载体,针对某个学科的知识点或教学环节而设计开发的一种情景化、支持多种学习方式的在线视频课程资源"[1]。

深层学习(deep learning)是由瑞典哥德堡大学的两位学者马顿(Marton)与萨廖(Saljo)于1976年提出的。深层学习是学生通过运用多步骤的分析与加工策略,如概念转变、认知结构养成、资源交互、反思再认等,获得知识的深层认识、积极的学习情感以及有效的学习策略的过程。相对于浅层学习,深层学习不再停留在对知识的了解和识记层面的简单记忆与复制,其更加注重对深层意义的获得[2]。

翻转课堂教学模式充分利用现代信息技术来对学生知识构建的顺序进行重组,由先教后学变成先学后导,教师采用线上线下混合式教学的方式,通过录屏软件录制5~15分钟的微课教学视频,作为预习的资源提供给学生,学生在课前观看视频,自主学习课程的重点、难点,回到教室与同学、老师一起通过完成随堂测试、答疑、课堂练习合作探究和话题互动讨论等活动以达到深层次的学习。

然而在新冠肺炎疫情期间,师生无法返校,原线下教学部分无法实现,必须全部改为线上操作。对学生而言,学习环境发生巨大变化,从课堂集体学习转变为居家单独学习,没有真实的学习氛围,没有同伴的面对面交流,基本不存在家长监督,在这种宽松自由的状态下,学生的心理上也会产生巨大的变化,部分同学会失去压力和学习动力,而还有一些学生则表现为焦虑和压力过大,这些都是"浅层学习"滋生的因素。教师不仅需要给学生提供心理疏导,帮助学生排除心中的焦虑,还要克服在线教学困难,根据教学目标将精力投入到录制高质量微课视频和灵活设计教学方案中去,帮助学生快速进入学习状态,并促成深度学习的发生。笔者对自己教授的大学英语四级综合课程的教学流程进行了调整,边实践边摸索,提出旨向深层学习的大学英语四级翻转课堂的线上教学设计,以期为大学英语网络教学改革提供借鉴。

二 旨向深层学习的大学英语四级综合课程的翻转课堂线上课程设计

以笔者所在的东南大学为例,2020年春季学期为纯线上授课,本人教授的大学英语四级综合课程两个大一的本科班级共80人,选用的教材是《新大学英语综合教程·鼎新篇》,16周的课时安排为每周两次,每次两节,每两周完成综合教程一个单元,一个学期内教授完《新大学英语综合教程·鼎新篇》中的5个单元,另外还有一个重要的教学任务就是指导学生备考全国大学英语四级考试,因此须十分注重学生的听、说、读、写、译等各种英语综合技能的培养与训练。

翻转课堂线上课程设计包括课前线上导学、课中线上教学和课后线上交互反馈三个阶段,每个阶段都要融入深层学习的策略。翻转课堂有助于拓宽学习的广度,而深层学习与翻转课堂相结合有利于挖掘学习的深度。

(一)课前线上导学

首先,教师开发教学资源,充分调研学生的信息化环境(有无电脑,网络容量)并通知学生确定使用腾讯会议作为直播平台;QQ群作为发布公告,上传微课视频和备课课件,布置作业,学生上传文本、音频、视频作业以及讨论问题和交互反馈的平台;蓝墨云班课作为随堂小测验和随堂练习的平台;讯飞口语训练系统作为口语朗读作业的平台;批改网作为作文和段落翻译作业的批改平台。教师课前录制微课;平台上传微课,布置课前预习任务单并提供所需的讲义、视频、音频、教案等资料;学生通过微课进行居家线上自主学习。通过开学前英语学习情况的问卷调查了解到100%的学生都配有电脑、智能手机或者iPad等设备,网络容量基本满足直播课堂要求。73%的学生认为自己能按要求完成课前自主学习;97%的学生认为可以按时完成老师布置的课后作业并进行知识总结;但是只有35%的学生相信自己有较好的自学能力,能够适应自主学习的教学模式,并积极参与课堂互动;还有

27%的学生对课前的自我学习任务有茫然感甚至畏惧感。在翻转课堂中,知识始于课前微课的自主学习阶段,这也是深层学习中认知结构的初步建构阶段,在这一阶段完成信息的输入。对于深度学习来说,学生由课前导学切入,知识的初步构建主要发生在课前观看视频学习和课堂导学阶段。学生通过教学视频中对背景知识的了解激活自身原有的认知,厘清新知识和旧知识之间的联系,使认知结构更具有连续性,逐步加深新旧知识结构的认识程度,拓展知识的建构范围[3]。笔者将教学内容与安排(表1)分为五个板块,每个板块对应一个单元主题,包含一到两个文化知识点和语言知识点,提前录制好教学视频,发布在学习平台上供学生课前自学。

表1 大学英语四级综合教程教学内容与安排

主题	文化背景知识	语言知识点	课堂活动
第1~2周 课程介绍 Unit 1 绿色未来	低碳生活,美国大学校园"回收狂"环保竞赛、绿色建筑、环保课程、奖学金和实习	生词、有用词组、难句,主讲课文语篇分析举例支撑论点	对比东南大学和课文中的美国大学在环境保护项目和举措上的相同点和不同点,讨论如何使校园变得更加绿色环保
第3周	四级听力技能讲座和真题训练,四级阅读技能讲座和真题训练		
第4~5周 Unit 4 理解动物	简·古道尔对黑猩猩的研究和她的环保教育项目"根与芽"	区分事实和观点	讨论人类有哪些虐待动物的行为?有哪些有效措施可以阻止虐待动物的行为?辩论:你支持动物实验吗?
第6周	四级段落翻译技能讲座和真题训练		
第7~8周 Unit 6 名人隐私	狗仔队,戴安娜王妃,卡伦·卡朋特	英文段落结构	讨论狗仔队和明星之间相爱相杀的关系 公众人物的隐私权和大众知情权
第9周	线上期中考试,英语语音规则和朗读技巧讲座		
第10~11周 Unit 7 科学伦理	克隆技术,胚胎干细胞研究	对比与对照	克隆带来什么伦理危机 电影星球大战对未来人类命运的隐喻是什么 辩论:克隆技术的利大于弊 讨论基因工程的风险和它的潜能 如何树立正确的科学伦理观
第12周	线上课堂朗读操练及纠音,四级写作技能讲座和真题训练		
第13~14周 Unit 8 全球化	全球化 文化外溢,文化身份认同缺失,文化同一性和文化多样性	议论文写作结构	讨论:中国在推广增强中国文化全球影响力方面做了哪些努力 辩论:全球化利大于弊 讨论或作文:中华文化传承和传播的重要性和迫切性
第15~16周	线上项目口头汇报和口试		

虽然优质开放教育资源非常丰富,如中国大学慕课网、学堂在线,然而网络上的开放教育资源不一定能和教师自己的教学进度和教学内容完全符合。教师对现成的慕课进行取舍和挑选后自行录制微课视频,这样可以完全与其设定的教学进度和教学内容相吻合,教师根据学生的实际水平和需求对教学内容进行讲解,并可根据不同班级学生的差异性录制不同难易版本的教学视频,教师还应该为学生提供视频配套的 ppt 版本或字幕,方便学生随时参阅,这样学生就可以集中精力观看视频。通过微课可以将"预习和答疑时间"最大化,易懂或已知的内容可以快进或直接跳过,抽象难懂的地方可以随时暂停、反复观看,利用碎片化时间完成自主性学习,教与学的时间无形中得到了延长。美国教育家布鲁姆提出的掌握学习理论认为,如果学生能按照自己的节奏进行学习,只要有足够的时间和适当的教学方法和环境,绝大多数学生都能基本对学习内容达到掌握的程度。

(二)课中线上教学

笔者在表1教学内容与安排中专门设置了课堂活动一栏。课中线上教学是深层学习发生的关键阶段,深层学习的实现需要充分发挥教师的引导作用。[4]穆尔认为交互是预测学习者感知学习结果的重要因素,他将交互分为学生与学生的交互、学生与教师的交互、学生与内容的交互。根据交互等效理论,三种类型的交互促进学习和满意度,当其中任何一种交互深度处于高水平时,深度和有意义的正式学习更易发生。[5]

事先将设计好的自主学习的检测题导入蓝墨云班课平台,进入直播课堂后利用课前5分钟进行"课前小测验",来检查学生的学习效果,因它具有自动批改功能,可以快速查找出学生知识的薄弱环节,学生对于问题的回答都将被保存到蓝墨云学习管理平台上,测试结束后,老师会看到全班的平均成绩和每个学生的正确率和错误率,老师可以根据测试结果即时进行点评,就错误比较集中的题目进行针对性答疑,也可以课后再录制错题讲解微视频上传以供学生观看。每次小测验的分数计入平时成绩作为形成性评估的重要依据。学生完成了单纯的信息化学习后还存在知识获取的碎片化和浅层性知识内化问题,这主要发生在学生和学习内容交互的阶段,因此翻转课堂更重要的是教师如何充分利用线上课堂的时间来帮助学生进行深层次的巩固学习,并且培养学生应用知识和思辨的能力。学生在自学过程中遇到的任何未解决的问题,直接反馈给教师并由教师组织线上专题讨论或其他形式的探究。对于重难点问题,一般采取教师在线深入讲解与归纳,并辅以针对性课后练习来解决;对于中低难度的问题,教师不必直接回答,只需组织学生讨论分析,让别的同学提出自己的看法和见解,分享交流各自的学习收获,老师引领全班得到正确答案,这样做不仅完成了知识内化,解决了问题,还训练了学生的思辨能力,在线课堂的气氛也变得活跃。教师应尽量鼓励学生多提问题,因为提出的问题越多、越细、越全面,说明他们的批判思维能力和深层学习能力得到了发展,学习效果也在这一师生交互、生生交互的过程中不断优化,最终学生积极主动地完成对知识的认知建构。

按照布鲁姆的教育目标分类法,认知领域的教育目标(如图1)从下往上可分为:记忆,领会,应用,分析,评价,创造[6]。

图1　布鲁姆认知技能金字塔修订版

要实现这些目标达到深层学习,线上课堂除了要体现以学生为中心、以问题为导向,还要强调小组合作,给予充分的时间讨论,并将语言知识与真实世界的关联融合到教学中。

活动任务具有挑战性,更能达到深度学习的目的,但也要考虑任务的复杂性和学生的水平。在线讨论所涉及的问题或者话题设计尤为重要,开放性问题、主题讨论、协作任务讨论和辩论常被用于深度学习或者批判性分析,能够有效地促进深度学习[7]。

以第八单元全球化为例,笔者设计了三次课的课堂活动模板。

第一次课首先从简单到复杂设计了六个问题,对预习的文化知识点微课进行话题导入:

(1)什么是全球化?全球化包括哪些方面?

(2)你能用自己的语言来说明什么是全球化吗?

(3)家乐福、麦德龙、沃尔玛、开市客、麦当劳等国际著名企业纷纷进入我国市场,这是什么的重要表现?某品牌汽车在德国设计,在美国生产燃油泵,在澳大利亚生产发动机,从设计到装配涉及8个国家,这反映了＿＿＿＿全球化。(a. 市

场;b. 资金;c. 生产;d. 科技开发和应用)

（4）全球化的利弊有哪些？

（5）如果全球化在世界范围内终止,世界将会怎样？

（6）全球化对抗击新冠肺炎来说是好事还是坏事？

前三个问题属于初级层次认知问题,一般都有直接明确的答案,对应的是布鲁姆的教育目标分类法的前三项,即记忆、领会、应用,后三个问题属于高级认知问题,训练的是分析、评价、创造能力,通常没有唯一的正确答案,从不同的角度有不同的回答。学生开麦自由回答或在聊天区打出自己的回答,然后教师点评。之后完成课本上的有关美国文化全球影响力的听力练习,接着学生分组讨论我国在推广增强中国文化全球影响力方面做了哪些努力。每组成员在他们事先组成的QQ群里讨论,讨论结束后,回到腾讯会议课堂,每个小组选出一名学生来陈述自己小组的讨论结果。教师针对学生的陈述进行总结归纳,肯定学生的优点,针对其遗漏的地方进一步补充。要求学生课后观看主讲课文的篇章结构和生词词组、难句等语言知识点的微课视频,为学习主讲课文做准备。

第二次课检查学生微课视频预习情况。篇章结构的掌握情况可以用填空题、判断题和选择题的抢答形式来了解。课前5分钟先听写,检测学生是否课前记忆理解了微课中要预习的生词词组。通过多种形式的习题帮助学生高频练习语言知识点。重点词汇一般采用连线匹配题形式,用已知的同义或近义单词或词组来记忆新单词会起到事半功倍的作用。应用新单词和词组造句和翻译句子也是有效的方法。选取的例题尽量有趣、贴近学生生活或来自真实语料,需在中译英句子后面标注出要用到的生词词组的英文。重点难句采用同义转述的方式来提问,互动方式以问答加聊天弹幕为主。课后巩固阶段：按照授课内容,布置同步练习册上的作业来巩固所学内容,确保学生熟练掌握,灵活运用。

第三次课深度研读第二篇非主讲课文,课上完成课文理解选择题和信息匹配题,再分组分别从作者和自己的角度分析讨论以下问题：

（1）大量消费标准化产品和外商大规模直接投资会有什么样的影响和后果？

（2）为什么世界上三分之二的人口无法从全球经济发展中获益？

（3）文化商品和服务是由什么构成的？

（4）文化商品和服务的入侵会带来什么样的后果？

（5）文化认同感对每个人都很重要吗？

（6）如果一个人失去他的文化身份认同会怎样？

(7) 成为世界公民和维系本民族的文化纽带之间矛盾吗?
(8) 世界会因全球化导致同质化及传统文化的消亡并因此而失去多样性吗?
(9) 中华文化传承和传播显得十分重要和迫切,作为年轻人该如何做?

前六个与课文内容有关的问题采取开麦抢答和弹幕的方式,教师实时点评。关于后三个问题,则从每个小组邀请一个代表来陈述自己小组的讨论结果。教师对每组的陈述都要给予点评,学生的语言表达是评价的重点,如果学生表达某些"非主流"观点,教师在表示尊重的同时,需给予正确价值观的引导。这些有效的讨论不仅引导学生深入理解文章,还有助于学生认同中华民族精神文化并树立文化自信,增强学生的爱国情怀和家国意识,同时这也能够在一定程度上激发学生对自己国家和文化传承的责任感和使命感。

整个单元授课结束后布置课后作业,让学生按原活动小组完成题为"全球化的利弊"的项目研究,下次课上分享展示研究成果。观看微课:议论文写作结构,完成作文"全球化对中国传统文化既是机遇也是挑战"(Globalization, Both a Challenge and an Opportunity to Traditional Chinese Culture)。如发现有些学生存在理解和表达困难,教师应及时予以课内课后线上个性化的引导和帮助。经过独立探索和团队协作,学生进行小组成果汇报,除教师对每组的项目汇报进行点评外,小组之间也要互评。批改作文,挑选出优秀的作文或段落进行典型分析与平台共享。

线上授课全程录屏课后传给学生也十分必要,因为学生经过独立思考之后在与老师同伴交流互动的过程中不仅可以随时检查自己想法的正确性,往往还会集思广益、迸发出思想的火花,获得多种解决问题的方法。合作学习之后,个人或者小组需要在课堂上进行辩论、汇报、角色扮演、交流学习体验,分享作品成果的喜悦,这些都是值得用录屏软件记录下来的瞬间,同时也是深层学习得到逐渐催化的见证。

(三) 课后线上交互反馈

课后对知识的反思和批判性吸收是不可或缺的,它贯穿学习过程的始终,反思凝结了学习过程中的精华,是深度学习的必要条件。[8] 教师布置学生写反思日记,对这阶段的学习做总结,找出存在的问题并寻求解决办法。教师可以设置线上教学问题箱,在线上高频次地对学生的疑惑和新观点做出反馈和评价,营造在线学习平台社区感。笔者采用整体式评价总评成绩,将学生的线上微课学习情况、线上课堂活跃度、线上课堂互动情况、课后作业提交完成情况、考试和小测验成绩、iTest系统四级模拟题测试成绩、讯飞系统口语练习成绩、口试成绩、小组项目汇报等细化,作为考核评价的综合因素,结合蓝墨云平台数据进行量化评价。此外,应结合对学生合作能力、组织能力、个人时间管理能力、表达能力和价值观等方面的评价,保证考核评价结果的公平性、准确性、客观性。

为了考察旨向深层学习的大学英语四级综合课程翻转课堂线上教学设计的有效性,我又做了一次期末调查问卷,80位同学全部参与,与学期初的问卷调查进行对比,分析表明:76%的学生认为旨向深层学习的大学英语翻转课堂线上教学实践可以激发深度思考,促进知识的积累和内化;74%的学生反映通过课前自主学习微课,能积极地参与到线上课堂的互动中;54%的学生表示可以主动补充别人的观点和对讨论的问题有深入探讨,对同伴学习体验的认同感更强;69%的学生认为此教学模式可以有效地激发自己的英语学习兴趣;79%的学生反映自己的自主学习能力得到了提高;但也有11%的学生认为自己不能适应这种教学模式,自主学习很吃力,课上不能很好地参与互动活动,学习效果不佳。总体而言,大部分学生比较认可旨向深层学习的大学英语四级综合课程翻转课堂线上教学设计的有效性,认为他们的自主学习能力和高阶思维能力得到了提高。

三 结语

旨向深层学习的大学英语四级综合课程翻转课堂线上教学是学生从课前准备阶段延伸至课中内化、课后反思的深度环形学习的过程。在教学设计上,教师必须掌握翻转课堂的理论知识和微课制作原则和技术,内容简练、主题突出。以学生为中心,以问题为核心,问题与互动统领,促进高阶认知的目的来设计翻转课堂的教学形式、内容和活动,使课前、课内和课后的教学相互衔接,互为补充。翻转课堂是否有活力、学生是否高度参与取决于教师的微课能否激活学生的先期知识和学习兴趣,还要通过多种方式来培养学生的学习自觉性和监督学生的学习成效,如平台数据记录、同伴监督、课堂提问、小测验等。在技术支持下,线上课堂以学生为主体,在教师的引导下学生通过开放性的启发式的活动反复地与同伴、教师进行观点的竞相碰撞,在线学习中师生交互包括直接教学、提问与回答、促进对话、给予反馈、教学支持和教师存在,教师作为观察者、指导者甚至参与者存在,学生间交互包括参与、角色扮演、辩论、讨论和同伴教学、同伴评价。这样才能促进学生积极参与课程材料学习与高阶学习,扩展和创造深度的知识,内化语言技能,产生高质量学习结果。

参考文献

[1] 关中客. 微课程[J]. 中国信息技术教育, 2011(17): 14.

[2] MARTON F, SALJO R. On qualitative differences in learning: Outcome and process[J]. British Journal of Educational Psychology, 1976 (46): 4-11.

[3] 李洪修, 李哨兵. 深度学习下翻转课堂的实施路径设计[J]. 中国电化教育, 2017 (7): 67-72.

[4] ANDERSON T. Getting the mix right again: An updated and theoretical rationale for interaction[J]. The International Review of Research in Open and Distance Learning, 2003 (4): 2.

[5] MEYER K A, MCNEAL L. How online faculty improve student learning productivity[J]. Journal of Asynchronous Learning Networks, 2011(3): 37-53.

[6] 丁海燕. 布鲁姆"认知领域"教育目标分类法在大学英语教学中的运用[J]. 课程教育研究, 2013(32): 87-88.

[7] ROSE M A. Comparing productive online dialogue in two group styles: Cooperative and collaborative[J]. American Journal of Distance Education, 2004 (2): 73-88.

[8] 卢瑞玲, 郭俊凤. 加强反思学习, 促进知识迁移[J]. 教育理论与实践, 2013 (11): 57-59.

教师反馈对影子跟读训练线上课堂导入时的效果研究

韩 晓

摘要：近年来，互联网技术，尤其是移动互联网技术在教育教学中的广泛应用，极大促进了线上外语教学模式的发展。线上教育技术和教学平台使影子跟读训练在课堂导入教师的反馈时变得更加简单和及时。基于影子跟读训练在线上课堂导入时的实证研究结果显示，来自教师的及时、准确、具体的反馈对训练者的影子跟读的实施效果有明显的促进作用。尤其是跟单词语音熟练度、朗读流畅度等方面相比，教师反馈对于影子跟读训练在外语语音语调的改善、句式结构的整合与理解等方面的训练效果的促进作用更加显著。

关键词：影子跟读训练；反馈；训练效果；线上课堂

The Influence of Teacher's Feedback on the Training Effect of Shadowing Practice in Online Classes

HAN Xiao

Abstract: In recent years, Internet technology, especially mobile Internet technology, has been widely used in education, which has greatly promoted online foreign language teaching. Online education technology and teaching platforms make it possible for teachers to give feedback easily and timely when carrying out shadowing practice in class. The empirical study about shadowing practice in class shows that timely, accurate, and specific feedback from teachers significantly enhances the training effect of shadowing practice, playing a more significant role in improving trainees' foreign lan-

---

作者简介 韩晓，男，东南大学外国语学院讲师，研究领域：心理语言学、口译认知研究。
基金项目 江苏省社会科学基金一般项目"心理语言学视角下基于口译能力结构的日语口译测试方法研究"（编号：17YYB008）的部分成果。

guage pronunciation and intonation as well as sentence structure analysis and understanding than in increasing their pronunciation proficiency or reading fluency.
Key words：shadowing practice；feedback；training effect；online classes

一　引言

外语教育是一项动态、非线性、多变量的长线工程,仅依靠有限的课堂学习难以达到语言知识学习和语言技能发展的目标,需要现代教育技术来支撑外语教学发展[1]。近年来,随着互联网信息技术的快速发展,尤其是移动互联网技术的日渐成熟,依托于这些技术的线上教学模式以及线上线下相结合的混合教学模式都得到了长足的发展。新的教学技术和教育平台的运用,极大地扩展和延伸了外语教学课堂,使课堂内外的教与学的互动变得更为紧密。

影子跟读训练(shadowing practice)又称影子跟读练习,是一种有节奏的语音跟踪训练,要求练习者对以语音呈现出来的刺激信号即时发音,即以同一种语言逐字逐句地重复所听到的信息[2]。影子跟读原本是同声传译前期的训练项目之一,一段时间的影子跟读训练被认为可以提高译员在同传时的听力分析能力、短时记忆水平和口译产出质量[3]。近年来,影子跟读作为一项独立的外语教学方法,被认为具有外语语音语调的改善、外语听力能力的提高、外语口语能力的提高、短期记忆能力的提高等几个方面的外语学习训练效果[4-6],因此也经常被应用到外语教学,尤其是以听说为中心的视听、口语等课堂教学活动中。

需要注意的是,从心理学的角度来看,影子跟读过程中,训练者一边要对连续输入的听觉信息进行记忆和语义加工,一边还要把听到的语音内容进行口头复述,是一项认知负荷较高的语言任务。这就导致有些训练者由于受自身外语水平、注意力分配策略、记忆容量大小等因素的影响,在影子跟读训练中不能注意到自己存在的一些问题,也无法得到理想的训练效果,更有甚者可能会对影子跟读训练持消极的态度[7]。因此,很多研究都提到了教师针对训练者练习情况的"反馈"环节的重要性[8-9]。理论上讲,教师的"反馈"可以帮助训练者注意到自身的问题所在,进行更有针对性的训练,从而在相对较短的时期内实现影子跟读的训练效果,提升训练者的自信心和学习动机,形成一个良性循环。但该观点尚仅限于理论层面,实际情况究竟如何,并未经过实证性的验证。最主要的原因在于,在传统的线下课堂中,对训练者的训练情况,教师通常很难进行即时的、全面的评价,反馈往往具有明显的滞后性和指导人数上的局限性。线上教学技术的运用,使即时性反馈很容易就能实现,也就使教师反馈对影子跟读训练实施效果的讨论变得具有现实意义。

另外,教师对训练者的反馈的方式也很重要,不同的反馈方式可能对影子跟读的训练效果产生不同的影响。现有的研究中采用的反馈方式缺乏统一的标准,大致来看可以分为两类:一类是针对训练者在影子跟读训练中的语音语调等具体问题提出修正建议的"纠错式反馈";另一类则是对于影子跟读训练的完成情况进行整体性评价的"评价式反馈"。由于现有的研究缺少关于"反馈方式的有效性"的探讨,上述两类反馈方式哪一种更加有效,尚无定论。

综上所述,本研究将通过实证性研究方法,围绕影子跟读训练的教师反馈,具体探讨以下三个问题:(1)教师的反馈对影子跟读训练的实施效果究竟有没有影响?(2)反馈具体会对影子跟读训练的哪些方面产生影响?(3)有效的反馈应具有怎样的特点?

二 研究设计

1 实验对象

国内某高校日语本科专业大二学生共 32 人(女生 26 人,男生 6 人),平均日语学习年限为两年,均未参加过日语能力测试(JLPT)。所有被试者都是从零起点开始学习日语,都没有赴日交换留学经历,视为中级学习者。

将 32 名被试者随机分为 A、B 两组,每组各 16 人。为确保两组的实验结果有可比性,对被试者前一学期听力课的期末成绩进行 t 检验,结果显示两者之间无显著性差异$[t(30)=2.04, p=0.927]$。

2 实验设计

实验采用单因素组间设计方案,自变量为教师的反馈方式(A 组:纠错式反馈;B 组:评价式反馈)。从语音语调准确度、跟读准确度、跟读流畅度三个方面全面地观察自变量对影子跟读训练实施效果的影响。

3 实验材料

从适用于初中级日语学习者的日语阅读教材《いつかどこかで:ストーリーと

活動で自然に学ぶ日本語》[10]中节选了7篇课文,篇幅为649~859字,平均字数在700字左右。影子跟读训练时直接使用随书附带的CD录音。经过日语词汇难度分析工具Reading Tutor①的检测,7篇文章的词汇难度均为"容易"级别。以上结果证明实验所用文章材料的难易度适合本研究的被试者,且所有文章难度基本相同,没有明显差别。

4 实验步骤

通过线上课堂对全体被试者实施了为期7周的影子跟读训练。每篇文章训练1周,每周5天,每天6遍。每周的具体实施方法和步骤如表1所示。被试者被要求在每周第一天的课堂训练上,将最后一遍影子跟读的训练情况进行录音,并将其以音频文件方式提交到雨课堂的作业平台。教师收到作业后,即时在线对被试者影子跟读训练的情况给予反馈,其中对A组被试者进行"纠错式反馈",即对其跟读训练中的问题进行具体、细致的点评,并给出如何改善等指导意见,而对B组被试者进行"评价式反馈",即对其跟读训练的实施情况只给出宽泛、简略的评价,且不给出具体的改善建议。

表1 影子跟读训练的导入步骤(一周)

导入次数	具体步骤
1	(1)听录音(1遍)→(2)确认单词→(3)有文字提示的影子跟读(2遍)→(4)侧重发音的影子跟读(prosodic shadowing)(4遍)
2	(1)听录音(1遍)→(2)有文字提示的影子跟读(2遍)→(3)侧重发音的影子跟读(4遍)
3	(1)听录音(1遍)→(2)侧重发音的影子跟读(4遍)→(3)侧重意思的影子跟读(contents shadowing)(2遍)
4	(1)听录音(1遍)→(2)侧重发音的影子跟读(2遍)→(3)侧重意思的影子跟读(4遍)
5	(1)听录音(1遍)→(2)侧重意思的影子跟读(6遍)

由包括笔者在内的两名日语教师共同计算出被试者在第一周跟读中存在语音语调(accent)错误的单词数,用文章的总单词数减去有问题的单词数得出正确发音的单词数,进而计算出语音语调的准确率,作为事前测试结果。用同样方法计算

---

① 由KAWAMURA Y、KITAMURA T和HOBARA R开发的一系列日语学习辅助系统中的一个工具(https://chuta.cegloc.tsukuba.ac.jp)。

出第七周跟读录音的语音语调准确率,作为事后测试结果。事后测试和事前测试结果的差,即为该被试者在语音语调方面的训练效果的呈现(第一因变量)。

由包括笔者在内的两名日语教师共同计算出被试者第一周跟读中读错及漏读的单词数,用文章的总单词数减去错漏的单词数得出正确跟读的总单词数,进而计算出跟读的准确率,作为事前测试结果。用同样方法计算出第七周跟读录音的跟读准确率,作为事后测试结果。事后测试和事前测试结果的差,即为该被试者在跟读准确率方面的训练效果的呈现(第二因变量)。

由包括笔者在内的两名日语教师对所有被试者的第一周和第七周的跟读情况按相同标准进行流畅度评分,评分区间为0～10分。当两名教师意见不统一时,双方协商确定得分。第一周和第七周的流畅度评分的差,即为该被试者在流畅度方面的训练效果的呈现(第三因变量)。

出于教育伦理方面的考虑,在实验全部结束后,使用类似材料和相同步骤,对A、B组被试者采用跟实验时相反的反馈方式再进行为期7周的影子跟读训练。

三 研究结果和讨论

1 实验结果

以两组被试者语音语调的准确率的变化情况为因变量进行 t 检验分析,结果显示A、B两组在语音语调准确率的变化上有显著性差异[$t(30)=3.63, p=0.001$],A组被试者语音语调准确率的提高效果显著大于B组被试者。以两组被试者跟读准确率的变化情况为因变量进行 t 检验分析,结果显示A、B两组在跟读准确率的变化上有显著性差异[$t(30)=2.71, p=0.011$],A组被试者跟读准确率的提高效果显著大于B组被试者。以两组被试者跟读流畅度的变化情况为因变量进行 t 检验分析,结果显示A、B两组在跟读流畅度的变化上没有显著性差异[$t(30)=0.21, p=0.833$]。全部结果如表2所示。

表2 各因变量的事前测试和事后测试的差的平均值及标准方差

	A组	B组
语音语调准确率(%)	5.87(1.89)	3.04(2.01)
跟读准确率(%)	5.03(1.42)	3.66(1.43)
跟读流畅度(%)	2.94(0.77)	2.88(0.89)

2　讨论

上述实验结果证明了教师的反馈方式对影子跟读训练的实施效果有明显的影响,但这种影响并非作用于影子跟读训练的全部环节。接下来结合实验结果进行具体讨论。

几乎所有的有关影子跟读的研究在提到影子跟读的训练效果时,首先都会提到对发音的改善效果,从日语角度来说主要体现在语音语调的改善上。本研究的实验结果却显示,纠错式反馈组比评价式反馈组在发音上的改善效果更加突出。这似乎暗示着影子跟读对训练者发音方面的改善效果,并非仅仅通过训练者自身的体悟和注意就可以完全实现,这其中教师针对训练者给出的具体的、有针对性的反馈起着不可忽视的作用。

跟读准确率的结果也证明了反馈的有效性,但考虑到导致错读、漏读情况出现的影响因素有很多,上述结果并不能直接说明具体何种情况下反馈的干预效果显著,而何种情况下其效果则不那么理想。为了对结果进行更具体的分析,笔者尝试着对两组被试者在影子跟读过程中的错读、漏读的单词情况分类别进行了统计,结果发现大多被试者的错误主要集中在以下四种情况(表3)。

表3　两组跟读主要错误的平均值及百分比

	A 组		B 组	
	事前	事后	事前	事后
助词	4.3(29.7%)	1.7(22.9%)	4.6(33.3%)	4.0(35.1%)
固定句式	2.5(17.2%)	0.8(10.8%)	2.1(15.2%)	1.7(14.9%)
生僻单词	1.4(9.7%)	0.8(10.8%)	1.2(8.6%)	1.0(8.8%)
长句子	5.1(35.2%)	3.1(41.8%)	4.7(34.1%)	3.9(34.2%)

表3的事前和事后跟读错误百分比变化的结果显示,纠错式反馈组对于助词和固定句式的改善相对明显,而由于生僻单词、长句子导致的错误没有明显变化;与之相对的评价式反馈组的各项错误占比情况的前后对比则都没有明显的变化。松见法男等指出,跟传统的朗读训练相比,影子跟读训练在对快速朗读任务中日语助词错误率的改善效果并没有优势[11]119,这一点在评价式反馈组的结果上也得到了印证。但有意思的是,纠错式反馈组的结果却说明,当教师对训练者针对这些方面给予纠错式反馈时,助词、固定句式等方面的问题在一定程度上可以得到改善,甚至其改善效果很可能优于单纯的针对单词错读方面的改善效果。上述情况说

明,日语中级学习者在进行对句子和文章的听力理解的过程中,很可能对助词、句式等深层信息的关注不够。当训练者得到关于这些方面的明确的反馈后,能够在一定程度上有意识地调整注意分配,而不是一味地把注意力放在词汇意思的解读等表层信息的处理上,从而更好地把握和理解句式结构等方面内容。松见法男等指出的影子跟读训练跟朗读训练相比,在文章阅读理解方面的训练效果更加显著[11]120,其原因很可能就在于此。

最后,跟读流畅度的结果显示,教师反馈的情况如何,对影子跟读训练的流畅度的提高并没有明显的影响。影子跟读训练时的流畅度的提高,大多数情况下,只跟练习中投入的总时长有关。换言之,只要训练者投入足够多的时间进行训练,熟练度、流畅度一定会有明显的提升。但同时也要注意,影子跟读训练的完成质量如何,并不仅仅取决于流畅度,它还反映在准确率、句意理解等多个方面,而这些方面的提高,有时候仅仅依靠训练者自身的努力是很难实现的,往往需要教师充分发挥"反馈"的促进效果。

四 结语

本文通过实证性研究方法,探讨了影子跟读训练在课堂导入时,教师的反馈对影子跟读训练的实施效果的影响。从研究结果来看,教师的纠错式反馈对于影子跟读训练实施效果的促进作用可以说毋庸置疑。但同时也要指出,这种影响存在着一定的局限性,它对于充分发挥影子跟读训练在语音语调的改善、句子结构的整合、句义语篇的理解力的提升等方面的训练效果的发挥有明显的促进效果,但是在对词汇语音熟练度以及朗读流畅度等方面的提升效果,并不比朗读、听力等传统的外语练习效果明显。因此,要更好地激活反馈的干预效果,一方面要求教师要及时向训练者给出详细、具体、可操作性强的反馈,另一方面还要求反馈的内容尽可能偏重助词使用、句式句法结构的把握等语句乃至语篇层面的指导。

反馈对影子跟读训练的实施效果影响的局限性,某种程度上来说反映的是影子跟读训练本身的局限性。虽然影子跟读在外语语音语调的改善、听力水平的提高等方面的训练效果得到了广泛的认可,但影子跟读训练并不能代替朗读等其他的外语训练方法,它们各有侧重,也各有局限。在教学活动中,如何将这些训练方法进行合理搭配,实现资源的优化整合,最大程度发挥它们各自的优势,也许是我们今后的外语教育研究要面临的一个重要课题。

技术层面的发展为影子跟读训练的课堂导入提供了更方便的平台,同时还解决了传统的线下教学模式中"反馈"滞后的问题。本研究中正是采用了互联网互动平台,从而大大缩短了反馈的延迟,使训练者可以根据反馈及时发现自身的问题,在后面的训练中采取积极的应对。然而,技术层面的进步并不能解决全部问题,同样的即时性反馈,不同的反馈方式对影子跟读训练课堂导入效果的影响差距显而易见。这也从侧面说明,不管是线上教学还是线下教学,科学高效的教学方法才是根本。要保证良好的教学效果,先进的技术和教师科学的教学方法,二者相辅相成,缺一不可。

参考文献

[1] 周云.移动互联视域下的大学英语智慧教学模式研究[J].现代教育技术,2016(26):23.79-85.

[2] 刘波涛,任婕.高校双语生英语课堂行动研究——影子跟读应用于听说教学中的实践[J].内蒙古农业大学学报(社会科学版),2019(21):31-35.

[3] 张丽华.论影子跟读练习在同声传译训练中的作用[A]//蔡小红.口译研究新探——新方法、新观念、新趋势.香港:开益出版社,2002:238-254.

[4] 玉井 健.リスニング指導法としてのシャドーイングの効果に関する研究[M].東京:風間書房,2005:179.

[5] 张健.意群跟读对提高英语听力短时记忆容量的实证研究[J].产业与科技论坛,2011(16):150-151.

[6] 张倩华.影子练习在大学英语听力教学中的作用[J].科技信息,2009(33):23.

[7] 城 保江.初級学習者におけるシャドーイング訓練時の意識:シャドーイングに対するプラス意識とマイナス意識を持つ学習者の比較[J].第二言語としての日本語の習得研究,2010(13):39-56.

[8] 迫田久美子,古田裕美,橋本優香,大西貴世子,坂田光美,松見法男.日本語指導におけるシャドーイングの有効性:学習者のレベルの違いに基づいて[J].日本教育心理学会総会発表論文集,2007:477.

[9] 築山さおり.初中級日本語学習者の運用能力向上を目的としたシャドーイングの活用について[J].同志社大学日本語 日本文化研究,2013(11):39-57.

[10] 荻原一彦.いつかどこかで—ストーリーと活動で自然に学ぶ日本語—[M].東京:スリーエーネットワーク,2008.

[11] 松見法男,韓 暁,于 一帆,佐藤智照,費 暁東,当銘盛之,松原 愛.中国国内の中級日本語学習者におけるシャドーイングの有効性:シャドーイング訓練と音読訓練を導入した実験授業を通して[J].学校教育実践学研究,2013(19):113-122.

疫情应急状态下网络直播大学英语教学模式的探索

胡庭山　金　曙

摘要：2019年年底的新冠肺炎疫情暴发严重冲击了正常的教学秩序，全部教学活动被迫转移到线上进行。面对疫情下社会环境和网络授课的实际困境，教学工作者们进行了积极的探索实践。基于社会建构主义理论框架，结合"产出导向法"和新时代核心素养人才培养目标的指导思想，本文尝试建构疫情紧急状态下的大学英语教学模式。实践证明，该模式的构建为成功克服疫情的冲击，恢复大学英语教学秩序奠定了基础，也为后疫情时代大学英语教学模式的探索提供了经验。

关键词：新冠肺炎；线上课程；大学英语；教学模式

Toward a College English Live-Broadcasting Teaching Model at the Emergency of COVID-19 in China

HU Ting-shan　JIN Shu

Abstract: The sudden outbreak of COVID-19 has severely interrupted the regular teaching arrangements at school. In order to combat with the pandemic and help students to continue their education, all the teaching activities have been shifted to the online platforms. Based on social constructivism, combined with the "Production-Oriented Approach" and the thought of fostering students with core qualities as the aim in new era, a new College English teaching model has been constructed in response to the emergent need. The model has provided theoretical foundation for successfully carrying on online courses in the period of the pandemic emergency and thus will help us with exploring new teaching model in post-Pandemic era.

Key words: COVID-19; online courses; College English; teaching model

一　引言

  2019年年底新冠肺炎疫情突然爆发，截至2020年8月底，全球已经有2500多万人口感染，近60万人口死亡。各国的教育秩序也受到新冠疫情的严重冲击。根据联合国教科文组织的监测，截止到2020年7月2日，有超过111个国家实施了全面停课，超过10亿的学生受到影响，导致全球70%的学生无法继续学业。还有数国实施了局部停课，亦有数百万学生受到影响。8月底，秋季学期到来，一方面新冠疫情在一些国家例如美国没有得到根本的遏制，而另一方面开学复课的压力不断增大。一些大学开学后因师生感染人数过多，不得不重新调整。

  面对疫情的冲击，各国教育部门采用了不同的应对方式。我国教育部率先在2020年2月初先后颁布了《关于在疫情防控期间做好普通高等学校在线教学组织与管理工作的指导意见》和《教育部应对新型冠状病毒感染肺炎疫情工作领导小组办公室关于在疫情防控期间做好普通高等学校在线教学组织与管理工作的指导意见》，提出了"停课不停教、停课不停学"的应急策略。一场超大规模的线上教学在全国展开。

  中国的教育科技经过40年的发展和互联网技术在教学上的运用为在线直播教学提供了物质基础。事实上，从20世纪90年代特别是进入21世纪后，随着网络技术的迅速发展和普及，基于网络的远程教学、翻转课堂、微课、慕课等形式教学的实践，线上线下的混合式教学模式迅速在各地开展。这些探索和实践有力地推动了适用于信息技术环境下的教学实践，但在应急状态下这种"全流域、全覆盖、全过程"，组织所有学生从传统的校园学习转为网上直播教学，对各级各校的老师仍然是一个挑战。尤其是在网络授课的初期，社会、学校、家长以及学生对这个教学形式的怀疑、否定，甚至嘲讽大量存在。因此，需要从理论和实践等多个层面对其进行研究，以回应各种疑虑，指导教师的实践。

  作为一门大学通识课程，一门外语课程，新冠期间网络直播大学英语教学对于教师教学组织和学生学习效率的提高都是巨大的挑战。本文重点论述了疫情防控下大学英语如何面对困境，在社会建构主义理论框架下，综合二语学习"产出导向法"和外语核心素养的培养目标，利用现代信息传播技术，构建应对疫情的教学理论框架，指导教学实践。这些探索成功地指导了大学英语在线直播教学，也为后疫情时代的大学英语模式的改革实践提供了可贵的参考和借鉴。

二 疫情防控期间的教学面临困境

1 疫情防控期间师生所面临的困境

2020年初的新冠疫情突然爆发严重地冲击了人们的正常社会交往。各级学校响应教育部的号召，全部转移到线上进行教学组织活动。这一应急措施对克服疫情、恢复信心、恢复教学秩序起到了重要的作用。但为了使线上授课能成功实施，师生需直面许多实际的困难：

其一，从教师方面来看，教师对如何组织网上教学准备不足，心存疑虑[1]。首先，教学设计通常是在教学实施之前就已经准备完成。疫情的爆发到全线转移至线上教学时间匆忙，教师无法在短时间内做好充分的课程大纲设计、备课等准备。其次，教师对于现代化在线教学平台熟悉程度不高，在线教学可以借鉴的经验不多。再次，网上授课意味着师生间、学生间的互动受到网络平台的限制，无法做到充分的互动。此外，线上教学如何实施有效的评估来激励学生自主学习，尚未有结论。

其二，师生都处于疫情防控的隔离状态，对疫情的发展充满恐惧，心情焦虑。疫情初期，整个社会对于疫情普遍认知不足，防控知识、物资缺乏。社会上谣言四起，人心浮动。学生处在居家隔离状态很难完全静下心来，加上各个家庭所能提供的学习环境也参差不齐，直接影响学生的学习情绪。

其三，各地的通信基础设施发展不一，边远地区的网络信号不稳定，容易挫伤学生的网上学习积极性。这些困难是在函授教学、远程教学和开放教学中所没有遇到过的。事实上，不仅疫情给师生带来心理上、生理上、社会环境等的困难，线上教学网络环境也有许多问题需要面对。

2 线上教学所面临的困境

信息时代的网络空间和每个学生息息相关，它也被人们称为除了陆地、海洋、天空、外层空间之外的第五空间。它和现实世界的高度融合，渗透到现代社会的每一个角落，是学生成长的主要环境之一。网络空间环境对教育产生巨大的影响，也存在着和传统课堂教学不同的特点和问题。

第一，线上教学实际上是创造了一个不同于在校学习和教学的结构，而不仅仅是技术的运用[2]，更不是课堂教学的网络翻版。网络下的每个学习个体被分隔在不同的物理环境之中,缺少具身的课堂体验。我们不可能通过在线学习实现现实中人与人的完全互动,这在某种程度上构成了社会隔离。

第二,网络为信息传播提供了便捷,克服了时空的障碍。但习惯于校园学习的学生分布在全国各地,他们得自己决定学习的质量和学习的真实性。这需要学生具备很强的自制力和自我规划能力。而且,一些学习发生在老师的范围之外,比如在和同学讨论和合作时。尽管同伴讨论合作学习在网络状态下对消除社会隔离有很大帮助,但从学习者同伴那里获得的许多回答是无效的、不完整的甚至是错误的[3]。

第三,在新冠防控的大环境下设计线上教学时,传统的课堂教学的教师主导作用更加难以实现。学生和老师存在着物理上的距离,学生必须学会自主管理[4],教师只能是实现学习自主管理的促进者。也就是说,学习者从被动的接受者到控制他们自己的学习。教师成为教学过程中的咨询者、引路人以及教学资源的提供者。

第四,尽管我们强调以学习者为中心,但教学设计者难以为每个学习者开发一套适合个人需求的学习大纲。此外,外语学习过程中,小组合作和模拟实际场景的语言的练习是提高语言能力的重要环节。而合作性学习是和个性差别相矛盾的。一方面教学设计要基于个性差异,强调以学习者为中心的教学;而另一方面,外语能力是通过社会交互与合作学习构建的。因此,小组活动时,老师很难把个人学习目标、偏好和学习能力都考虑进来。

因此,疫情应急状态下网络直播大学英语课程设计过程中,教师必须面对疫情下的社会环境的变化、师生的心理状况的变化以及线上教学所面临的多重不利因素。目前,探索建构应急状态下的大学英语线上教学模式非常紧迫。

三 疫情下网络直播大学英语教学模式的建构

1 社会建构理论

疫情应急状态下,线上教学组织活动需从以传统的校园内教学的活动模式转移到线上以学生为中心的教学组织方式来。社会建构理论为我们新的教学模式探索奠定了基础。

社会建构理论是渊源多元且复杂的理论范式。该理论不是关于教学而是关于知识和学习的。从教育心理学发展来看,可以追溯到杜威的实用主义哲学(尽管在杜威时代并没有出现社会建构这一术语)到皮亚杰的认知发展心理学和维果斯基社会建构的心理学。

在杜威之前的时代,哲学界大多依据社会实在论阐释知识的本质。社会实在论承认存在所谓的社会现实,这种现实是给定的、超越个体的。知识就是这种现实的直接反应[5]。而杜威却坚持知识是动态的,是建立在发现的过程之中的[6]。杜威认为教育的主要功能是促进智力的发展。他特别强调激发学生兴趣,以问题为导向的学习活动。一个兴趣没有被激发的学生不会真正地察觉到问题,因此,学习中的问题需要选择源自学生感兴趣的方面。此外,杜威特别重视社会环境对学习者的影响,他指出学习者无法在孤立状态下学习,学习者要在学习中把自己看成周边社区和整个世界的一个部分。他认为思想的社会建构处在个人、社区和世界三角关系之中。他强调开发学生的解决实际生活中遇到问题的能力,在学习中学会学习(learning to learn)。杜威认为老师是引导者而不是领导者,因为学习是和老师之间的有创造性的互动而不是基于结果的教学[7]。杜威关于知识和学习的一系列论述,对于认识在线学习的社会环境与学习者的关系,强调学习者的学习过程和学习过程中的互动,都具有现实的指导意义。

皮亚杰从认知心理发展的视角研究儿童个体的发展,认为儿童对世界的认知和看法来自个人的直接经验。他指出:"儿童是在与周围环境的相互作用中逐步建构起关于外部世界的知识,从而使自己的认知得到发展。"[8]因此,学习是一个主动的知识建构过程。学习者根据自己先前的经验来主动加工处理外来的信息,从而获得对自己有意义的理解。他认为学生应该是学习活动的主体,知识是在认知的主体和环境的互动中获得,而不是从教师那里获得[9-10]。学习者是建构知识的主体,学习者的知识建构过程也是自主管理和自主学习的过程。网络能够为学习者提供无限量的信息,教育者也不再是传统意义上的知识提供者。

与皮亚杰的内在发生观的个人建构主义不同,维果斯基从思维与语言发展的维度提出了社会建构主义观点。社会建构主义承认个人的确建构他们自己的知识,但他认为知识的建构过程一定是发生在社会文化的环境之中,因此,知识事实上是社会建构。"现实和知识都是社会建构的,但这并非个人建构,而是'共同的建构',即我们之所以有如此建构,是因为我们从共同体那里获得知识、体验和思想渊源"[11]。维果斯基强调与人,包括其他学习者和老师的交流互动在认知发展中的重要性[12]。知识的生成与发展是社会性的,是通过人际间的协商、互动、沟通以及交流等方式形成的,具有典型的个性特征。维果斯基提出最近发展区(Zone of

Proximal Development，ZPD）这一概念，也就是，在一定的成长范围内，处最佳环境中得到其中的老师和其他人的可能最好的支持的条件下，每一个学习者能够达到的潜在学习领域。Lantolf强调最近发展区是通过老师和学习者（学习者之间）协商出来的。

知识建构是一个动态的过程，是学习者主动建构的过程，是学习者在与老师、他人以及他所处的社会环境的互动中，依据既有的经验逐渐建构起对世界的认知。老师在这一过程中是引导者，是脚手架的搭建者。事实上，语言学习过程中的教师、学习者、任务和环境[13]等相互关联的因素处于一个动态的平衡状态之中。"学习者"作为知识建构的主体处在中心位置，而"教师、任务、环境"则构成学习的中介因素和外围环境。教师根据自己的教学观点选择任务发布给学生；而学生选择对自己有意义的方式来理解和处理任务。任务因而也是教师和学生之间的接口（interface）。而环境则指学习发生的场所，包括情感的、物理的、学校的、社会的等，甚至政治环境和文化环境都影响着学习者的知识建构过程。

2 产出导向法

"产出导向法"[14-16]是文秋芳教授多年研究总结的一种具有中国特色、符合中国国情的外语教学法。产出导向法既强调产出结果（production），又强调产出过程（producing），不同于输出（output），它遵从"课堂教学的一切活动都要服务于有效学习的发生"的基本原则，具体设计课程实施个性化教学。尽管她的初衷是要从"以学生为中心"的教学法中突围出来，是从第二语言习得的认知发展规律提出的一种教学模式，而事实上她主张的"让有效学习发生"和社会建构主义思想并行不悖，是对"以学生为中心"的教学思想的进一步深化。

3 核心素养教育与大学英语教学

大学英语是大学通识教育中一门重要的课程，兼具工具性和人文性特点。大学英语课应该做到"立德树人"，为"提升我国21世纪人才核心竞争力"的战略服务。具体来说，不仅表现在外语能力上的核心素养，即言说和写作能力的培养[17]，而且能"有效管理自己的学习和生活，认识和发现自我价值……有效应对复杂多变的环境……发展成为有明确人生方向、有生活品质的人"，也就是"能够适应终身发展和社会发展需要的必备品格和关键能力"[18]。核心素养的培养是新时代赋予大学英语的基本使命，也是应急状态下大学英语线上教学模式探索的指导原则之一。

疫情防控期间,教师通过对教学内容的选择,贯彻生命至上、人民至上的理念,对比中外防控得失,通过中外文化对比和历史文化联想等,做到立德树人,润物无声。

4 疫情应急状态下大学英语教学基本模式的构建

基于社会构建主义的理论范式和外语教学的产出导向法,结合新时代核心素养人才培养的目标,我们设计了一套疫情应急状态下的大学英语教学模式(见图1)。

该模式包括了理论前提、教学准备、教学实施、教学管理、教学评估几个大的模块。模块之间是一种通过教师为中介的互动关系,每一个模块内又包含若干互动的小模块。其中,教学准备是教学能否成功实施的关键,教学管理又是学生能否"有效学习"的关键。教学管理和评估的结果反馈给教学准备,保证线上授课不断受到检视、反思,从而确保教学顺利实施,促成学生的"让有效学习发生"。

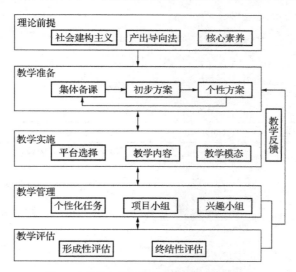

图1 应急状态下网络直播大学英语教学模式

(1)教学准备

新冠疫情下,教学准备匆忙。老师们已经十分熟悉原有的班级教学模式且"经验丰富",但面对新情况,很容易变得"熟练的无能"(skilled incompetence)[19]。首先要发挥集体备课的优势,取长补短。每个教师从各自角度去认知一个单元的教学内容,从各自的学术背景去解读课文,利用各自的教学经验进行教学。在一定程度上,集体备课对于教师来说也是一种拓展学习。所谓的拓展学习是指"从业者在活动系统发展变化中不懈努力,穿越集体最近发展区的学习过程"[19]。

大学英语教学面对的学生群体十分庞大,分布地域广泛。虽在入学之初已经进行分级编班授课,但学生在英语听、说、读、写、译的技能发展上并不均衡。因此,通过集体备课,研究学生的实际水平,分析疫情下他们的心理状况,预测网络教学可能出现的各种问题,提出解决问题预案。最后,在充分商讨的基础上形成初步教学方案。

教师个人根据此教学方案,结合所教班级的平均水平和学生组成以及教师个人的教学经验,确定个人的教学方案,并具体实施。

(2)教学实施

信息化技术为教学提供多种平台,但每一种平台都存在着优缺点。选择一款容易获得的,易于操作,并且利于课上、课下师生、学生之间的顺畅联络的教学网络平台,似乎不太可能。因此,只有通过混合使用多个平台,结合手机和计算机等硬件,才能达到理想的教学效果。通过对比,选择一款最易获得、开放的软件,如腾讯会议(包括腾讯课堂、Zoom等)作为展示教学内容如PDF文档、视频、音频材料以及师生实时互动使用的平台,并结合QQ和微信等可非实时互动的多种信息平台,保障教学过程中师生和学生之间的互动顺畅(见表1)。

表1 网络授课前期准备及平台的选择

	媒体形式	目的	优势	不足
平台选择	腾讯会议	课堂教学	虚拟空间大,多种媒体切换方便,便于操作	书面互动性差
	QQ	实时、非实时信息分享与交流	虚拟空间大,操作方便,便于互动	课件展示不够灵活,媒体间不易切换
	微信	实时、非实时信息分享与交流	占手机的空间小,图文并茂,交流方便	班级互动弱,媒体间不易切换
多媒体课件	课本PDF文件	替代纸质课本	克服疫情下无法获取纸质课本的困难	前后翻页不方便,不利于查找、对比信息
	音频、视频文件	日常教学使用	提升学生的听力能力,丰富课堂教学形式,激发语言学习兴趣	不太容易获得合适材料
课后管理	itest系统	课后语言练习	练习覆盖范围广,便于管理,易于在线操作	易受网络状态影响,练习与单元内容相关度不高
	批改网	作文批改	批改速度快,有利于学生在线反复修改	句法模式化,偏重于词、短语的运用的判读,对内容的思想性无法评判

教学实施阶段中，教学内容的选择非常重要。正如"产出导向法"[14]所指出的，不反对使用课本，但不是传统上的仅仅依靠课本的方式。因此，在组织教学内容时，结合单元主题，选择与学生实际生活密切相关的，并且需要学生参与解决实际问题的一些内容。为了提高学生的外语综合素养，除了教学内容上有必要的选择之外，多模态形式组织教学，综合使用电子文档、视频、音频材料，使形式丰富，增加趣味，消除被疫情隔离在不同地区、家庭中学生的负面情绪。另外，大学英语课有很强的实践性，需要进行各种口语、书面语的综合训练，这需要合理的教学管理来实现。

（3）教学管理

正如上面所提到的，线上教学不仅仅是新技术的运用，将课堂教学模式搬进网络平台上，它还有着完全不同于传统课堂教学的结构。基于我们前面所探讨的社会建构主义理论，充分考虑到网络和疫情双重因素所带来的社会隔离的困境，也充分考虑学生个人的不同需求和兴趣爱好，在自愿组合的基础上，将分布在全国不同地域的学生基于不同的项目，分成小组进行管理。

考虑到大学英语的教学对象一般都是大学一、二年级的学生，他们还没有真正地接触到所学专业，项目选题一般基于教材的单元主题。通过小组合作商议，确定研究问题，选择研究方法。个人分工合作，查询资料，通过问卷调查收集数据，最终回答所提问题。小组各自建群，老师作为平等一员在各个小组群中参与讨论，指导项目研究。最终各小组借助 PPT 汇报研究结果。此外，根据需要，组成不同的兴趣小组，老师课前将不同的问题发给不同小组，让他们准备在课程进行中分享他们的思考。小组之间的合作可以提升学生的语言交际能力和团队合作精神。

（4）教学评估

教学评估是教学管理非常重要的环节。为了促进学生自主管理、自主学习，疫情期间有必要提高形成性评估的比重。除了平时学生的参与度和随堂评测之外，根据需要借助 itest 测试平台发布任务，训练并检测学生的英语实际掌握程度，并利用作文批改网平台发布作文任务，让其成为形成性评估的一部分。教师通过网络平台评测的结果，及时地反馈到教学准备的过程中，修正或调整教学进度和教学要求，努力做到教学评估对教学准备教学过程的反馈作用，形成一个互动循环（见表2）。

表 2　教学评估

形成性评估				终结性评估	
平时（出席、参与度、随堂测试、单元测试）	itest 平台综合测试	项目研究、成果展示	期中测试	期末口试	期末考试
15%	15%	10%	10%	10%	40%

5　加强师生交流，改善社会环境和学习者心理环境

如上文所述，语言学习过程中存在着老师、学生、任务、环境的动态平衡关系。疫情防控期间，社会上有许多误解甚至谣言，网络上更有许多关于疫情防控和新冠治疗的"段子"，莫衷一是，这些都给处在隔离状态下的学习者带来心理上的负面情绪。这些情绪可能影响其语言认知过程中的每一环节[20]。另外，在线上教学过程中，学生只是通过一些软件平台"认识"老师，有时只闻其声，不见其人。因此，利用现有的信息技术平台和学生交流非常关键。创造民主氛围，与学生平等对话，分享他们的快乐，理解他们的困境，都有助于相互沟通，促进学习。

五　总结与反思

新冠疫情的突然爆发给教育带来了巨大冲击。在党中央的正确领导下，各级学校及时果断地将教学转移到网络平台上进行组织，确保了"停课不停教、停课不停学"。新的环境和网络授课带来了许多挑战，迫切需要一套新的教学模式指导实践。本文在分析疫情应急状态下的各种困境的基础上，充分认识大学英语作为二语学习的认知规律，构建了以社会建构主义理论为基本框架，以"产出导向法"和新时代核心素养人才培养目标为指导的，疫情应急状态下的大学英语直播教学的基本模式。坚持"以学生为中心""让有效学习发生"的指导原则，确保了教学任务的顺利实施，也经受住了学校的教学检验（2020 年 3 月中旬和 4 月中旬的两次教学过程性评估中，大学英语课程的满意度分别是 9.66 和 9.53。在全校持续线上开课的 1514 门课中，是满意度最高的几门之一①）。

另一方面，疫情应急状态下的网络直播教学不同于有充分时间准备、计划周密的函授教育、远程教育和开放教育的线上教学，但却以前所未有的规模和速度取代传统学校教学。在疫情应对状况下探索出的教学形式倒逼教育界、理论界对其进行梳理、总结，进而上升到教育理论层次，以便于更好地指导后疫情时代的教学活

动[21]。

毕竟,网络直播是特殊时期的一种特殊应对的教学手段。我们正从应急状态转变为一个新的常态,线上线下混合式教学将会成为后疫情时代的教学常态,也是大学英语教学模式的发展趋势。正如吴岩指出的那样:"我们再也不可能,也不应该退回到疫情发生之前的教与学状态,因为融合了'互联网+''智能+'技术的在线教学已经成为中国高等教育和世界高等教育的重要发展方向。"[22]

注释

① 参见:"东南大学2019-2020-3学期线上教学 首轮过程性学生评教工作小结"和"东南大学2019-2020-3学期线上教学 第二轮过程性学生评教工作小结"。

参考文献

[1] GACS A, GOERTLER S, SPASOVA S. Planned online language education versus crisis-prompted online language teaching: Lessons for the future[J]. Foreign Language Annals, 2020,53(2):380-392.

[2] KEARSLEY G. Educational technology: A critique[J]. Educational Technology, 1998 (2):47-51.

[3] WESTERA W. Paradoxes in open, networked learning environments: Toward a paradigm shift[J]. Educational Technology, 1999, Jan./Feb.:17-23.

[4] MARKEL M. Distance education and the myth of the new pedagogy[J]. Journal of Business & Technical Communication, 1999,13(2):208-222.

[5] 许方明. 社会建构主义:渊源、理论与意义[J]. 上海交通大学学报(哲学社会科学版), 2006 (3):35-39.

[6] DEWEY J. Democracy and education[M]. New York: The Free Press, 1916.

[7] Huang H M. Toward constructivism for adult learners in online learning environments[J]. British Journal of Educational Technology, 2002,33(1): 27-37.

[8] 皮亚杰. 发生认识论原理[M]. 王宪钿,等译. 北京:商务印书馆,2014:20-21.

[9] 托娅,孙立新. 社会建构主义及其对外语教学的指导意义[J]. 外语界,2003(5):6-10.

[10] 归樱. 远程教育学生自主学习能力的调查与分析[J]. 现代远距离教育,2005(5):30-33.

[11] VYGOTSKY L S. Mind in society[M]. Cambridge: Harvard University Press, 1978.

[12] 列夫·维果斯基. 思维与语言[M]. 李维,等译. 北京:北京大学出版社,2010:62-63.

[13] WILLIAMS M, BURDEN R L. Psychology for language teachers[M]. Beijing: Foreign Language Teaching and Research Press, 2000:38-45.

[14] 文秋芳. 构建"产出导向法"理论体系[J]. 外语教学与研究,2015(4):547-558.

[15] 文秋芳."师生合作评价":"产出导向法"创设的新评价形式[J].外语界,2016(5):37-43.

[16] 文秋芳."产出导向法"的中国特色[J].现代外语,2017(3):348-458.

[17] 郭英剑.论外语专业的核心素养与未来走向[J].中国外语,2019(1):15-19.

[18] 林崇德.构建中国化的学生发展核心素养[J].北京师范大学学报(社会科学版),2017(1):66-73.

[19] 孙曙光.拓展学习视角下师生合作评价实践中的教师自我发展[J].中国外语,2020(1):75-84.

[20] 胡庭山,郭庆.心理评价机制与二语阅读过程中的认知信息处理交互关系[J].外语研究,2007(5):54-58.

[21] 陈晓慧.建构在线教育理论的时代呼唤[J].中国电化教育,2020(8):22-26.

[22] 吴岩.以"学习革命"推进"质量革命"向纵深发展.[DB/OL].https://www.sohu.com/a/395913824_100066372,2020-05-18.

疫情期间"研究生学术英语写作"在线教学的困境与解决方案

李 黎

摘要：突如其来的新冠疫情让各层次的教学模式发生了根本性转变。本文回顾了东南大学外国语学院研究生学术英语写作课程的基本信息,总结了2020年春季学期该课程开展在线教学的特点,讨论了在线教学准备阶段和实施阶段所遇不同类型的困境和应对方案。最后指出,疫情虽是挑战,更是今后教学改革的契机。

关键词：研究生学术英语写作；在线教学；困境；解决方案

Practical Problems and Solutions of Online Teaching of Academic English Writing for Graduate Students During the COVID-19 Epidemic at Southeast University

LI Li

Abstract: The sudden attack of COVID-19 has radically changed teaching at all levels. This paper introduces the basic information of the Academic English Writing for Graduate Students of the School of Foreign Languages, Southeast University, China, reviews the characteristics and corresponding adjustment of the online teaching of the course in the spring semester of 2020, and discusses the different types of problems encountered in the preparation and implementation stages of online teaching and the solutions. Finally, it is pointed out that although the epidemic is a challenge, it is also an opportunity for the teaching reform.

Key words: academic English writing for graduate students; online teaching; problem; solution

1 研究背景

2020年年初,新冠疫情突然爆发。为防止疫情快速扩散,1月26日,国务院召开新闻发布会,要求各地大、中、小学2020年春季学期推迟开学。教育部随后发布通知,倡议师生在家利用网络平台开展"停课不停教、停课不停学"。这意味着,春季学期的研究生学术写作课要由原来的"线上+线下"混合式教学模式变为"全员线上"。对每一个人而言,这无疑是一个巨大的挑战。我们研究生公共外语教学部,必须针对东南大学研究生学位英语春季学期课程安排及特点,在广泛调研的基础上,研究教学过程遇到的诸多困境、矛盾,设计出一套切实可行的课程实施计划和解决方案,以应对突如其来的疫情。

2 课程基本信息

本课程是东南大学"研究生学位英语"课程的一个重要组成部分。春季学期课程名称为"学术英语写作",共32学时。采取中国大学慕课的SPOC课程自学+教师直播授课的形式。授课对象为非英语专业研究生一年级学生,总人数4000多,授课教师22人。

在疫情发生前,本课程的授课特点如下:

(1) 以实践教学为主体,以学生为中心。本课程并非传统意义上的以教师讲授为中心的写作知识讲座,而是基于学生研究任务,以学生论文为重要学习成果和评价对象,围绕学术论文各部分写作技能开展的"输出驱动"语言教学。

(2) 英语教学和学术研究深度融合。学生需要以小组成员合作的方式,完成一个科研项目。研究内容既可以与本专业在研课题相关,也可以是一个小型调查报告。从选题、提出研究问题、收集数据,到汇报、讨论结果、得出结论,再到撰写全文、口头汇报,每位学生需要参与小组研讨,并经历全部任务的计划和实施。"项目驱动"式教学可以让研一学生提前体验真实学术研究的全过程。

(3) 课内课外与线上线下相结合。课内指课堂教学,课外指学生需要参与配套的在线课程自学+助教助学课+小组研讨。主课教师和助教均参与线下和线上(中国大学慕课、批改网、QQ群)与学生的互动,包括任务布置、作业反馈、答疑等。

(4) 中方教师、外籍教师、助教"三位一体"教学模式。每一个教学班都配备以上三位教师。中方教师为主课老师,除了授课,还参与外教与助教管理;外教负责雅思写作专题授课与学生评价;助教的主要任务是课外辅导与技能巩固、拓展。

3 教学困境与解决方案

在线教学优缺点共存。其优势显而易见,比如:所有教学内容、任务、教学反馈、学生作业、评价信息等均可以实现远程传输,不受空间限制。网络在线课程以及教师直播课程均可回放,学习打破了时间限制。部分平台在数字化管理方面表现出众,合理使用将便于课程数据分析和管理。然而,相应的弊端也随之而来,比如:传统课堂上常见的互动在网络上常常有延时,可能影响交际效果;学生缺乏课堂现场监督,不能保证上课效果;教学过程受到终端硬件和网络条件的制约,参与在线学习有门槛;课堂活动组织不便,可能导致课程实践性降低;与课程同步的项目开展可能受科研资源和条件限制等(图1)。本节将回顾、梳理疫情期间在线教学各个环节遇到的问题以及解决方案。

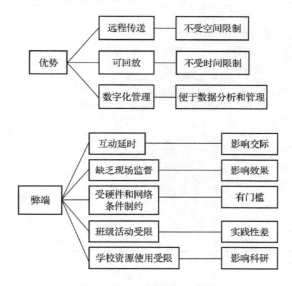

图1 在线教学的优势与弊端

1)准备阶段

(1)总体教学安排及考核内容

困境:"三位一体"教学模式无法实现;小组论文质量有下降的可能。

解决方案:调整教学安排和考核内容。

疫情期间的课程实施方案,本着最大限度地保留原有的课程特色,最大限度地减少疫情带来的诸多不利影响的原则,同时充分发挥网络可以提供的便捷,对原有方案做出相应调整。由于外教滞留在各自母国,同时也不便开展助教选拔、培训等工作,调整后的教学方案中删除了原有的外教和助教工作内容。主要教学任务由主课教师通过授课和课外辅导完成。同时,小组项目的任务分解与授课内容基本一致,任务完成的时间节点也与授课内容基本同步,从而加强论文质量的过程控制(表1)。考核内容也因为疫情做出调整。疫情之前助教课成绩占10%,外教授课内容评定占15%。本轮授课加大了网络课程考核比例,具体构成如表2所示。

表1 学术英语写作教学内容、小组任务分解与汇报考核标准

授课内容	语言点	论文进度	口头汇报 考核标准	时间安排
学术文体风格 开题报告 文献综述	选词、语体 人称、名词化 时态、动词	文献收集与阅读 选题 提出研究问题	内容(结构规范,语言流畅,表达准确)	7—9周
研究方法 结果、讨论 结论	语态、语篇衔接 比较和对比、因果关系 总结、改写	撰写文献综述 撰写材料和方法 撰写结果	设计(PPT字体、字号、版式、配色等设计合理)	10—12周
摘要、参考文献 致谢、投稿	摘要结构 礼貌	撰写讨论和结论 规范引用	讲演技巧	13—14周

表2 期末总评成绩构成

	考核内容	比例(%)	方式
第一阶段 (SPOC)	课堂出勤	5	教师课堂记录
	平台成绩	10	平台打分
第二阶段 (教材)	课堂出勤及表现	10	教师课堂记录
	小组论文	20	提交批改网+人工评阅
	小组口头汇报	15	网络平台+人工评分
	期末在线笔试	40	超星考试平台+人工评阅

(2)学生管理

困境:学生院系与开课院系分属不同部门,师生之间信息沟通不畅,无法直接取得联系。

解决方案:由任课教师给每个教学班建立QQ群,研究生院公布QQ群号,并由学生院系督促学生加群。全体学生进入群后,任课教师在群内发问卷,了解学生基本居住情况、设备条件、网络状况等,从而选择适合师生的上课平台和方式。

(3)授课内容安排

困境:受疫情影响,学生无法在开学前获得新教材。由于春季学期正值教材更新之际,又逢疫情,出版社、印刷厂、经销商工作进程比原计划明显滞后;此外,一些

高风险地区的快递停运。

解决方案：调整上课内容安排。将整个学期分为两个授课阶段。阶段1共6周，为基于网络课程的翻转课堂。学生首先自行预习中国大学慕课平台上由东南大学研究生公共外语教学部拍摄的"学术英语写作"SPOC课程。课堂时间内，教师利用直播平台解答提前收集好的问题，并进行知识拓展。利用雨课堂的现场测试功能进行针对SPOC视频内容的快速检测，同时加以问题讲解。随着疫情的缓解，在各方的努力之下，教材终于在第五到第六周陆续抵达学生手中，包括武汉地区学生。阶段2共10周，包括9周以教材内容讲授为主的平台直播和1周学生口头汇报。

（4）软、硬件

困境：如何进行最佳软硬件组合。

解决方案：将家中一切可利用终端（台式机、笔记本、pad、手机）集中起来用于教学。每个教学软件都有各自的安装要求。作者在Windows系统笔记本上安装了雨课堂插件，在苹果笔记本上安装了腾讯会议、腾讯课堂、Zoom、QQ等软件，手机和iPad上安装了腾讯会议、腾讯课堂和钉钉等软件。积极参与学院组织的各种培训，在学生、朋友、家人之间进行多次演练，对现有软件进行评估。最后，结合课程要求和教师本人的授课需求，进行合理组合。

2）授课阶段

（1）教学方式

困境：直播授课平台众多，特色各有不同，难以抉择。

解决方案：首先，根据"学术英语写作"课程要求，设计、发放问卷（见附件1）。作者将问卷以"问卷星"的方式发放给22个任课教师和5个班的学生。回收有效教师问卷20份，学生问卷148份。将均分大于4分的指标纳入平台评价标准，共4个维度、8个要点（图2）。从图2可知，无论是哪个直播平台，首先要考虑的是基本授课条件，即是否稳定、清晰、流畅，是否能够分享屏幕。英语这类技能课程的本身特点决定互动效果是重要评价指标，包括语音实时互动、分组讨论功能。学生方面，最大的诉求就是易于登陆，方便回看。教师最显著的需求是自动考勤，便于数据统计，以及使用简单。

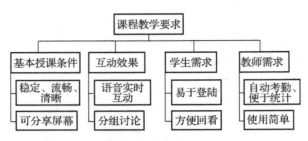

图 2　学术英语写作课程要求

然后,根据这 4 个评价维度 8 个要点,分析高频平台利弊,并评定等级。根据教师发展中心在开学第一周通过督导听课获得的数据①,以及教务处公布的内部教情分析材料,我们发现,东南大学开展的在线教学高频使用的直播平台有:雨课堂、腾讯会议、腾讯课堂、QQ 群、Zoom 等。开学两周后,再次用问卷星发放"网课软件评价问卷"(见附件2),请 22 名任课教师和 5 个班的学生对这几款常用软件进行评分。回收有效问卷共 156 份,其中教师 10 份,学生 146 份。为了更直观地展示结果,将每个指标转换为星级。均分小于 3 分的指标折算为 1 星,3—6 分为 2 星,大于 6 为 3 星。

表 3　各平台等级评定

	基本条件		互动效果		学生需求		教师需求	
	稳定流畅	屏幕分享	语音互动	分组讨论	易于登陆	方便回看	考勤/数据统计	安装/使用简便
雨课堂	★★	★★★	★	★	★★	★★★	★★★	★
腾讯会议	★★★	★★★	★★★	★	★★★	★★★②	★	★★★
腾讯课堂	★★★	★	★★	★	★★★	★★★	★★	★★★
Zoom	★★★	★★★	★★★	★★★	★★	★★	★	★★
QQ 群	★★★	★★★	★★★	★	★★★	★★	★	★★★

由表 3 可见,使用的基本条件中,雨课堂的稳定流畅度最差。每天早上 8:00 和下午 2:00 附近都会出现网络拥堵现象,导致部分学生无法进入课堂。因此,雨课堂的登陆要避开这两个时间节点。这五个平台的教师端屏幕分享功能总体而言做得都比较完善。但是腾讯课堂学生端不能分享屏幕,学生无法做配有 PPT 的口

---

① 数据来自教学发展中心官方公众号"东南教师"2020 年 3 月 9 日推文"线上教学——督导听课首周情况反馈小结,新鲜出炉!"。

② 问卷结果换算为 1 星。但后来新版腾讯会议新增录课功能,因此作者将其修改为 3 星。

头汇报。语音互动功能方面,雨课堂语音信号传输滞后最严重,学生语音只能通过录音或录像上传,互动效率过低。腾讯课堂里学生的语音发言必须经过教师"邀请上台"的操作,才能被全体师生听见,因此评分不高。"分组"可能是英语课特有的需求,只有 Zoom 可以做到。如果一个平台可以不下载 app 而多渠道登陆,那么它就被认为"易于登陆",比如腾讯会议可以通过点击链接,进入微信小程序加入;腾讯课堂可以通过网页登录。QQ 群登陆评分 3 星,不是因为可以多渠道登陆,而是因为这个 app 学生用户最多,日常使用频率最高。回看功能最完备的是雨课堂和腾讯课堂,学生端可以一键回看,还不占终端内存。其他的软件要么需要额外的"录屏"操作,要么自身不带有回看或录屏功能。如果需要给学生回看,需要使用其他软件录屏、存储,再传给学生,操作较为复杂。但新版腾讯会议增加了录屏功能,上课结束后自动生成视频,保存在本地硬盘,教师可以传到学生 QQ 群。腾讯会议的回看功能在春季只能打 1 星,现在可以打 3 星。考勤、数据统计最优秀的是雨课堂。特别是课堂测试的数据方面,教师不仅可以即时看到学生测试的表现和排名,还可以导出 Excel 表格,便于统计。腾讯课堂能够看到每个学生的听课时长,以及迟到早退现象。其他 app 只能看到谁出勤,无法直接看出谁缺勤。安装方面,雨课堂虽说只要有微信就可以参与上课,但是教师端需要在 Windows 系统电脑上下载和安装一个插件,这个插件时不时还需要升级,所以安装方便程度比较低。

表 4 常用平台比较

直播平台	优势	不足	用途
雨课堂	方便回看、数据统计	不能对话	数据备份
腾讯会议	稳定流畅、对话自由	回看视频占内存	直播主体
腾讯课堂	稳定流畅、课堂有序	学生不能分享屏幕	讲座优选
Zoom	自带录屏、分组讨论	考勤不便	学生互动
QQ 群	保底方案、普适性强	功能简陋	应急方案

根据每个指标的评定星级,归纳总结其最重要的优缺点,结合自己上课总体需求,同时也可以具体兼顾到每一次课的重点任务,再确定 app 在学术英语写作课的用途(表 4)。比如,如果某一堂课以讲座为主,那么腾讯课堂是最佳选择。如果某一堂课的重要环节是课内测试,那么雨课堂是不二之选。如果是要求学生屏幕分享,做口头汇报或在线研讨,腾讯会议是最合适的。总之,我们从以上评价和比较能看出,没有哪一个平台能满足所有课程和所有老师的一切要求。教师能做的就是根据课堂的实际需要,选择最适合自己和学生的平台。

（2）教学资料

困境：居家隔离期间，学习资料有限。

解决方案：首先，在开学前，教学部在中国大学慕课上线了学术英语写作 SPOC 课程。视频及配套的习题以及活动给学生提供了很好的学习材料。其次，在各方努力下，学生可以在研究生院指定的经销商处网购新出版的教材，研究生院给予一定补贴。教学部也同时分享了一部分电子教材和讲义，供学生居家学习。

（3）互动环节

困境：在线互动和线下互动相比，缺少了"实时性"。在教室里上课，教师可以直接观察到学生的表情、肢体语言，得到直接的反馈，可以据此随时调整交流策略、教学内容，从而做到互动无障碍，保证教学效果。然而，在线教学时，如果没有互动设计，老师难以观察、了解学生的上课效果；学生可能也很难长时间留在电脑前。

解决方案：语音互动与文字互动结合使用。语音互动的优点是师生双方无须等待，点开话筒即可以交流，语音信息即时传送。缺点是由于课堂时间有限，学生覆盖面小，一次只能开一个话筒。文字互动的缺点是录入文字花费时间，因此等待时间长。但是可以多人同时录入，覆盖面大。文字互动较适合本学期的写作课，可以用于"改写""限时写作"等练习。为了模拟真实课堂，可以每 10 分钟请几名同学连麦。也可以随时提问，个别同学连麦的同时，其他学生可以通过聊天区（或雨课堂）抢答，或评价答案，增加参与感。事实上，语音加文字的互动方式，单位时间内给学生呈现的信息量比线下教学更大，具有更高的互动效率。

教育部曾印发文件要求各高校应保证在线学习与线下课堂教学质量实质等效。要想确保"实质等效"，首先就需要知道学生的学习成效到底如何[1]。虽然在线教学无法通过直接观察，实时完整地了解学生的课堂学习状态和成效，但也可以通过课堂活动设计，实现在较短时间间隔（如每一二十分钟）采集学习成效信息。这有助于教师以此为依据，及时调整教学内容、教学进度和讲授及互动方式，从而确保或至少尽可能接近"实质等效"。这些信息采集时间节点可以成为课堂设计的一部分。可以放在一个小知识点教学结束，也可以放在"易错区"（即学生犯错率较高处）。以作者使用的雨课堂为例，在每堂课的 PPT 课件中插入了几道客观练习题，让学生在限定的时间内提交答案；或者设计一两道主观思考题或改写题，要求学生用弹幕或投稿的方式进行反馈。以往这些实时、定量的数据采样方式必须在实时互动的场景下才有可能完成，现在在教学工具的帮助下，我们也可以远程实现。

此外，直播平台还有一些年轻人喜闻乐见的互动功能，而这些是真实课堂无法实现的。比如：腾讯课堂上，学生可以给教师送花，还可以粘贴一些表情（如飞机、游艇）以表达对教师的感谢和敬意，学生对此乐此不疲。再比如：雨课堂上，教师可以根据测试题目的难度以及学生表现的排名，给优秀学生派发红包，以资鼓励。弹幕和投稿功能也深受"90后"和"00后"欢迎。一些线下课堂羞于主动发言的学生甚至也会主动刷弹幕，或在聊天区留言，表达观点。总之，网络互动并非传统认识上的"一无是处"。只要充分利用网络互动功能多样化的优势，将语音和文字互动有机地结合使用，课堂互动效率会更高，效果也会更好，甚至优于线下课堂。

4 心理层面

困境：部分学生因为长期隔离，严重缺少社交；另一部分因为居家，与家长两看相厌，产生矛盾；还有一部分因为学习、科研受阻，产生焦虑。

解决方案：作为教师，应该利用一切可以利用的时间和机会，给予学生心理抚慰。开学前一天，作者的每一个学生的手机都收到了通过雨课堂发送的"Welcome letter"。信中鼓励学生要有战胜疫情的信心，让他们感受到来自老师和学校的温暖。开学后，在上课前几分钟以及课间，要多关心学生的生活和学习，同时尽可能提供帮助，特别是对疫区的学生。还可以利用课堂活动，给学生倾诉的机会，排遣心中的郁闷情绪。

笔者有一名藏族学生，因为疫情独自一人被困于苏州，同时还有学习困难，害怕无法顺利毕业，心中无比焦虑。开学前，他多次打语音电话询问上课方式和考试方式，情绪较为抑郁沮丧。笔者能做的事情，就是多倾听和满足他的需求，尽可能多地解答问题，绝不首先挂断电话，给予他足够的心理安慰，最终帮助他顺利度过疫情，完成课程学习。总之，教师能给予的某些心理安慰和学习上的帮助可能是家庭或者亲友所不能给予的。非常时期，教师应该充分认识到学生的心理需求，并尽量满足。

5 小结

疫情突发，常规教学活动受限，教学工作中势必出现各种困境和矛盾，我们应该不惧困难，全面深入研究面对的现实情况，梳理各主体间的关系和特点，归纳分析核心问题，并有针对性地提出解决办法。本学期的在线教学实践，为现代教育技术与教学的深度融合提供了宝贵经验，这是未来学校教学活动发展的大势所趋。大规模在线教学对运用信息化手段推进教育教学方式改革具有革命性意义。[2]

然而,疫情突发,在线教学尚处尝试阶段,还有不足。一项针对东南大学39 854名学生的问卷调查[3]结果表明,有50.45%的学生认为疫情期间在线课程可以完全达到教学目标,46.11%的学生认为可以基本达到教学目标,3.19%的学生认为不能达到教学目标。该问卷中,学生得分最低的是自律性和专注力。以上数据可以看出,我们的教学满意率还有提升的空间;教师应该在课程的准备、创新和设计上多下功夫,在课堂上帮助学生保持更长的专注时间。因此,疫情虽是挑战,也是教学改革的机遇。

参考文献

[1] 于歆杰.从交互到融合:新冠肺炎疫情的高等教育应对之策[J].中国电机工程学报,2020,40(20):6411-6418.

[2] 骆贤凤,马维娜,姚育红."停课不停学"背景下大学英语在线教学实践研究:问题、措施与效果[J].外语电化教学,2020(3):30-35.

[3] SUN L T, TANG Y M, ZUO W. Coronavirus pushes education online[J]. Nature Materials, 2020, 19(6):687.

附件1

2020"研究生学术写作"课在线教学调查问卷

1. 您的身份是_____。

    A. 教师　　　　　　B. 学生

2. 您有几个可以用于网课的终端?

    A. 1

    B. 2

    C. 3

    D. 4

3. 您会使用哪些网课app?(多选)

    A. QQ群

    B. 腾讯会议

    C. 腾讯课堂

    D. 雨课堂

    E. Zoom

    F. _____

4. 请给您的网络条件打 1—7 分。1 代表"非常差",7 代表"非常好"。
5. 网课 app 需要具备以下性能。请结合个人上写作课的需求,给每项指标的重要程度打 1—7 分。1 代表"非常不重要",7 代表"非常重要"。
   (1) 稳定、流畅
   (2) 可以分享屏幕
   (3) 语音实时互动
   (4) 文字实时互动
   (5) 学生分组讨论
   (6) 预习
   (7) 测试
   (8) 可以多路径登陆,如微信小程序、QQ、电话号码、链接等
   (9) 方便回看
   (10) 自动考勤
   (11) 便于数据统计
   (12) 操作简便

附件 2

网课软件评价问卷

请您对以下网课软件的各项功能打 1—7 分。1 代表该功能"非常差",7 代表该功能"非常好"。没用过的软件,或用过的软件中不熟悉的功能,可以不打分。

1. 您的身份是_____。
   A. 教师　　　　　　B. 学生
2. 雨课堂
   稳定流畅_____　屏幕分享_____　语音互动_____　分组讨论_____
   易于登陆_____　方便回看_____　考勤/数据统计_____　安装/使用简便_____
3. 腾讯会议
   稳定流畅_____　屏幕分享_____　语音互动_____　分组讨论_____
   易于登陆_____　方便回看_____　考勤/数据统计_____　安装/使用简便_____
4. 腾讯课堂
   稳定流畅_____　屏幕分享_____　语音互动_____　分组讨论_____
   易于登陆_____　方便回看_____　考勤/数据统计_____　安装/使用简便_____

5. Zoom

   稳定流畅_____ 屏幕分享_____ 语音互动_____ 分组讨论_____
   易于登陆_____ 方便回看_____ 考勤/数据统计_____ 安装/使用简便_____

6. QQ 群

   稳定流畅_____ 屏幕分享_____ 语音互动_____ 分组讨论_____
   易于登陆_____ 方便回看_____ 考勤/数据统计_____ 安装/使用简便_____

疫情期间在线翻转课堂教学效果研究
——以研究生英语写作课程的"SPOC + 腾讯会议"模式为例

凌建辉　金　晶

摘要：基于翻转课堂教学理论，对疫情期间研究生学术英语写作课程进行了在线翻转课堂教学实践，并对这一模式的教学效果进行了定量、定性研究。通过对授课对象进行问卷调查以及随机访谈，搜集相关数据并进行了统计分析。研究发现，以在线课程为先导、网络教学平台为中介构成的在线教学模式，可以较好地达成在线翻转课堂的教学效果，同时也反映出这一教学模式的不足之处。

关键词：翻转课堂；学术英语写作；在线教学；教学效果

Research on the Effect of Online Flipped Classroom Teaching during Epidemic Period
—Taking "SPOC + Tencent Conference" Mode of English Writing Course for Postgraduates as an Example

LING Jian-hui　JIN Jing

Abstract: Based on the flipped classroom theory, this research has carried out an online flipped classroom teaching practice for postgraduate academic English writing course, and conducted a quantitative and qualitative study on the teaching effect of this model. Through the questionnaire and random interview, the relevant data were collected and analyzed. It is found that the online teaching mode with online courses as the guide and network teaching platform as the intermediary can achieve a good teaching effect of online flipped classroom, and also reflect the shortcomings of this teaching mode.

作者简介　凌建辉，1976年出生，江苏镇江人，东南大学外国语学院讲师，硕士，研究方向：应用语言学。
　　　　　金晶，1975年出生，江苏扬州人，东南大学外国语学院副教授，硕士，研究方向：英语教育。

Key words: flipped classroom; academic English writing; online teaching; teaching effect

1 研究背景

翻转课堂的教学理念和教学模式由来已久。20世纪90年代初,哈佛大学的埃里克·马祖尔(Eric Mazur)教授奠定了该理论的基础[1]。2007年,翻转课堂在美国科罗拉多州洛基山林地公园高中得以实现,该校的两位化学老师乔纳森·伯尔曼和亚伦·萨姆斯最初是为了帮助因为特殊情况无法到校而请假的学生补习课堂中所学的知识,便制作带有声音的PPT演示文稿和讲解视频,并上传至网络[2]。2011年翻转课堂真正走入公众视野,引起教育学者的广泛关注。原因在于,公益性网站可汗学院的创立者孟加拉裔美国人萨尔曼·可汗运用这种模式帮助了自己的表妹和亲戚以及其他很多学习有困难的人,引发了轰动效应。另外,他还发表了一篇"用视频重塑教育"的演讲,其中提到他上传到网站的免费教学视频受到学生和教师的一致好评,网络教学给知识传递提供便利的条件[3]。此后,国内对翻转课堂的研究随之转热。国内的翻转课堂强调师生间的互动和教师给予学生的及时反馈,提倡通过QQ等社交软件建立"在线学习社区"[4]。国内多位学者也基于翻转课堂理论进行了教学实践和研究,比如胡杰辉、伍忠杰的《基于MOOC的大学英语翻转课堂教学模式研究》[5],韩永芳的《基于翻转课堂的新型混合式大学英语教学模式研究》[6],朱敏等学者的《医学人文融入大学英语翻转课堂的教学模式及效果研究》[7],王素敏的《基于任务的大学英语翻转课堂教学模式构建与应用》[8]等。大量研究表明,翻转课堂对于增强师生互动,提升课堂活跃度,提高教学效果等方面具有积极作用。

然而,这些研究绝大多数都是在常态化教学情况下进行的,采用的基本上都是线上线下相结合的教学模式,而线下教学基本上也都采用在传统教室内师生面对面的授课方法,研究对象多为大学本科生,针对类似新冠疫情这种特定情况下的在线翻转课堂教学实践和教学效果的研究较少,研究对象为硕士研究生的更是少之又少。

因此,本文在前人研究的基础上,结合疫情期间东南大学研究生学术英语写作课程的教学实践,对该课程在线翻转课堂教学模式进行定量与定性研究,对疫情期间该课程的实际教学效果进行评估,找出该课程在在线翻转课堂教学中的优缺点,并提出对应的改进策略,以期进一步完善该课程的教学模式,提高教学质量。

2 翻转课堂教学设计

2020年春季学期,由于新冠疫情,东南大学全面推行线上教学。研究生公共外语教学部参考翻转课堂理论和教学模式,在充分论证的前提下,运用网络技术和在线资源,以在线课程为先导、网络教学平台为中介构成的在线教学模式,采用"SPOC+腾讯会议"的形式,对研究生学术英语写作课程进行了在线翻转课堂教学实践。

"研究生学术英语写作课程"旨在提升研究生的英语学术论文写作能力,教学内容涉及英语学术论文的基本架构、语体风格、文献引用、投稿修订等写作和发表环节的规范要求。该课程以中国大学慕课网SPOC课程"学术英语写作"为先导,以网络教学平台(腾讯会议)为授课中介,以翻转课堂教学为基本思路,充分发挥在线课程资源的特点与教学平台的功能,对课程模式进行整体设计。具体教学内容如下:

01　Overview

Lesson 1　Can I talk with you in another way? —Language register

Lesson 2　How to write a title

Lesson 3　Language focus 1—Nominalization

Lesson 4　Language focus 2—Personal pronouns

Lesson 5　Language focus 3—Word choice and sentence variety

02　Literature Review

Lesson 1　Introduction—How to review literature

Lesson 2　Structure of literature review

Lesson 3　Avoiding plagiarism

Lesson 4　Language focus 1—Reporting verbs

Lesson 5　Language focus 2—Tenses in literature review

03　Methods & Results

Lesson 1　Structure of methods section

Lesson 2　Structure of results section

Lesson 3　Language focus 1—Sequential markers

Lesson 4　Language focus 2—Graphic description

Lesson 5　Language focus 3—Comparison & contrast

04　Discussion & Conclusion

Lesson 1　Structure of discussion section

Lesson 2　Structure of conclusion section

Lesson 3　Language focus 1—Cause & effect

Lesson 4　Language focus 2—Paraphrasing

Lesson 5　Language focus 3—Restatement

05　Publication

Lesson 1　Abstract

Lesson 2　Keywords

Lesson 3　Reference

Lesson 4　Acknowledgement

Lesson 5　Submitting—Writing the journal submission cover letter

在该课程的在线翻转教学期间,学生必须每周课前观看 SPOC 课程"学术英语写作"的一个单元,并完成相应的练习和讨论,同时结合自己的专业,运用自己在 SPOC 课程中所学内容,挑选一篇本专业论文,以文本标示的方式,对论文的构成要素、语言风格等进行文本分析。在在线课堂教学过程中,教师进行翻转教学,首先通过腾讯会议音频、视频以及共享屏幕等方式,就 SPOC 课程中的难点重点加以回顾、讲解、分析;随后,由学生分享自己的学习成果,教师通过组织在线研讨的方式,进行师生互动、学生间互动;最后,教师对研讨的成果进行点评与总结。

3　研究方法

本文针对研究生学术英语写作课程所采用的"SPOC + 腾讯会议"的在线翻转课堂教学模式,设计了调查问卷以及访谈问题,对该教学模式的教学效果进行评估。调查对象分别为来自建筑、能环、材料、信息和人文五个学院的 170 名东南大学研究生一年级学生。问卷设计采用五级量表,一共 18 道选择题。其中,关于翻转课堂教学理念的了解程度 1 题;关于 SPOC 在线先导课程的题目 7 题;在线教学平台使用及其效果的题目 9 题;在线翻转课堂的教学模式整体评价的题目 1 题。

该问卷通过问卷星网站发放,统计数据由问卷星自动生成。问卷实际发放 170 份,有效回收 155 份。同时,也对部分学生进行随机访谈,通过定性研究的方法,探讨数据背后的成因。

4　发现与讨论

该问卷的问题分为四类,并以五级量表的形式进行问卷设计。第一类问题着重调查学生对翻转课堂的了解程度。第二类问题涉及 SPOC 学术英语写作课程的学生满意度、内容难易度和有效性。第三类问题关注以腾讯会议为在线教学平台的课堂活动设计与实施、活动参与、课堂效果等。第四类问题调查了学生对该教学模式的满意度。

4.1 学生对于翻转课堂的了解程度

问卷首先针对学生是否了解翻转课堂进行了数据搜集。

表1 翻转课堂了解程度(第1题)

	很不了解	不了解	一般	了解	很了解
第1题 翻转课堂了解程度	33 (21.29%)	30 (19.35%)	46 (29.68%)	29 (18.71%)	17 (10.98%)

从表1可以看出,40.64% 的学生明确表示不了解翻转课堂的教学理念。由此可见,虽然教师实施了翻转课堂教学模式,即学生可以在这种教学模式下学习,但对此模式的认识却并不到位,他们只是根据教师的指令进行 SPOC 课程的学习和在线课堂(腾讯会议)的活动。通过访谈,发现这一现象产生的主要原因在于教师并未刻意地对此教学模式进行介绍与说明,而绝大部分学生也没有经历过类似的教学模式。访谈中,学生们表示希望了解这一教学模式的具体目标与组织形式,以便更加清晰地理解教师教学的意图,理解教学活动背后的驱动力,以更好地激发学习热情,避免盲目学习,做到"知其然"和"知其所以然"。因此,为进一步发挥翻转课堂教学模式的特点与优势,教师应简要介绍翻转课堂的基本理念和要求,使学生能够更好地配合并投入这一教学模式,从而有效提高学生学习认知和教学效果。

4.2 关于 SPOC 课程

关于 SPOC 课程,问卷分别从两个方面搜集相关数据:SPOC 课程的难易度;学生对于 SPOC 课程实施的满意度和学习效果。

1) SPOC 课程的难易度:

表2 SPOC 课程内容的难易度

	很简单	简单	适中	较难	很难
第3题 SPOC 课程测试内容难易度	1 (0.65%)	21 (13.55%)	104 (67.10%)	24 (15.48%)	5 (3.22%)
第4题 SPOC 课程讨论题难易度	1 (0.65%)	16 (10.32%)	113 (72.90%)	19 (12.26%)	6 (3.87%)
第5题 SPOC 课程作业题难易度	2 (1.29%)	28 (18.06%)	102 (65.81%)	19 (12.26%)	4 (2.58%)

表2显示,认为 SPOC 课程的测试内容、讨论题和作业题难易度适中的学生人

数分别占比为 67.10%、72.90% 和 65.81%。由此可见,大部分同学对 SPOC 课程的学习任务持肯定态度,题目难易度适中,符合测试学规律。通过学生随机访谈得知,SPOC 课程的测试内容、讨论题和作业题大体上是基于 SPOC 视频学习中讲解的内容,所练所测即所学,符合 SPOC 设计"以测促学"的初衷。而讨论题是基于 SPOC 视频讲授知识点的适当延展,需要学生加以思考,并运用所学知识进行回答。根据问卷调查以及访谈的结果,学生普遍认为 SPOC 课程学习的难易度适中,反馈良好,SPOC 课程实现了预计的教学目标,教学效果良好。

2) SPOC 课程实施的满意度和学习效果:

表3 SPOC 课程实施的满意度和学习效果

	很不满意 (完全没有 帮助)	不满意 (没有帮助)	一般 (不知道)	满意 (有帮助)	很满意 (非常有帮助)
第2题 SPOC 课程授课内容满意度	0 (0%)	1 (0.65%)	23 (14.84%)	72 (46.45%)	59 (38.06%)
第6题 SPOC 课程对提高认知学术英语论文写作整体框架的效果	0 (0%)	3 (1.94%)	18 (11.61%)	88 (56.77%)	46 (29.68%)
第7题 SPOC 课程对提高认知学术英语论文写作章节框架的效果	0 (0%)	3 (1.94%)	15 (9.68%)	83 (53.54%)	54 (34.84%)
第8题 SPOC 课程对提高认知学术英语论文写作语言风格的效果	0 (0%)	3 (1.93%)	19 (12.26%)	85 (54.84%)	48 (30.97%)

如表3所示,对 SPOC 课程的授课内容表示满意的学生达到了 84.51%,155人中仅1人表示不满意。认为"学术英语写作"SPOC 课程对认知学术英语论文写作整体框架、章节框架、语言风格有帮助的学生分别达到了 86.45%、88.38%、85.81%,认为没有帮助的人数均为3人。据此,绝大多数的学生对 SPOC 课程表示满意,认为该课程对认知学术英语论文写作的整体框架、章节框架、语言风格有帮助。因此,也证明"学术英语写作"SPOC 课程较好地达成了教学目标。学生在随机访谈中指出,SPOC 课程内容选材得当、布局合理,课程团队老师语言表达流利、讲解到位,课件制作清晰、精美,学生们完全能够理解所讲内容,因此在课程满意度和有效性方面都表现良好。同时,也有同学指出,部分单元中语言素材的专业覆盖面不广,需要进一步完善。

4.3 关于在线教学平台(腾讯会议)的课堂教学实施

1)本研究针对学生从传统课堂向在线课堂转变的适应性进行了数据搜集与分析。

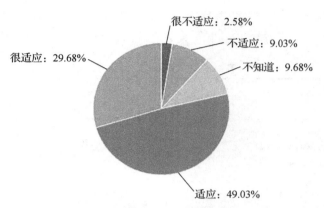

图1 传统课堂教学转为在线课堂教学适应性(第9题)

从图1可以看出,适应和很适应这种转变的学生占比为78.71%,不适应和很不适应的占比为11.61%。可见,大部分同学能积极适应教学方式的转变,这为顺利达成在线课程的教学目标打下了良好的基础。从随机访谈得知,在网络时代背景下,学生们对在线平台以及在线学习并不陌生,因此能够较快适应这种转变。然而,少部分学生由于对网络应用的不熟悉、家庭条件的制约、网络信号的不稳定、对传统课堂的依恋等原因,并不适应这种转变。因此,在线上教学模式中,对这部分学生需要特别关注,提供及时的帮助和个别的辅导,使其尽快适应变化,帮助解决其实际问题,提高整体的教学质量。

2)本研究对学生SPOC学习与在线教学的衔接进行了分析。

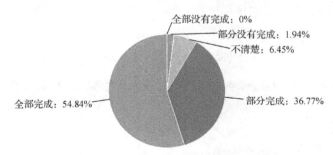

图2 SPOC学习与在线教学的衔接程度(第10题)

SPOC先导课程的学习是整个在线翻转课堂教学的关键步骤之一。图2表明,

91.61%的学生能按要求在课前完成SPOC课程的学习,仅有很少一部分(1.94%)没有完成学习任务。根据访谈得知,由于教师明确SPOC先导课程的学习任务,SPOC课程平台也明确设置了任务截止日期,学生们能够很好地完成课前任务。这为顺利实施后续在线课堂教学并取得较好的教学效果提供了有力的支持。

3)本研究对在线课堂中专业论文学习的必要性进行了数据搜集与分析。

表4 在线课堂中专业论文学习的必要性

	完全没有必要	没有必要	不确定	有必要	很有必要
第12题 通过自己专业的英语论文验证SPOC课程所学知识	4 (2.58%)	5 (3.23%)	20 (12.90%)	85 (54.84%)	41 (26.45%)
第14题 仔细研究本专业领域中的不同英文学术期刊	1 (0.65%)	3 (1.94%)	10 (6.45%)	82 (52.90%)	59 (38.06%)

表4表明,认为有必要和很有必要通过自己专业的英语论文验证SPOC课程所学知识的学生人数为126人,占比81.29%,认为有必要和很有必要仔细研究本专业领域中的不同英文学术期刊的学生人数为141人,占比90.96%。在随机访谈中,部分学生认为SPOC课程面向所有不同专业背景的硕士生,而课程团队教师均来自外国语学院,因此在所选例证上有一定的局限性。同时,由于不同专业存在不同类型的英文学术期刊,对论文语言、格式、投稿要求等不尽相同。而由于SPOC课程短小精悍,每一节授课时间普遍不超过十分钟,无法实现各个专业学科的深度拓展。因此,在线课程的教学应当在SPOC课程基础上,通过研读不同专业的学术论文,对不同级别的期刊论文进行课堂分析与讨论,以此掌握并验证SPOC课程中所学到的英语论文写作的整体框架、章节框架和语言风格的基本原则,明确基本语言规范和具体学科要求之间的联系和差别。

4)本研究对学生参与在线课堂教学的心理活动进行了分析。

表5 网络课堂上展示专业英语论文分析时的紧张程度(第15题)

	非常紧张	紧张	不清楚	不紧张	完全不紧张
第15题 网络课堂上展示专业英语论文分析时的紧张程度	5 (3.23%)	57 (36.77%)	30 (19.35%)	51 (32.91%)	12 (7.74%)

表5表明,虽然大部分学生表示适应在线教学,但在展示专业英语论文分析

时,有40%的学生感到紧张或非常紧张,40.65%的学生不紧张或完全不紧张,两者相差并不明显。通过随机访谈得知,用英语表达专业问题、不太适应网络学习环境、担心网络掉线、担心老师和同学听不明白、平时训练太少等原因导致了学生的紧张情绪。

5) 本研究对在线翻转课堂教学效果进行了分析。

表6　在线翻转课堂教学效果

	完全没有	没有	不清楚	有	完全有
第11题 网络课堂上教师解答了学生对SPOC课程内容的疑问	1 (0.65%)	0 (0%)	15 (9.68%)	79 (50.97%)	60 (38.70%)
第13题 分析自己专业的英语论文对了解和写作英语论文有帮助	0 (0%)	0 (0%)	9 (5.81%)	90 (58.06%)	56 (36.13%)
第16题 可以从其他同学的专业英语论文分析学到论文写作知识	3 (1.94%)	3 (1.94%)	25 (16.12%)	93 (60%)	31 (20%)
第17题 本学期在线课程对提高学术英语论文写作水平有帮助	0 (0%)	3 (1.94%)	18 (11.61%)	92 (59.35%)	42 (27.10%)

表6表明,89.67%的学生认为自己的问题得到了解答,94.19%的学生认为分析自己专业的英语论文对了解和写作英语论文有帮助,80%的学生认为从其他同学的专业英语论文分析学到了论文写作知识,86.45%的学生认为这一课程模式对提高自己的学术英语论文写作水平有帮助。与此同时,对上述问题持明确否定态度的学生占比都极少。由此说明,绝大部分学生对在线课程的教学效果持肯定态度。根据访谈的结果,学生们认为教师的英语论文写作知识和英语表达能力、同学的案例论文分析、SPOC课程知识要点的呈现等方面,均对良好的教学效果起到了决定性作用。

综上所述,对SPOC先导课程的课前学习、在线课堂教学模式的适应,适度的心理紧张情绪、学生的专业论文分析方式、教师的论文写作专业素质和娴熟的课堂活动组织等因素保证了在线课堂的良好教学效果。同时也不能忽视学生的客观原因(家庭条件、网络技术等)、主观原因(过于紧张、无法适应网络课堂教学)所造成的对在线课程教学的制约。

4.4　学生对该教学模式的满意度

本研究针对学生对"SPOC + 在线课堂"教学模式的满意程度,设计了相关问题并搜集了答案。

表7 SPOC课程+网络课堂的新教学模式满意程度(第18题)

	很满意	满意	一般	不满意	很不满意
第18题 SPOC课程+网络课堂的新教学模式满意程度	44 (28.38%)	84 (54.19%)	23 (14.84%)	3 (1.94%)	1 (0.65%)

表7表明,对该教学模式持满意和很满意态度的学生占比达到82.57%,不满意和很不满意的学生只有2.59%。总体而言,该模式获得了绝大部分学生的认可。这个结论与第二部分、第三部分的问卷调查结果保持了高度一致。无论是对SPOC课程还是在线教学平台授课,学生都给予较高的评价,较好地实现了教学目标。

5 研究结论

本文运用问卷调查和随机访谈等研究方法,对以在线课程为先导、网络教学平台为中介构成的在线翻转课堂教学模式进行了研究。研究表明,虽然学生对翻转课堂的了解程度并不高,但对SPOC学术英语写作课程的满意度很高,认为内容难易度适中,课程教学有效性强。他们认为以腾讯会议为在线教学平台的课堂活动设计与实施整体良好,活动参与度高,课堂效果好。因此,学生对该"SPOC+在线课堂"教学模式的满意度高。

总体而言,采用在线翻转的课堂教学形式,可以在一定程度上发挥在线资源的优势,运用SPOC作为课前先导材料,提高学生的自主学习能力,让在线课程的教学更加有成效,学生的参与度更好。翻转课堂教学理念可以较好地运用于在线教学的环境中,形成在线翻转教学的新模式,能在疫情等特殊时期完成教学任务并达到较好的教学效果。但与此同时,这一教学模式也受制于学生对于新教学模式的适应程度以及技术条件,比如:部分学生端的网络速度问题、学生对网络学习新环境呈现出的焦虑、学生不熟悉教学软件、学生对于SPOC课程的学习定位不明确以及对内容掌握不够透彻等。

在今后的在线翻转课堂教学中,教师需要加强教学的整体规划,提前将翻转教学模式告知学生,使学生透彻理解这种新的教学模式,同时理解在线翻转课堂与传统意义上的翻转课堂之间的异同点,从而避免带着疑问学习。教师需提前帮助学生做好技术准备,比如网速的检测、教学平台的熟练使用,从而解决学生的技术焦虑,有效利用课堂时间。教师需要进一步加强先导课程的知识性和互动性,明确先导学习任务,并在此基础上加强课堂教学任务的设计,使先导课程与课堂教学有机融合,从而提高这一模式的教学质量。

参考文献

[1] 郑玮. 大学英语翻转课堂教学模式影响学习者语言能力提升的因素研究[J]. 中国多媒体与网络教学学报(上旬刊),2020(3):70-72.

[2] 何克抗. 从"翻转课堂"的本质,看"翻转课堂"在我国的未来发展[J]. 电化教育研究,2014(7):5-16.

[3] 胡春雪,刘长江. 翻转式大学英语写作教学模式研究[J]. 江苏外语教学研究,2019(2):13-16.

[4] 顾小清,胡艺龄,蔡慧英. MOOCs 的本土化诉求及其应对[J]. 远程教育杂志,2013,31(5):3-11.

[5] 胡杰辉,伍忠杰. 基于 MOOC 的大学英语翻转课堂教学模式研究[J]. 外语电化教学,2014:40-45.

[6] 韩永芳. 基于翻转课堂的新型混合式大学英语教学模式研究[J]. 长春师范大学学报,2018,37(9):175-180.

[7] 朱敏,王政,厉彦花. 医学人文融入大学英语翻转课堂的教学模式及效果研究[J]. 天津外国语大学学报,2019,26(1):104-114.

[8] 王素敏. 基于任务的大学英语翻转课堂教学模式构建与应用[J]. 江苏外语教学研究,2016(1):13-16.

附录:

问卷调查

第 1 题　您了解翻转课堂吗?

第 2 题　您对 SPOC 课程的授课内容满意吗?

第 3 题　您认为 SPOC 课程的测试内容难易度如何?

第 4 题　您认为 SPOC 课程的讨论题难易程度如何?

第 5 题　您认为 SPOC 课程的作业题难易度如何?

第 6 题　您认为 SPOC 课程对提高您认知学术英语论文写作整体框架有帮助吗?

第 7 题　您认为 SPOC 课程对提高您认知学术英语论文写作章节框架有帮助吗?

第 8 题　您认为 SPOC 课程对提高您认知学术英语论文写作语言风格有帮助吗?

第 9 题　您对传统课堂教学转为网络课堂教学适应吗?

第 10 题　您在进行网络课堂之前完成对应的 SPOC 课程单元学习了吗?

第 11 题　您认为网络课堂上教师解答了您对 SPOC 课程内容的疑问了吗?

第 12 题　您认为有必要通过自己专业的英语论文验证 SPOC 课程所学知识吗?

第 13 题　您认为分析自己专业的英语论文对了解和写作英语论文有帮助吗?

第 14 题　您认为有必要仔细研究本专业领域中的不同英文学术期刊吗?

第 15 题　您在网络课堂上展示专业英语论文分析时紧张吗?

第 16 题　您在网络课堂上,可以从其他同学的专业英语论文分析学到论文写作知识吗?

第 17 题　您认为本学期的网络课程对提高您学术英语论文写作水平有帮助吗?

第 18 题　您对这种 SPOC 课程 + 网络课堂的新教学模式满意吗?

高校人文通识课程线上教学新思考
——以通识课《俄罗斯历史与文化》为例

宋秀梅

摘要：2020年的新冠疫情对于教育界是一次大挑战。疫情期间各大高校很多课程改成了线上教学。本文以高校人文通识课程的线上教学为例,从教师能力、教学内容、课堂教学过程、教学模式、教学评价体系等方面分析线上教学给人文通识课程带来的新要求、新变化及应对策略,从而思考人文通识课程如何与线上教学完美结合,达成提升学生人文素养,健全学生人格发展,培养合格社会公民的教学目标。

关键词：人文通识；线上教学；新思考

New Reflection on Online General Liberal Arts Courses in Higher Learning
—An Example from Russian History and Culture

SONG Xiu-mei

Abstract：COVID-19 posed a world-wide challenge to education in 2020. In response to the pandemic, almost all institutes of higher learning changed their offline courses into online courses. Aiming at an ideal integration of liberal arts education and online teaching under this circumstance, this article first analyzes the new demands and new changes on teaching abilities, teaching contents, teaching processes, teaching modes, and teaching evaluations, and then proposes the corresponding strategies, taking an

---

作者简介 宋秀梅(1974—),辽宁阜新人,东南大学外国语学院副教授,硕士生导师。研究方向:俄语文学与文化。

基金项目 东南大学2017年校级教学改革与研究项目"'一带一路'背景下俄罗斯历史与文化"(编号2017-061);东南大学"课程思政"校级示范课改革试点项目(编号2020-162)的研究成果。

example from an online general liberal arts course. It is hoped that these strategies can contribute to the achievement of the teaching objectives of enhancing students' humanistic diathesis, comprehensively developing students' personality and cultivating qualified citizens.

Key words：general liberal arts；online teaching；new reflection

一　引言

通识教育起源于古希腊，19世纪美国大学开始推行通识教育，《哈佛通识教育红皮书》中对通识教育的定位是："它指学生整个教育中的一部分，该部分旨在培养学生成为一个负责任的人和公民……"[1]红皮书提出通识教育的核心目标是培养"全人"，也即人格的全面发展。20世纪50年代我国台湾和香港的高校引入美国的通识教育理念。20世纪90年代末期党中央提出关于加强社会主义精神文明建设的问题，确定大学教育的目标是培养全面发展的人，提倡全面提升大学生的人文素质。于是，我国大陆很多高校，尤其是一些高水平大学纷纷设置有关文学、文化、艺术、哲学、历史等各类人文通识课程，旨在加大学科之间的融合，拓宽学生的视野，提升学生的人文素养，培养学生的表达和思辨能力。

曾经一段时期我国高等教育走入了工具理性的误区，高校只重视专业教育，以培养大量应用型、技能型人才为旨归，导致人文通识教育的缺失，而大学教育的使命绝不是职业技能的培养。2010年7月颁布的《国家中长期教育改革和发展规划纲要（2010—2020年）》指出，高等教育就是要"培养信念执着、品德优良、知识丰富、本领过硬的高素质专门人才和拔尖创新人才……树立全面发展观念，努力造就德智体美全面发展的高素质人才"[2]。而人文精神和素质的培养仅仅依靠专业教育无法达成目标，必须借助于人文通识教育的启发和熏陶，二者相辅相成，并行不悖。高校通识课程的使命就是要在专业教育基础上加强多学科融合，尤其是文理学科交叉，文科学生需要了解自然科学，理工科学生需要掌握人文知识，在拓宽知识视野的同时实现学科间知识整合和迁移的能力。高校人文通识课程的目标是提升学生的文化素养，培养学生的"知、情、意"能力，只有这样，学生也才会拥有尊重生命、尊重他人、尊重异质文化的健全人格和理性智慧，才具备洞察生活和选择人生方向的能力，以及持续学习、自主思考、不断完善自我、勇于探索、勇于创新的能力,最终造就具有批判精神、社会责任感,富有同情心、爱心的社会公民。

基于教育管理部门及高校对通识教育和通识课程的认识,20世纪90年代全国高校普遍开设了大量的通识教育课程,可见通识教育已经是高校人才培养必不可少的常规模式之一,其重要性和必要性已经毋庸置疑。

二 高校人文通识课程教学的现状

2020年新冠疫情的突然爆发,使大中小学的教学工作都经受了前所未有的挑战,高校的人文通识课程也受到了冲击。疫情暴发之初,大家普遍认为,人文通识课程由于涉及的院系和学生比较零散,很难维持正常的线上课程教学。疫情是无法规避的现实,尽管有种种障碍和困难,通识课程也必须面对线上教学与实现人文通识教学目标的双重考验。在顾虑人文通识课程线上教学实施可能性的同时,我们还必须注意到,高校通识教育原本就存在一些痼疾,以及一些令人不满意的地方。只有综合考量所有可能存在的问题,才能保证人文通识课程的线上教学正常进行。

目前高校通识课程普遍存在的问题为如下几个方面:

第一,目前在学科、专业占主导地位的大学里,教师首先追求的是在专业研究领域的成就和认可,院系也更加重视学科专业建设,导致教师对人文通识课程的认识有偏差,不会对人文通识课程在内的非专业课程花费太多的精力和心血,导致目前很多高校的人文通识课程的上课内容多以任课教师个人科研兴趣为主导,有些课程内容根本没有考虑学生的需求或兴趣,教学效果完全达不到人文通识课程的教学目标,这样的课程内容能否适应线上教学是一个未知数。

第二,由于各高校通识课程面向全校不同院系所有本科生选课,很难协调统一时间,因此各高校通识课程基本都放在晚上时间,住得远的教师和高水平教师并不愿意利用这样的时间到校上课,这也导致人文通识课程教师普遍上课积极性不高,突然实行线上教学后这样的课程对于师生的吸引力如何,不得而知。

第三,基于通识教育的目标与使命,人文通识课程对于教师个人的学术视野、知识结构、教学经验和教学热情要求极高,但是目前高校开设人文通识课的师资水平和教学质量很多还停留在"知识灌输""照本宣科"的肤浅层面,导致教学质量和效果还不尽如人意。如果线上教学依然是"知识灌输"模式,那么这样的人文通识课程真的没有存在的必要,学生完全可以通过网络自行搜索获取相关的知识内容。

第四,由于实用主义和功利主义教育的影响,很多高校的通识课程体系不合理,偏重实用性和专业性,倾向培养某一专业的技术人才,对于学生人格完善、可持续学习能力和发展能力密切相关的人文通识课程重视不足。人文通识课程在大部分学生心里是边缘课程,学生仅仅抱着拿学分的目的,趋利避害,学习积极性不高,普遍到课率不高,"身在曹营心在汉"的现象尤为突出,同时学生漠视课程的学习态度又在一定程度上影响了教师的教学热情和教学投入,这种功利性严重偏离了通识教育的目的和初衷。虽然学校教务处与任课教师采取了相应的措施以保证通识教育的有序、实效,但是,基于以上两大重要原因,而且教学实效涉及学生、教师、教育管理者方方面面,到课率问题一直是人文通识课程最不令人满意的地方,成为中国高校通识教育多年未能解决的难题。如今如何解决隔着屏幕进行的线上教学到课率问题更是极大的挑战。

多年以来,不论从学校、教师和学生层面,人文通识课程在教学目标、教学过程和教学效果的完成方面都存在一定的缺憾。2020年的新冠疫情期间人文通识课程也要完成线上教学,作为教师,面对疫情及线上教学的双重挑战,为更好地提升教学质量和人文通识教育的育人目标,必须适时调整本学期线上教学的教学目标、教学内容和教学方式,才能达到人文通识课程的教学效果。

三　线上教学对高校人文通识课程提出的新要求

1997年清华大学徐葆耕教授在《理工科大学生的文科课程设置及教材建设》这篇文章中曾经对人文通识课程的使命与定位做过如下表述:"人文素质教育的目的,可以概括为'如何做人'。其中包括:如何处理人与自然、人与社会、人与人的关系以及人自身的理性、情感、意志等方面的问题。"[3]徐葆耕教授提出的人文通识课程使命与定位,虽然多年以来广大人文通识课程教师都在不断地实践,但是2020年对于全国师生来说是不平凡的一年,面对疫情和复杂的国际国内形势,人们对生命有了重新的体悟,对处理人与自然、人与社会、人与人的关系有了不一样的思考,面对人生意义、生命价值等问题有了新视角、新观念。人文通识课程的教学也要有新的定位和使命,同时对教师能力、教学内容、课堂教学过程的设计、教学评价体系也提出了新要求,新挑战。

1. 教师作为教学的主体,必须了解线上教学与线下教学的区别。线上教学对教师的要求已不仅仅是纯粹的专业学识素养和理论高度,在学识素养、教学经验之外,面对屏幕后完全看不见的学生,屏幕后面的茫茫未知世界,如何增强线上课程的知识性、趣味性,如何克服线上教学的互动交流,是线上教学更需要老师绞尽脑汁去解决的问题。另外,线上教学也不能简单套用线下教学模式,教师必须最大限度地规避线上教学的问题和劣势。

2. 线上教学对教学内容的组成和安排也提出了新的要求,尤其是一些研讨型的人文通识课程。以"俄罗斯历史与文化"这门课为例,除了以往线下教学讲解和研讨俄罗斯历史与文化主题以外,在完成原有线下授课通识教育对学生历史、文学、文化素养能力提升的同时,要从全球疫情,尤其是中国、俄罗斯应对疫情的政策、举措等现实问题出发,增加命运共同体理念、家国情怀、文化自信等育人目标在教学中的比重。

3. 线上教学的特殊性也对以往课堂教学模式提出了新挑战。教师一定要对以往课堂教学一直存在的到课率低的问题加以重视,否则线上教学的到课率问题只会变得更糟糕。同时,线上教学互动性受限,教师必须精心设计课堂教学的每一个小环节,保证课堂教学的趣味性、生动性,才可以最终保证教学质量,学生才能学有所得。

4. 线上教学同样要求改变过去人文通识课程的终结性评价或进程性评价方式,面对线上教学中教师与学生无法实现眼神和表情互动等特点,为保证学生的积极参与,必须把原有的进程性评价再细化、规则化,这样才能提高学生对课程的参与程度,评价方式也更多元、更客观。

线上教学对师生提出的每一项新要求、新挑战都事关人文通识课程线上教学的正常教学秩序和教学目标、教学效果的最终顺利实现,师生都必须予以充分重视。

四 高校人文通识课程适应线上教学的应对措施

面对新冠疫情的突然暴发,教师们沉着应战、不断摸索应对的措施。在教师能力、教学内容、教学模式和教学评价方式等方面针对线上教学做出了相应的尝试和调整。

1 教师教学能力的新挑战

2018 年 1 月《中共中央 国务院关于全面深化新时代教师队伍建设改革的意

见》文件中强调,"教师承担着传播知识、传播思想、传播真理的历史使命,肩负着塑造灵魂、塑造生命、塑造人的时代重任,是教育发展的第一资源,是国家富强、民族振兴、人民幸福的重要基石"[4]。课堂教学是教师发挥作用的"主战场",教师必须做好随时迎接挑战的准备。

首先,疫情"迫使"教师们摇身一变成为线上教学的"主播",尽管有困惑、迷茫,但是凭借着对教学工作的一腔热忱,老师们全部迎难而上。全新的教学方式、未知的不确定情况对老师们提出了更高的要求。以"俄罗斯历史与文化"线上教学为例,首先,琳琅满目的教学平台应运而生,雨课堂、Zoom 会议室、腾讯会议、QQ 课程群共享、腾讯课堂不一而足,教师要根据自己的教学目标、教学内容、教学模式等一一尝试、体验,最终选择适合自己的教学平台,这对教师的学习能力是一次真正的大考。

其次,人文通识课程因为不是专业课,在进行线下教学时,有部分教师上完课立刻走人,与学生很少进行情感交流。线上教学原本就缺乏师生互动,教师必须创造各种交流平台和交流机会,增加和学生的交流与互动机会。徐葆耕教授说过,人文通识课程是教学生"如何做人"的课程,面对重大、突发的各种变化,青年人难免有各种困惑和迷茫,那么线上教学的教师就不仅仅传授知识,更要充分利用各种平台,用"心"走近学生,用点点滴滴的"爱"熏陶他们,和他们共同面对问题,解决问题。

最后,2020 年疫情带来的变化不仅是一场与病毒的战争,对于个人和国家而言,还要面临复杂的国际国内形势,那么对于教授人文通识课程的教师来说要责无旁贷地对青年学生进行立场和价值观的引领,教师必须时刻坚守自己的中国立场,坚持四个意识,四个自信,不断充实自己的中国文化知识,站在中外历史文化对比的高度引导学生在树立文化自信的基础上,理性对待不同的历史文化差异和复杂的外部环境,拨开云雾看到事情的本质,不随波逐流,不人云亦云,有自己的判断力,提高与不同文化和文明的平等对话能力。

2 线上教学及疫情为人文通识课程提供新的教学研讨素材

人文通识课程的线上教学对教师教学能力提出了新要求,同时也为教师教学内容设置与改革提供了机会。

以人文通识课"俄罗斯历史与文化"为例,针对今年的疫情,教师特别设计了与疫情和现实热点问题息息相关的一些主题研讨。比如,当课程内容涉及 19 世纪中期斯拉夫派与西欧派的思想争论,哲学家别尔嘉耶夫在《俄罗斯思想》中对俄罗斯性格的定位,丘特切夫和陀思妥耶夫斯基关于俄罗斯民族的诸多著述时,教师专门设置思考题,让学生课前和课后查找有关俄罗斯民族性格、民族精神的资料,这样也就可以让他们更好地理解俄罗斯疫情期间政府和百姓的应对措施,俄罗斯以及其他国家与中国处理疫情方式不同的文化根源。让学生站在异质文化的视角,平等客观地接受俄罗斯民族或中肯或偏激的论述,就可以更好地与他们消除彼此的误解,展开平等有效的对话。

在讲到克里米亚战争的时候,教师以南丁格尔在克里米亚战场的救护工作为切入点,与同学们针对医疗工作者在疫情期间奋不顾身的付出进行了热烈的讨论,师生都备受鼓舞,也都深深地意识到自己作为公民的责任与义务。

"俄罗斯历史与文化"这门课的其中一个教学板块就是俄罗斯文学部分。一方面,文学教育就是潜移默化地提升学生的文化品位和格调,塑造其追求真善美的心灵,最终完成人格与精神塑造,使学生最终成为心智成熟的人。另一方面,俄罗斯文学从其诞生之日起,就是"为人生"的文学,尤其是19世纪俄罗斯文学无时无刻不在关注现实人生,追求人生的至真至善至美。疫情期间,学生无法到校上课,讲到俄苏文学部分时,老师推荐了很多优秀的俄苏文学作品书目,包括托尔斯泰、陀思妥耶夫斯基、契诃夫等文学大家的作品,以及5位诺贝尔文学奖获得者的作品,让学生们课后阅读,从这些文学大家对现实、道德、文化的深度思考和观照中,帮助学生增进思考和判断,引导学生关心国家、集体的命运,有人类命运共同体的共识,提升学生的社会责任感和公民素质,以及对公共事务的讨论和参与能力。

在线上教学期间,教师依然鼓励学生进行线上主题分享汇报,有同学对中俄两国爱国主义教育的不同形式表达自己的看法,也有同学在老师的提示下,对世界文学,包括俄苏文学中的瘟疫主题做了详尽的分析和汇报,同学们纷纷反馈受益匪浅。相比线下主题汇报的内容,同学们也像老师一样千方百计增强自己汇报内容的趣味性,甚至包括利用各种搞笑表情包来吸引大家的关注。

3 人文通识课程线上课堂教学过程的设计

教师在确定了教学内容与教学目标之后,就可以整体策划和设计线上课堂的教学过程。

首先,教师应该认识到,对于一部分选修人文通识课程的学生抱有的混学分心态、到课率低等问题在线上教学中会显得尤为突出,这也是人文通识课程任课教师必须面对和改善的重点。线上教学因为缺乏师生面对面的过程，教师虽然可以用点名软件及时清点线上课堂人数，但是还有可能出现的情况是，学生通过网络进入课堂，但学生本人不一定按时坐在电脑旁边听课，线上教学屏幕后的不可控因素非常多，即使学生坐在电脑旁边，但并没有在真正听课，所以教师在线上教学过程中就需要更加注意到课率和学生听课实效的问题。针对这个问题，除了增加师生互动频率之外，建议教师在线上教学开始和教学过程中设置专门环节，与学生就这个问题进行研讨。教师可以基于诚信教育告诉学生，线上教学更加凸显个人诚信的重要性。教师还可以结合 2020 年的疫情，与学生交流责任感对于年轻人的成长和社会进步都是必不可少的品质。成年人要为自己的行为负责，不能靠老师的强制点名来约束听课，以后步入社会，工作中的严谨认真态度和责任感就来自目前学习生活中的点点滴滴，责任感也是学生人格修养成功和日后获取别人信赖的先决条件。通过这样的线上师生交流过程完成人文通识课程提升学生个人品性和人文素养的课程目标。

其次，在突发疫情和突然改变的线上教学模式中青年学生也有很多迷茫和困惑，尤其是学生们隔离在家，与同学、朋友面对面交流的机会减少，他们急于想在网络空间寻找抒发情感和表达观点的渠道，教师应该多设置一些课程环节，针对一些现实热点问题安排环节供学生讨论。一方面可以压缩原来线下教学中的教师讲授部分，增加学生研讨的内容，在课前结合学生的需求和关注点，设置更多的思考题供学生在课堂上进行研讨。另一方面，围绕学生感兴趣的历史和文化问题加上 2020 年突发疫情，教师可以在线上教学增加课堂思政内容。在此过程中，教师将学生讲课前准备的内容与教学目标相结合并进行适当补充、讲解，带领学生深入研讨，达成通识教育与课程思政的完美结合。以"俄罗斯历史与文化"通识课程为例，我们都知道，"多读历史知兴替""以史为鉴"对青年学生具有更大的意义。作者根据多年教学实践发现，学生对中国与沙皇俄国时期关系、中苏关系、苏联解体对世界格局的影响、当前中俄关系、中国与"一带一路"沿线国家间交流、世界局势热点、俄苏作家独有的社会使命感等问题兴趣浓厚，通过对沙皇俄国、苏联、俄罗斯历史、文学的梳理与探讨，再横向、纵向联系世界历史。在课堂和课后的讨论环节，教师都要正确引导年轻人思考苏联解体的原因，告诫学生必须吸取苏联解体的历史经验教训，时刻保持爱国爱党爱人民的立场。还应该注意的一点是，线上教学和以往线下教学不同，以往线下教学研讨时，大家现场参与讨论，参与讨论的人数基本以小组为主，而线上教学的特点是，学生可以随时发弹幕或者在讨论区抛出问题或者参与任何话题的讨论,此时教师的控场能力变得尤其重要,要求教师时时刻刻要关注讨论区和弹幕的出现,及时引导学生针对问题进行正确的讨论,这些都有助于人文通识课程思政目标的实现。

最后,线上教学师生之间缺乏面对面的眼神和情感交流,为缓解可能出现的沉闷气氛,也为了调动学生的线上学习参与性,教师可以根据教学和研讨内容在课堂上设计一些趣味性环节,这样可以更好地增强教学效果。比如,在"俄罗斯历史与文化"这门课程的俄罗斯音乐部分时,教师给学生欣赏俄罗斯经典音乐片段,还针对青年人的喜好,加入学生线上演唱俄罗斯歌曲环节。这种线上演唱形式新颖,既可以增加课堂的趣味性,又可以从俄罗斯音乐的鉴赏和分享中感受俄罗斯独特的文化传统、价值和审美取向,进而有助于学生更直观地把握文化现象背后的思想观念,鼓励学生以开阔的视野、理性的思考审视中俄、中苏关系在不同历史时期的特征,通过两国之间的文化交流,在文化对比中增强学生的爱国爱家情感,提升学生对中华传统的文化自觉和文化自信,培养青年学生在不同社会领域"讲好中国故事"的责任和情怀。

4 人文通识课程线上教学模式的新尝试

课堂教学是一个动态的过程,既有教学规律可循,又时刻充满挑战。教师要敢于尝试,勇于创新,不断探索全新实效的教学模式。

2020年的新冠疫情带来的全民隔离给上课带来了前所未有的困难。如何转变观念,改变习以为常的教学模式,教师们勇于尝试,终于圆满地完成了线上教学任务。同时,老师们的教学观念也被彻底改变,原本遭到漠视、排斥的线上教学优势突显出来。疫情结束后,我们应该考虑的是可以充分发挥线上、线下两种教学方式的优势,采取混合式教学模式。混合式教学倡导启发式、探究式、讨论式教学,通过教师的引导和帮助,学生以自主学习、合作探究的方式解决问题。

人文通识课程应用混合式教学,可以为学生创造更多独立学习、自由探究的机会,培养学生自主学习能力、可持续学习能力。比如在"俄罗斯历史与文化"这门课程中,教师选取了腾讯课堂、QQ群等互联网平台来展开教学。腾讯课堂的录播功能可以为学生提供仔细研读课堂过程的机会,有助于学生课后自主学习和消化教学内容。QQ群既可以为师生提供课前课后实时、迅捷的沟通渠道,还可以为教师提供便捷的作业区,学生可以提交多种形式的作业,教师还可以进行直观、详尽的语音、图片、文字等作业批改模式,同时教师还可以利用QQ群实现与学生的各种实时沟通,及时关注学生的课程学习效果或者思想状态。这种混合式教学模式中的录播功能也为疫情后人文通识课程正常线下教学模式提供了非常好的借鉴。

5 人文通识课程线上教学的评价体系变化

以往的人文通识课程往往采取平时出勤(为辅)+期末论文(为主)的综合评测方式,但是问题在于,互联网的便捷导致总有部分学生信奉"拿来主义",过分依赖网络拼贴论文,导致以论文为主的这种评价方式难以使学生真正参与到课程中来,这种多年以来的评价方式由于种种原因成为教师不得不接受并一直实行的考核方式。疫情暴发后,面对线上教学的挑战,教师必须要适应线上教学的各种变化,以保证教学质量和教学效果。以"俄罗斯历史与文化"这门课程为例,线上教学时尝试采取过程与期末并重的评价方式,即把学生教学过程当中的日常表现纳入考核范围。本课程对学生日常行为规范的表现、课前学习心得、互动表现、课堂讨论发言、课后的网络平台互动答疑、学习小结,以及期末论文等全面覆盖,对学生的考核评价更全面、公平、有效。

五 结语

疫情的突然爆发,把线上教学提上了日程,不论是排斥、迷茫,还是仓促应战,线上教学对于教师都是一次新挑战和新机遇。教师们不断摸索,积极应对和克服了线上教学的短板。以"俄罗斯历史与文化"课为例,由于教师应对措施得当,课程互动效果好。原本线下教学时一些性格羞赧的学生不愿积极主动参与课堂及课后研讨,线上教学克服了过去人与人面对面交流的羞怯,坐在屏幕后面的学生变得更加积极、主动、大胆,可以通过屏幕打字,甚至是以发送表情包的形式来表达自己的立场和见解,反而让分组讨论变得更热烈,问题研讨更深入。另外,学生们通过线上选课,听课更加自由,本次线上教学班上增加了很多旁听的学生,这充分凸显了线上教学不受时间和空间限制的优势,扩大了受众面,人文通识课程的初衷得以更好地实现。

参考文献

[1] 哈佛委员会.哈佛通识教育红皮书[M].李曼丽,译.北京:北京大学出版社,2010.

[2] 中共中央 国务院.国家中长期教育改革和发展规划纲要(2010—2020年)[N].人民日

报,2010-07-30(013).

[3] 徐葆耕.理工科大学生的文科课程设置及教材建设[J].清华大学教育研究,1997,18(3):98-103.

[4] 中华人民共和国中央人民政府.中共中央 国务院关于全面深化新时代教师队伍建设改革的意见[EB/OL].(2018-01-31)[2020-10-08]. http://www.gov.cn/zhengce/2018-01/31/content_5262659.htm.

新冠疫情背景下学术英语写作课程"微学习"融入研究

王学华

摘要：新冠疫情背景下,基于我校学术英语写作线上教学,提出将教育学领域中的"微学习"理念融入课程构建,从而腾出课堂时间直接用于学生实践和教师个性化指导。对微学习融入的必要性和可行性的讨论,为学术英语课程体系构建中"做中学"指导原则的实施,以及微学习与其他课程结合的线上教学研究提供了参考。

关键词：新冠疫情;微学习;学术英语写作

Integration of the Micro-learning into the Curriculum Construction of Academic English Writing During the COVID-19 pandemic

WANG Xue-hua

Abstract: During the COVID-19 pandemic, taking the Academic English Writing as an example, we propose that the micro-learning mode in pedagogy field should be integrated into the course construction and online teaching to leave more classroom time for writing practice and tutorials. The discussion of the necessity and feasibility of micro-learning integration will provide a reference for the implementation of the "Learning by doing" principle in the curriculum construction of Academic English and for the online teaching of other courses.

Key words: COVID-19 pandemic; micro-learning; Academic English Writing

---

作者简介 王学华(1977—)江苏无锡,东南大学外国语学院副教授,研究方向:英语教育和二语写作。

一 引言

在数字时代的大背景下,"微学习"的概念是 2004 年由奥地利学习研究专家 Lindner 首先提出的,Lindner[1]将微学习表述为一种存在于新媒介系统中,基于微型内容和微型媒体的新型学习。在微学习设计方面 Lindner 提出了简洁性、开放性、行为驱动等标准,而 Hug[2]则从时间、内容、课程、形式、过程、媒介、学习类型 7 个维度建立了微型学习框架,并且提出了整合式微型学习方式。

国内对微学习的研究是从 2008 年开始起步的。国内的研究主要分为以下四个方面:1. 微学习概念界定和微学习理论研究,主要涉及微学习与泛在学习、非正式学习、移动学习、微课程学习、翻转课堂学习之间的联系和差别研究;通过联通主义学习观、建构主义、情境认知学习等相关理论构建微学习理论根基的研究等。2. 微学习相关技术研究,主要涉及微学习资源开发研究、微媒体应用研究、微学习平台的设计研究等。3. 微学习设计和实际应用研究,主要是提出了初步的微学习构想和设计方案。4. 微学习评价研究,主要是如何通过对微学习的评价和反馈,完善微学习这种新的学习形式[3]。

目前,微学习的理论研究、微学习资源开发研究和微媒体应用研究相对而言做得比较多,而在微学习设计和实际应用研究中,目前多数研究只是提出了初步的构想和设计方案,真正将微学习与某一课程体系建构结合的研究还很少。

本文在新冠疫情背景下,以我校学术英语写作为例,详述该课程融入"微学习"的线上教学实践。

二 学术英语写作课程构建

(一)课程定位和教学目标

学术英语写作是面向已完成基础英语学习的非英语专业本科生而开设的一门学术英语类专门用途英语课程。课程帮助学生了解学术写作规范,感受学术写作过程,熟悉学术语类的框架、逻辑和语言,在知识传授和能力培养的同时,注重诚信、严谨、踏实等学术价值观的传递,旨在培养学生学术书面交流和国际发表的能力和素养。

我校研究生的学位英语也有学术英语写作部分。研究生一年级下学期的学术英语写作课程与本科二年级上学期的学术英语写作课程在教学目标上既有联系又有区别。由于研究生在读研期间有发表国际会议论文的要求,因此研究生的学术英语写作课程主要定位在提高学生学术论文,特别是会议论文的写作能力,包括论文准备,论文各个部分的写作和修改等。而考虑到本科二年级学生的知识结构和学术需求,本科生的学术写作旨在帮助学生初步了解学术写作的基本特点、基本要求和基本过程,掌握学术写作的基本技能,知晓学术写作的基本规范等,为学生参与本科高年级阶段和研究生阶段的学术活动做好准备。

（二）教学内容安排

在上述课程定位和教学目标的引领下,任课老师利用疫情居家隔离的时间,大量参考了国内外多本学术英语写作教材,调整重组教学内容,采用模块化集成的内容结构,专业知识广涉,核心内容凸显。具体有以下四大模块:1. 规范意识加强模块。通过实例分析,训练学生学术写作中引用、转述、标注等一系列符合国际规范的学术习惯,避免学术诚信和意外学术剽窃行为的发生。2. 科普文献阅读模块。通过趣味阅读,引导学生了解"科学"杂志论文的基本结构、语言特征,以及图表、排版、文献等国际规范。通过趣味阅读,点燃学生学术研究的火种。3. 写作过程体验模块。通过任务布置,帮助学生体验基于研究的学术写作过程。包括:审度题目,粗列框架,查找文献,选取支撑,起草初稿,文献归档,多次修改,排版校对等。4. 语类分析实践模块。通过对比分析,增强学生对科普论文和本专业学术期刊论文的语类特征意识,运用本课程所学知识,高质量地完成语类分析报告并做专题汇报。具体教学安排详见表1。

表1　学术英语写作课程教学安排(16周,2个学分)

模块	周次	教学内容
Module 1：Genres and convention awareness 规范意识加强模块	1	Course guide 课程介绍
	2	U1 Understanding academic writing 初遇学术写作
	3	U2 Features of academic writing 学术写作特征
Module 2：Research article reading 科普文献阅读模块	4	U3 Reading and note-taking 阅读和做笔记
Module 3：Writing process experience 写作过程体验模块	5	U4 Writing descriptively 描述性写作
	6	U5 Writing critically 评论性写作
	7	U6 Working with other people's ideas 引用他人观点
	8	U7 Finding your own voice 发表自己的观点
	9	U8 Documenting sources 管理参考文献

续表

	10	U9 Planning your work 研究设计
	11	U10 Carrying out the research 实施研究
	12	U11 Overcoming the blank page 开始写作
Module 4：Genre analysis 语类分析实践模块	13	U12 Presenting your work 初稿排版
	14	U13 Working with feedback 处理反馈意见
	15	U14 Editing your work 终稿校对
	16	U15 Personal and reflective writing 反思性写作

（三）教学模式和微学习融入

夏纪梅[4]在学术英语课程的建构原则中强调要让学生在学术活动过程中学英语，将英语学习与学术活动有机结合。学术英语写作课程构建遵循"做中学"的原则，重视学习者主动"建构"知识的过程[5]，采用"学—写—研"的教学模式，在综合比较各教学平台的特点和优势后，老师采用腾讯会议、慕课堂、批改网和 QQ 群为主要授课平台。其中，腾讯会议用于授课直播和小组讨论，慕课堂用于课前签到，课堂测试、讨论和课后问卷，批改网用于写作作业提交，QQ 群用于师生课内课外书面交流和除写作外的其他作业提交。在"学—写—研"的教学模式中，"学"主要是通过慕课堂、QQ 传输视频进行课前和课中的书本预习和视频学习实例分析，引导学生在实例中发现领悟，了解学术写作的特点和规范要求。"写"主要是通过批改网提交和腾讯会议讨论完成多个由易到难的写作任务，在实训中深入接触。"研"主要是通过多个腾讯会议并行的小组讨论和慕课堂发言，通过学生参与小型的学术活动，在实践中加深巩固（见表2）。

表 2　学术英语写作课程教学模式

教学模式	教学目标	采用的形式及平台
学	在实例中发现领悟	课前课中知识点、写作实例的书本预习和慕课堂视频学习
写	在实训中深入接触	课前课堂写作训练的批改网提交和腾讯会议讨论
研	在实践中加深巩固	课中课后多个腾讯会议并行的小组讨论和慕课堂发言

以上述第5讲描述性写作（Writing descriptively）为例，"学"部分是通过书本和视频学习，以及实例的分析比较，掌握描述性写作的分类、主要特征以及描述性写作和评论性写作的区别等。"写"部分旨在深入接触体验各类描述性写作结构、风格和使用环境等。以图表描述为例，设计了两个写作任务：任务一为描述本课程涉及的一个课堂活动，要求包括活动目的、活动设计和活动过程；任务二为根据所给

图表进行数据描述。任务一的设计是从描述自己的亲身经历过渡到后期学术论文里研究方法的描述。任务二旨在通过图表描述为后期的学术论文中的呈现研究结果做准备。"研"部分设计了一个网络学术小汇报:查阅近期的期刊论文,找出描述性写作部分,并分析结构、风格和使用环境。每个教学设计和授课直播都考虑网络教学和学生学习环境的可行性,力求使线上教学达到预期教学目标。

三 "微学习"融入的必要性和可行性

在学术英语写作课程构建中,微学习融入有必要而且可行:

第一,教学实践的需要。微学习的引入可以腾出更多课堂时间用于教师对学生实践的个性化指导。微学习是一种学生课前利用碎片时间,借助微学习平台如手机、移动电脑等,在微环境中,如自习教室、图书馆、宿舍、住所等相对安静的角落,完成学习的新兴学习形态。"学—写—研"的教学模式在微学习融入前是课上完成"学"和"写",课后完成"研"。然而由于学生掌握知识要点需要时间并且课堂时间有限,通过课堂讲授和实践往往只能完成"学"和部分的"写",剩余的"写"和"研"只能留到课后,即学生写作实践中最需要老师指导的部分放到了课后。而"学—写—研"的教学模式在融入微学习后,课前就可以自主完成"学"和一部分简单的"写",课堂时间主要用于学生实践和基于"写"的教师个性化指导,最后在充分掌握知识要点和经历写作实践后,在课后进行"研"部分的探究(见图1)。

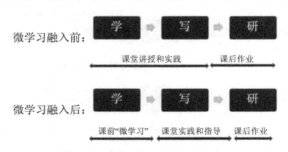

图1 微学习融入课堂前后对比图

第二,学生学习的需要。学术英语"做中学"的课程构建原则要求学生在"做"之前应该先弄明白要做什么、怎么做。学术英语写作的课程教学内容对学生来说既陌生又有难度,课前的微学习可以先让学生发现领悟,深入接触。与"学"相比,"写"和"研"的部分学生更愿意通过实践讨论得到教师面对面的指导。以上述第4讲描述性写作为例(Writing descriptively),融入微学习后在课前通过微学习弄明白描述性写作的分类、基本结构、模板、用途等,甚至把两个写的任务都在课前完成,那么课堂上师生可以花更多的时间比较各自的写作段落,讨论专业词汇的使用情况、衔接与连贯等。通过查阅文献聚焦描述性写作段落,讨论其结构、用词、使用环境和是否有效等问题。这样的有效课堂才更利于学生掌握学术写作的技巧。

第三,教学内容丰富和完善的需要。学术英语写作从写作过程到写作技巧再到成品写作,种类繁多,内容丰富,但是有限的课堂时间使得2个学分的课程只能覆盖部分知识点和技能。引入微学习后,我们可以有时间增加更多的教学内容,或者可以把更多的教学内容制作成音视频,供学生课外自主学习。比如增加国际书面信件交流这一块,包括如何回复编辑的来信,如何答复审稿人的修改意见等,以满足这些基础较好、需求较高学生的求知欲。

第四,课堂实践是评估微学习的最好方式。传统的课堂学习一般是通过课后作业、单元测试等方式检查的,而课前的微学习学得怎么样,课堂一实践马上就能得到答案。通过课前的测试或写作练习教师一方面可以了解和检查学生的微学习情况,另一方面也可以激发学生,尤其在疫情中,教师无法面对面督促的情况下,有效完成课前任务。

第五,微环境微媒体的普及使得微学习成为可能。微学习短小精悍的学习音视频资源符合当代大学生的学习习惯。而且随着科技和经济的发展,教师录制资料的方便和学生人人拥有手机,使得这种学习形态成为可能。此次线上教学,从爱课程、学堂在线到智慧树、超星尔雅课程资源全部开放,方便老师选取在线课程资源作为现有课程的补充。中国大学慕课(MOOC)还提供同步和异步SPOC(小规模限制性在线课程)功能,以方便老师自主编辑适合本课程的在线开放资源。同时,各平台安排专人为高校老师提供在线开放课程资源使用的技术服务和各种线上教学软件使用培训,帮助老师学习、掌握和比较各教学软件功能和优势。除了在线开放课程,腾讯会议、QQ、云班课、雨课堂等教学软件也纷纷为线上教学保驾护航。腾讯会议官网张贴疫情期间免费使用的公告,QQ强化了屏幕分享和腾讯文档,增加了直播间、群课堂等功能。互联网和教育技术力量给予微学习融入的线上教学提供了不可或缺的保障支持。

四 结语

学术英语写作课程的教学特点决定了学生必须要有一定的知识输入才能开始

实践。教育学领域中微学习理念的融入不失为一个实现学术英语写作"做中学"指导原则的很好方法。学术英语课程构建中微学习的融入既可以满足学生的求知欲，增强学习动力，主动"建构"知识，在参与各类小型学术活动中学习英语、应用英语，又可以减轻教师重复传授知识点的辛苦，把更多的精力投入因人、因时施教上，通过探究法、过程法、反思法等教学方法，发现学生的薄弱点，及时进行个性化指导。在本轮线上教学期间，在现代信息技术与教育融合的步伐加速下[6]，上述特征尤为突出。当然我们也应看到，微学习的融入会增加教师课前整理知识点、录制短小精悍的音频视频等微学习资源的工作量，这对教师而言不得不说是一个挑战。但是一旦微学习资料建设完善，则课前微学习和课堂个性化指导的联合教学模式更符合本科阶段学术英语的课程特点，也能更好地满足英语基础较好、英语需求较高学生的学习需求。

参考文献

[1] LINDNER M, BRUCK P A. Micromedia and Cooperate Learning[C]. Proceedings of the 3rd International Microlearning Conference. Australia, Innsbruck：Innsbruck University Press. 2007.

[2] HUG T, LINDNER M, BRUCK P A. Microlearning：Emerging Concepts, Practices and Technologies after E-learning：Proceedings of Microlearning[M]. Australia, Innsbruck：Innsbruck University Press. 2005.

[3] 张振虹,杨庆英,韩智. 微学习研究：现状与未来[J]. 中国电化教育，2013(11)：12-20.

[4] 夏纪梅. 论高校大学学术英语课程的建构[J]. 外语教学理论与实践,2014(1)：6-9.

[5] PIAGET J. Piaget's Theory[A]// P. H. Mussen Camichael's Manual of Psychology[C]. New York：New York Wiley, 1970：704.

[6] 邬大光,李文. 我国高校大规模线上教学的阶段性特征：基于对学生、教师、教务人员问卷调查的实证研究[J]. 华东师范大学学报(教育科学版)，2020，38(7)：1-30.

在线学习情境中大学外语教师多模态话语交互性初探

吴 婷

摘要：线上教学虽然便捷，但一直被认为交互性不强。经过一学期的线上教学与观察，笔者发现线上学习的交互性不仅可以得到改善和增强，在学生的主动提问、发言、回答问题的积极性和质量等方面，甚至明显优于线下课堂。为探其原因，本文选取线上教学中的核心要素——教师话语为切入点，对在线学习中外语教师的话语策略、多模态特征、交互性及有效性进行初步探索，以期发现在线教育的内在规律与机理，提高在线教学的效率，并为疫情后的混合式教育提供借鉴和思路。

关键词：线上学习；多模态话语；师生交互；FIAC

A Probe into the Interactivity of Multimodal Discourse in Online Language Learning Classes
WU Ting

Abstract: Despite the convenience of imparting knowledge, online education has always been criticized as not being interactive enough. With a semester of online teaching and observation, it was found that the interactivity of online learning can not only be improved and enhanced, but also significantly outperform the offline classroom in the aspects of students' initiative in asking questions and quality of language output. To explore further, this article focuses on the teachers' multimodal discourse, the core

---

作者简介 吴婷（1978—），女，江苏南京人，东南大学外国语学院 副教授，博士。研究方向：应用语言学、语料库、多模态传播。

基金项目 本文为2018年江苏省社科规划项目"江苏文化符号传播中的多模态话语分析与认知效果研究"（项目编号:18YYB001）;2016年江苏省教育科学"十三五"规划课题项目"混合式学习情境中大学外语教师的多模态话语研究"（项目编号：C-a/2016/01/28）;中央高校基本科研业务费专项资金资助项目"多语环境中学术交流话语的多模态研究"（2242018S20038）成果之一。

elements of online teaching. By analyzing the discourse strategies and modal characteristics, the article aims to find the nature and mechanism of online education, and thereby improve the efficiency of online teaching and provide thoughts and pragmatic suggestions for the language education after the pandemic.

Key words:online learning;multimodal discourse;teacher-student interaction;FIAC

一 引言

2020年春,受疫情影响,原课程转为线上,笔者所教的2019级六个班共264位学生,在这个特殊的学期,克服了各种困难,互帮互助,坚持上课,积极参与线上学习的各项活动及作业,完成考试,无一位同学提出缓考,无一人成绩不合格,最后全部顺利完成了本学期的在线学习。

与课堂教学相比,线上教学超越了地域空间,使授课更为便捷,但线上教学的师生互动性一直受到诟病,被认为物理空间的隔离会造成人际情感的疏离。但是经过一学期的线上教学与观察,笔者发现线上学习的交互性不仅可以得到改善和增强,在某些方面,甚至能比课堂教学的交互性更胜一筹。学生的主动提问、发言、回答问题的积极性和质量等方面明显比线下课堂还要好。为探其原因,本文特此选取线上教学中的核心要素——教师话语为切入点,对在线学习中外语教师的话语策略、多模态特征、交互性及有效性进行初步探索,以期发现在线教育的内在规律与机理,提高在线教学的效率,并为疫情后的混合式教育提供借鉴和思路。

Rod Ellis对"教师话语"的定义是:为了便于学生理解,教师在形式上和功能上调整过的话语[1]。教师话语在形式上的调整主要集中在语速、词汇选择、句法和语篇组织等方面[2];在交际功能上的调整主要包括师生互动中教师对话语的管理和对交际问题的弥补。如教师的提问语、指令语、反馈语和纠错语等[3]。随着语言交际功能变得日益重要,师生互动成为英语教学的手段和目的,促进交互一直是外语教学的根本任务与实现过程。教师话语如果能促进交互,使学习者积极参与意义协商,将有助于提高其外语语言输入的理解程度,增强其语言输出的丰富度与准确性,达到更好的外语学习效果。

疫情下,高校教学普遍采取了在线授课的模式。在线授课一般分为同步授课和异步授课。同步授课方式需要双方同时登录,如直播课、文字聊天、语音聊天、网络会议等；异步授课方式则不需要双方同时登录，如录播课、书面邮件、语音邮件、用户组、群发邮件、书面公告牌系统（BBS）等。教师们所采取的主体教学模式分别为：录播课（慕课、微课等）；直播课（同步语音或同步文字）以及直播+录播等教学模式。在线学习能灵活地满足学生需求并降低教学成本，其特征体现在三个方面：多模态的学习资源、对个性化学习的支持及显著提升的教学效率。

多模态话语指包含文字、图像、声音等多种模态的话语组合，或是任何由一种以上的符号编码实现交际意义的话语。每种模态都有各自的意义潜势，单一模态的语言已不能满足高速信息流通的需求。信息科技的发展使图像和声音等逐渐上升至主流地位，和语言符号一起构成多模态话语资源，共同参与信息的传递[4-5]。

因为在线教学中的教师话语是多模态的，所以本文基于话语分析的理论框架，对在线直播+录播模式的多模态教师话语进行研究分析。通过对多模态的教师话语进行分析，研究在线教学情境中教师话语采取的各种模态的符号系统如何组合、聚合、相互影响，达到意义的有效生成和最优化的交互效果。希望研究有助于提高混合式学习环境下的学习质量，并提高从业教师的多元素养。

二 文献回顾

有关教师话语的研究主要涉及课堂教师话语的质与量、类型、交互调整的方式、教师提问方式、教师反馈语、语码转换等方面。赵晓红指出教师对课堂的主控导致学生参与课堂活动的机会不足，师生之间缺乏真正互动和交流[6]；周星等对"以学生为中心"的课堂教师话语进行研究时发现，学习者可获得更多目的语输出的机会，因而更有利于语言习得[7]；胡青球等在调查分析教师课堂提问模式的基础上提出了改善课堂提问技巧的建议[8]。随着混合式学习模式和慕课的兴起，在线环境中的教师话语关注逐渐受到关注。李晔等通过对国家级外语微课大赛获奖视频中的教师话语研究发现：微课中教师话语语速过慢，降速方式不科学；教师话语结构过于简单，并不能有效帮助学生达成交际，这些问题反映了教师对"微课程"的技术优势利用不够，对教师话语的认识也存在误区[9]。

除了以上问题，教师话语不仅包含了语言（verbal）模态，还有非语言（non-verbal）模态，如图像、手势、配乐等多模态符号，特别是在线课程中的教师话语，会更集中呈现多模态的特点。

近年来国内外专家学者也对多模态的教师话语进行多方位的研究，主要体现在两方面:第一,多模态的教师话语对学习者的认知成效研究。Guichon 通过实验发现在线上外语学习中,混合了声音、图像、字幕等模态的视频相比单一语言模态的教师话语更能显著提升学生的阅读理解力和语言产出。合理利用多模态组合的教师话语能够显著提高学生听力理解水平[10];视觉信息和听觉信息的对应能发挥积极的促进理解作用[11]。第二,教师与学生的课堂话语或演示文稿(PPT)的模态研究。利用 Elan 分析实景课堂视频,并建立多模态语料库,对师生话语形态进行多模态分析来反思改进教与学[12]。

从以上研究可发现,目前外语教师话语多模态研究凸显前沿性,极具研究价值,但主要局限在于:只关注如慕课、微课此类异步教学中的教师话语,对直播类的在线教育中的教师话语缺乏观察,而后者则显然是疫情期间在线教育的主体,需要更多更深入的研究;在线教学中视觉模态中的图像、演示文档、字幕、教师的表情、姿态手势等同为一种模态,但其功能和关系却不一样,如何协调以取得更大功效,而不会造成信息过泛?又如何与声音模态协同作用;对教师话语的认知成效关注较多,但缺乏针对在线学习环境下外语教师的多模态话语对学生的情感、认同等方面影响的研究,而这些往往也是决定学习者是否能坚持在线学习更为重要的因素。

三 研究方法与模型

我们对在线环境下教师话语集合与学生话语集合进行了多模态分析,对利用网络会议及教学软件进行教学引导与讨论的教师话语进行记录整理研究,分析多模态教师话语中模态的使用及互动关系,并结合实验量化教师话语的效果,之后采用焦点小组、访谈等质化方法对初步结论进行三角验证。

(一)研究时期与样本介绍

2020 年春季学期,在充分调查了学生的各种学习情况后,于 2 月 24 日安排学生做测试,目的在于让学生检查硬件设备,熟悉软件功能,以准备正式在线学习。所授课程为"学位英语 2:学术英语写作 English for Academic Writing",16 周,共 6 个班,4 个硕士班,2 个本硕班。笔者采用的是直播方式授课,要求学生至少准备两个硬件设备。课程还要求学生另外自主学习网上的录播课程——中国大学慕课"研究生学术写作"。

"学术英语写作"课程是面向全校已学完大学英语基础阶段课程并且拟在学术语境下使用英语的非英语专业一年级硕士研究生和医学院本硕连读生所开设的一

门重要的高级英语课程。本课程提供给学生学术英语写作的基本知识和撰写英语文章的基本技能,旨在通过"做中学"和"基于项目学习"的策略帮助学生了解论文写作的过程,掌握用英语写作论文的技巧,提高学生的笔头表达能力。原课程采取的是中方教师面授、小组讨论、书面练习、外教讲座、助教操练、课外自学等方式相结合的教学方法和手段,基于"做中学"和"项目式学习"的策略,小组按照一个项目进行协同合作,完成一篇两千字左右的论文写作。每组通过课程学习,每个组员分担写作不同的论文部分,一起选题、组织并写作论文稿、检查修改论文稿,并在课堂上通过小组演讲的方式呈现出来。培养学生的批判性思维、创造性思维,鼓励学生积极参与到学习中来。

由于新冠疫情的影响,传统的课堂教学暂时无法实施,取而代之采用"腾讯会议直播+雨课堂+慕课+微信/QQ线上答疑"的方法开展教学,以保证疫情期间"停课不停教、不停学"。

"腾讯会议"用于语音直播+屏幕分享,无卡顿延时,作为直播的主要工具。雨课堂虽然也有直播功能,但主要用于三个方面:即时交互,如点名、投稿、弹幕、在线答题、投票;同步录制上课视频,以供学生课后复习;学生学习数据统计。由此可见,雨课堂的这些功能,即使用于线下课堂教学,也可以达到促学、评学的作用,值得在后期的混合教学模式中应用推广。

雨课堂的管理后台记录保存了这一学期每一堂线上课程的上课录像、互动情况,为本研究提供了全方位的数据(如图1、图2所示)。

图1

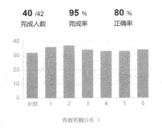

图 2

（二）模型

任务分析和交互分析使用弗兰德斯交互分析类别（FIAC）完成（见表1）。FIAC 由 10 类交互方式组成，进一步分为三大类：教师谈话、学生谈话、沉默或困惑。在线学习环境中教师话语的互动分析由七个类别组成，分为直接或间接。学生的谈话则包括两类：回应和发起。沉默行为由沉默或困惑组成。笔者对这些类别增加了两个维度的编码，一个用以确定教师或学生是说英语（e）还是汉语（c），另一个维度用以判断教师或学生是作为全班（w）、一个小组（g），还是个人（i）的说话或行为。两个新增维度提供了目标语言和母语之间的代码转换信息以及课程配置。这一观点与奥尔赖特对 FIAC 原作的批评有关。他指出，该系统在语言教学方面有两处缺失。它们是：在学生谈话中出现的反应是由个人还是由群体给出的，以及教师谈话还是学生谈话是以目标语言还是个人的母语出现的[13]。最后一类"沉默或困惑"分为两个子类：任务导向型沉默和非任务导向型沉默。非语言手势在 FIAC 的原始形式中没有被考虑在内，因为弗兰德斯认为语言交流与非语言互动是一致的。然而，在语言课堂中，非语言手势被认为是课堂交际的重要组成部分，尤其是在跨文化交际环境中。

表 1

师生话语交互分析模型（FIAC：Flanders' Interaction Analysis Categories）	
教师话语（间接作用） Indirect Influence	认可、同情：以平等的方式接受并澄清学生的情感感受。学生感情可以是正面的，也可以是负面的；包括预测将要产生的情感和回忆已有的情感
	表扬或鼓励：表扬或鼓励学生的行动或行为。包括说笑话、点头或说"嗯嗯"或"继续"
	接受或使用学生的想法：澄清，接受或发展学生的想法或建议
	提问：问一个有关教学内容或过程的问题，让学生能够回答

续表

	视觉文化
教师话语（直接作用） Direct Influence	讲课:就教学内容或过程给出事实或意见;表达自己的想法;问反问句
	指示:给出学生应该遵守的指示、命令
	批评或评价:旨在将学生行为从不可接受的模式改变为可接受的模式的评价;批评、斥责;陈述原因
学生话语 Student Talk	学生回应:学生回应老师的发言。老师主动联系或征求学生意见。
	学生发言:由学生主动发起的会话
	沉默行为:停顿、短暂的沉默、困惑、无法有效交互

四　结果与讨论

课程教学录像显示，教师整个课程使用的语言主要为英语。学生们在小组报告中大部分时间使用英语，但偶尔有些学生会用汉语回答问题或提问。教师使用的模态主要以听觉模态中的语音为主、辅以视觉模态中的 PPT 呈现、重点圈画、要点补充等。学生使用的模态主要有视觉模态（弹幕、投稿、在线聊天）、辅以听觉模态（语音）。

我们发现，绝大多数主动发起或提问时的学生话语都是视觉模态，教师在看到学生的发言或提问后，马上会用语音来回应，并用语音来引导其他的同学关注发言同学用视觉呈现的信息。这样在线学习信息流的模态转换基本模式为：视觉（学生字幕）——→听觉（教师语音）——→视觉（学生字幕或教师标注）。学生回答教师问题时，特别是被点名回答时，一般使用的是声音模态。

我们还发现，如表 2 所示，在教师话语间接作用中，听觉模态使用的更多，即认可、同情：以平等的方式接受并澄清学生的情感感受；对学生进行表扬或鼓励；借用学生的意见和看法来引导传授知识等，教师用声音更多，这也是常说的"循循善诱"，具有特质的声音可以带来更多的情感呼应。相对而言，在教师话语的直接作用时，如讲课、指示、评评，则视觉模态和听觉模态的使用比例大致相当。这是因为，一方面，这些直接作用的教师话语多是已准备好的教学内容，可以通过 PPT 进行视觉模态的呈现；另一方面，教师为了保证重要信息的传输，也会使用声音去重复一遍视觉上呈现的内容，以确保学生及时收到信息，所以视觉模态和听觉模态都会在教师话语的直接作用上得到应用。

接下来,我们对学生的互动情况进行分析。在前一学期线下的教学实践中,笔者的一个班的课堂互动情况明显不如别的班,表现为课堂上比较吵闹,学生们光顾着自己讨论,对别组同学的课堂陈述,甚至是教师的讲授不够关注。为了摸清这个班线上学习的互动情况是否发生变化,笔者将这个班作为实验班,与另一个班进行对比,观察网上授课以及模态的转换是否会对实验班的互动情况造成影响。我们把观察到的教师与学生话语发生频率除以话语总数并转化为平均值,观察 t 值,比较不同班级之间互动的统计显著性。结果如表 2 所示,两个班的互动情况没有显著差异。这似乎说明,实验班的线上互动情况赶上了别的班,线上的互动对他们来说也许是更合适的。

表 2　　　　　　　　　　　　　　　　　　　　　　$N = 82$

类别		模态	Class A ($n=40$)	Class B ($n=42$)	t 值	P
教师话语	间接作用	A	0.61	0.52	0.26	0.19
		B	1.91	1.79	0.42	0.14
	直接作用	A	1.80	1.78	0.34	0.23
		B	1.20	1.11	0.42	0.13
学生话语		A	0.82	0.84	-0.18	0.19
		B	0.66	0.62	0.08	0.09

A:视觉模态;B:听觉模态

为了进一步验证笔者的推测,我们又对实验班的学生进行了线上访谈,收集他们对在线学习的多模态话语的态度及想法。

以下是一些发现:

1. 在线学习的视觉增强可以促进学生对教学内容的吸收和掌握。比起课堂教学,在线教学中教师的屏幕可以直接投射在学生的电脑上,拉近了学习者与学习内容的距离;学生反映,线上教学中,腾讯会议的分享屏幕可以让他们更清楚地看到教师及其他同学的内容,配合流畅的语音,更易跟上进度并理解老师。笔者将其命名为"可触理论",即学习内容和材料要让学习者伸手可及,以便其对材料进行深度的认知加工与对话。

2. 视觉模态的弹幕和投稿增强了学生的互动意愿。学生除了语音提问,还可以选择进行书面的发言、回答和提问。这让学生发言的成本和风险极大地降低了,从而有效促进了互动。学生反映,可以在老师提问后用弹幕的方式打出答案,不用担心是否回答错误,还可以看到其他同学的回答。有些回答很有创意,很有意思。Bump 也发现,局域网与计算机辅助课堂讨论(CACD)软件的使用促进了学生之间以及学生与教师之间的合作,分散了教师的角色,从而增加了学生的参与[14]。研究还发现,在线学习工具的使用增强了诚实交流的氛围,提高了学生的思维能力和创造力。这也可以解释为什么在本次教学的网络直播课程中,师生交互性会显著提高。学生用投稿、弹幕、文字聊天等视觉模态的交流方式来进行师生交互,加强了信息流密度的同时,其实也促进了学生和学生之间的相互交流和合作,也相对弱化了教师的权威角色,使得整体学习氛围得到提升,学生的投入度与参与度也因此得到增强。

3. 视觉模态可以让学习成果及互动情况也清晰呈现。小组讨论的投票、回答,每堂课结束后学习数据和互动情况都可以在屏幕上呈现,让学习成果所见即所得。透明、清晰的结果呈现和目标实现激发了学生的学习意愿和互动积极性。

综上所述,线上学习的优势还是较明显的。当然,也有一些学生抱怨线上教学"费眼睛",总是需要盯着电脑屏幕,怕一不留神就错过了互动题。也有同学比较喜欢这一形式,可以"回看"课程,自己在家和同学们一起上课,还觉得充实一些,特别是课程的热身环节里,大家把各自家乡的天气情况一起发在群里共享,互相问候,不再"冷暖自知"。

五 结语

在线教育是未来的趋势,但在线教育并不意味着将教室搬到虚拟的网络上,更不能缺失师生的各种交互,而变成网上教师"一言堂"。作为每一个自主独立的个体,学生需要被"听见",在线上学习的环境中,学生除了被"听见",还可以"被看见",线上的投稿、弹幕等多模态互动方式确保了学习者的思想可以被即时看到。教师可以充分利用这些特点,去听、去看,真正理解学生,用合适的模态调整教师话语,才能有效引导学生的线上学习。

从以上初步研究得出,如果教师充分吸收语言习得理论和建构思想,有效使用相应的教学策略,具备完善的信息素养和模态意识,肯花时间对学生进行相关培训,是可以在网络虚拟环境下调动学生的交互积极性,增强其交流意愿,促进互动,达成真实交流的目的,甚至可以达到比课堂教学更为高效的交互效果。

也建议相关教育部门的网上评教不用以太多的条例标准来控制线上教学的过程和方式,师生之间的真诚交流是否发生？模态利用是否更合理更有效？也许这些是更值得关注的要点。

参考文献

[1] ELLIS R. The Study of Second Language Acquisition[M]. Oxford：Oxford University Press, 1994

[2] CHAUDRON C. Second Language Classrooms：Research on Teaching and Learning[M]. Cambridge：Cambridge University Press, 1988.

[3] 戴炜栋,李明.调整语话语初探[J].外国语,1998(3)：2-7.

[4] 朱永生.多模态话语分析的理论基础与研究方法[J].外语学刊,2007(5)：82-86.

[5] 张德禄.多模态话语分析综合理论框架探索[J].中国外语,2009,6(1)：24-30.

[6] 赵晓红.大学英语阅读课教师话语的调查与分析[J].外语界,1998(2)：18-23.

[7] 周星,周韵.大学英语课堂教师话语的调查与分析[J].外语教学与研究,2002,34(1)：59-68.

[8] 胡青球,尼可森,陈炜.大学英语教师课堂提问模式调查分析[J].外语界,2004(6)：22-27.

[9] 李晔,赵冬梅.《大学英语》微课程教师话语调查及其教学效用分析——以第一届中国外语微课大赛获奖作品为样本[J].外语电化教学,2015(05)：15-20.

[10] GUICHON N. The effects of multimodality on L2 learners：Implications for CALL resource design[J]. System, 2008, 36(1)：85-93.

[11] 毕冉.视听输入对二语学习者英汉韵律边界的感知效应研究[J].外语教学与研究,2018(5)：715-726.

[12] 张德禄,丁肇芬.外语教学多模态选择框架探索[J].外语界,2013(3)：39-46.

[13] ALLWRIGHT D. Observation in the language classroom[M]. London：Longman, 1988.

[14] BUMP J. Radical changes in class discussion using networked computers[J]. Computers and the Humanities, 1990, 24(1/2)：49-65.

优化线上教学,提升学生满意度

杨 敏

摘要: 不同于异步学习的网课,在线教学是线下课堂教学的网上版本。在线教学有缺点,比如,复杂的教学平台、网络信号、教学环境、学习氛围等都会在一定程度上影响教学效果。但网上教学也有很多优点,比如上课环境更为灵活,教师可以将授课内容进行录屏,以便学生回放学习。网络教学环境更为轻松,学生互动的愿望更为强烈。为了提升教学效果与学生满意度,可以对一些教学要素进行优化,比如,简化教学平台,优化在线教学设计,精炼教学内容,在学生评教指标上增加学生满意度与获得感的权重。

关键词: 在线教学;改进;满意度;简化

A Preliminary Research into Optimizing Online Teaching to Improve Students' Satisfaction

YANG Min

Abstract: Different from the online course characterized by asynchronous learning, online teaching is a version of traditional offline classroom teaching conducted online. But online teaching has its disadvantages. For example, the inconvenient user-friendliness of online teaching platforms, network signal instability, teaching environments, learning atmosphere and so on will likely undermine the online teaching effectiveness to a certain extent. However, there are obvious advantages to online teaching, such as a more flexible teaching environment, screen recording which helps students to do after-class reviewing and students' stronger desire to get involved in class due to the relaxing online teaching environment. In order to improve the teaching effectiveness and

---

作者简介 杨敏(1967—),江苏丰县人,东南大学外国语学院副教授,研究方向:应用语言学。

students' satisfaction, online teaching can be optimized in the form of simplifying teaching platforms, optimizing the online teaching design, reorganizing the teaching content, and increasing the weight of students' satisfaction and sense of gain in assessing the performance of an online class meeting.

Key words：online teaching；improve；satisfaction；simplify

一 引言

2020年春节伊始，一场猝不及防的新冠疫情几乎影响了人们生活的每一个方面。国家决定全国大中小学"停课不停教、不停学"，线下课程全部改为线上教学。在这次疫情期间，线上教学规模之大前所未有，现代信息技术全面深度融入"教"与"学"的全过程。在线教学随之全面改变了传统的"教"与"学"的模式，这对于上至教育管理者，下至一线老师都是一个巨大的挑战。无论是技术、设备、网络覆盖、信号质量、教师的技术素养，还是学生的个体差异及具体问题（比如，有的学生正在国外做交换生，面临时差问题；有的学生家在山区，面临网络信号微弱问题），都可能影响线上教学质量。因此，疫情推动的全面线上授课面临着很大的不确定性。为了确保不让任何一个学生掉队，国家、社会、学校、家庭各方共同努力解决线上授课面临的种种问题。

2020年春季学期（疫情期间）的课程已经结束。本人负责英语专业高年级两门以传授内容为主的课程（"高级英语读写2"与"英语词汇学"）的教学。作为一位"classroom teacher"，从一开始接到通知要脱离"classroom"，转而去上"网课"而忐忑不安，到开始线上授课时遇到的技术障碍、网络拥堵、内容整合、师生配合等方面的问题，再到后来逐步熟悉线上授课的要点，课堂操作逐渐得心应手，学生逐步进入状态，最后师生双方渐入佳境，配合越来越好，总算圆满地完成了教学任务。因此，对此次线上教学的得失进行研究，探讨如何在未来的线上教学过程中，根据不同的课型设计线上教学，优化线上教学的操作，规避线上教学的劣势，发挥线上教学的优势，最大限度地造福于广大学子，对改善教学质量、提高学生满意度具有深远的意义。

二 线上教学的优劣

这次疫情期间的"网课"是将教室从线下搬到了线上,基本上以同步直播为主,只是上课的介质发生了变化,从线下师生面对面的教学变成了远程的电子媒介,并非严格意义上的"网络课程"。根据中国网络教育技术标准(CELTS)的定义,"网络课程是基于Web的、以超媒体形式表现的、以异步学习为主的课程,它是基于Web传输的为完成某学科或领域的教学目标而设计、组织起来的相对完整的学习经验体系,它包括围绕特定学习目标而设计组织的学习内容、为实施课程而设计的交互性学习活动以及为评价课程效果而进行的测评等,是学习内容与学习活动的复合体[1]"。本文讨论的范围仅限于高等院校中线下教学的"线上版本",探讨如何优化网上同步教学的45分钟,消除他们对在线课堂的抵触情绪,改善教学效果,提升学生的满意度,使学生乐意接受这样的在线课堂。

(一) 线上教学的挑战

这次疫情期间的大规模在线教学是从未有过的情况,其中存在诸多问题,如符合线上教学要求的稳定而统一的授课平台亟待构建,符合线上教学要求的学业评价体系缺失,学生自主学习能力和自律性有待加强,教师信息化素养有待提升等[2-3]。

首先,线上教学不利于上课过程中师生间的协调与学生间的配合。线下教学与线上教学本质上是一样的,主要的不同在于上课的媒介:线下课是传统的实体课,线上课的上课介质是电子网络,但是与线下课相比,线上课的实施过程存在一定的不便之处。习惯了台下有听众的老师对着机器(电脑、手机、摄像机等)说话,看不到学生的表情,老师心里没有底,内心空荡荡,无从把握学生对授课内容的反应,甚至不知道学生是否在听讲。在课堂上,老师出镜会影响学生观看屏幕,不出镜会阻断师生之间肢体语言的传递。缺乏面对面的交流会影响老师对学生的课堂反应的观察与授课节奏的调整,有点像盲人走路,影响整体教学效果。有研究数据表明,74%的受访教师对学生的在线课堂表现和反馈没有把握,难以及时调整教学节奏和改善课堂管理[3]。

就学生而言,他们分散在各处学习,远离熟悉的教室,缺乏教师的近身指导、同学的互助以及学伴的互动。单独一人在家上课,外部约束力缺位,全靠自我约束。同时,学生首次远离校园在线上课,周边的物理环境千差万别,社会、家庭等外部环境也会给学生心理带来不小的影响,甚至是比较严重的干扰,很可能会影响学生学习的动力、注意力、自我激励、主动性等。

其次,是技术设备的选择与使用。这次疫情期间的线上授课,出于应急需要,比如出现登录拥挤、网络卡顿情况,学校通常要求教师选用某个教学平台作为基本的授课平台,此外还要有备用平台作为教学预案。老师会将两三个,甚至更多的平台拼盘使用。例如,如果用QQ群直播进行线上授课,还要选择其他工具,如腾讯会议、腾讯课堂、钉钉直播、雨课堂插件、Zoom等工具以作备用,一旦直播中出现网络故障,教师就不得不切换至其他的备用平台,如同在线下课上课过程中要临时更换教室。因此,教师使用多个教学平台,会给师生带来诸多不便与负担。师生对设备的使用熟练程度、网络信号的强弱等也会影响上课效果。

再次,与传统的线下课不同,线上课不利于教师对学生课堂行为进行调控与约束。笔者所在高校的学生分布在全国各地,甚至世界各地,客观上"山高皇帝远",老师没有很有效的方法约束学生的行为,难以对学生的学习反馈进行实时跟踪及回应。一般情况下,老师也很难对学生的出勤率有很好的掌控。有些学生是假出勤,登录之后学生就"自由"了,除非"不幸"被老师点名提问发现,他们就可以随心所欲,想听就听,不想听就"放飞自我"。因此,线上课程的效果要高度依赖教师对学生的准确判断,高度依赖老师根据学生的实际需求与兴趣对授课内容的精挑细选,并在上课过程中对教学进度作适时调整。学生的自觉性、自主性、家长督促、网络状态、学习氛围等也无不对教学效果产生或多或少的影响。

最后,网络资源的取舍与教学内容的重构至关重要。在目前的大数据时代,在线学习资源海量化,网络上充斥的各种外语资源良莠不齐。有研究表明,大多数教师在决定教学内容与资源方面患有"选择困难症",71%的受访教师认为,如何选择适合自己学生的实际水平、能实现教学目标、提升学生能力的网络资源进行教学成了他们面临的一个难题[3]。教学内容的感觉有用性及难易程度等在很大程度上决定着学生的学习态度、投入程度、网上教学的效果及学生的满意度。

(二)线上教学的优势

虽然线上教学面临着种种问题与挑战,但是,经过一个学期的线上教学,师生们也发现线上教学拥有线下教学所不具备的种种优势。

首先,疫情期间的线上教学经历增强了师生上好线上课的信心。调查表明,一个学期的线上教学实践在很大程度上提振了教师对线上授课这种科技教学方式的信心。这次被"逼上梁山"的线上教学改变了教师对教育技术和互联网的认知,改变了教师的教育观念,改进了一线老师的线上授课技能,提升了他们的技术素养。

随着线上课程的全面铺开,师生逐渐进入线上教学状态,到后期已经适应了线上教学。教育部高教司公布的数据显示,80% 的教师对未来的网络教学有信心。这是一组让人欣慰的"信心指数"[4]。

其次,线上教学的上课环境更为灵活。线下课程的缺点之一是授课环境没有灵活性,需要教师和学生在特定的时间和空间才能完成,而线上课可以跨越时空,通过声音或图文输出完成双主体的符号互动[5]。教师可以将授课过程录像或录屏,有需要的学生可通过反复重播或回放进行复习或解决授课中自己没有理解或消化的难点。个别学生因特殊情况没法上课,也可以通过回看课程录像和录屏,自主安排学习,效果接近课堂听课。

再次,线上教学看似让师生产生了物理空间上的阻隔,其实也增加了学生的参与意愿。就这次使用 QQ 群进行线上授课的随堂及课后统计发现,学生的参与达到了全覆盖的程度。老师问一个问题,几乎每个同学都会在聊天对话框中做出回应。所以,线上课堂可以让更多的学生参与课堂互动。而在以前的线下课上,学生的参与度不足一半。线上教学用电子交流取代了线下教学中师生的面对面交流,互联网释放了更多的师生交流的机会和空间,鼓励了更多的学生参与课堂,积极主动地学习,充分与教师和其他同学进行合作、交流,愿意提出问题、分析问题、解决问题。有学者指出,网络教学可以让学习者在隐藏潜在人格面具的情况下自由对话,网络教学让学生的讨论话题自由化[5]。

最后,学生更愿意参与网上互动,原因很可能是因为学生线上上课时较为放松。有研究证明,教师和学生双方在网络教学过程中心理紧张程度较低[5],物理空间的距离感减弱了教师对学生的干预度,使学生能够享有更高的研讨自由度,释放更多的参与愿望,实现更高质量的互动。线上课减轻了师生面对面互动时学生产生的心理压力,可以鼓励信心不足、生性腼腆或内向安静的学生通过发弹幕或参与对话框聊天互动等形式参与课堂活动。这样的学生在线下的课堂上,除非老师提问到他们,他们基本上不会主动参与课堂互动。线上课程可以提供文字输出功能,学生打字,而无须口头表达,不用面对面,心理更放松,胆子更大,参与的积极性更高。

因此,如何更好地利用好线上授课平台,改进线上课堂,让其产生最佳的教学效果,教师如何根据不同的课型及教学目的,优化平台的使用,保质保量地实现教学大纲的要求,让学生成为最大的受益者,提升学生的满意度,是值得刚刚经历过在线教学体验的教育教学工作者深入研究的问题。限于篇幅,本文主要根据一线的课堂观察,引证相关的文献研究成果,结合内容集约与产出导向的英语专业高年级线上教学的实际需要,探讨线上教学效果和学生满意度的提升问题。

三 优化在线教学,提升学生满意度

优化线上课堂教学的目的是让学生有效地学习。有效学习是指学生在教师的指导下,针对学习内容采取适合自己的学习策略,积极主动地参与到学习过程中,高效率地完成知识建构,从而实现学习目标并优化自身知识结构的学习行为。有效学习是对学习内容、学习方法、学习过程、学习结果的价值追求,学生可以实现对知识的深层次理解和灵活应用[6]。

经过疫情期间的授课体验及对学生进行的线上评教调研发现,要让教学效果最优化,让学生满意,让学生能有效学习,教师应该起到导游的作用,引导学生突破枪林弹雨般的线上教学插件、教学工具、教学平台,时刻把握技术的工具属性,让技术服从教学的需要,突出教学最基本的东西:教学内容的传授与知识的探索。

(一)优化教学平台

各类平台的使用方式不同,效率也不同。为了实现平台优势互补,教师的选择差异便导致了学生需要安装多个软件、注册多个账号。调查数据显示,有88.6%的受访学生表示,上一门课需要使用超过2个教学平台;49.9%的受访学生表示,上一门课需要使用3个以上教学平台,课程和教学平台的数量过多且不统一无形中增加了上课程序的繁琐程度[2]。

技术公司不断推出新的教学工具及教学平台,新技术层出不穷,并不断升级换代,看似繁荣了在线教学,增加了教师的选择权,但老师要花时间掌握这些新技术,一直处于疲于奔命的状态,随之产生的眼花缭乱的操作应用给老师带来极大的学习负担,侵占了他们应该花在备课及提高业务能力上的时间,也给学生自主学习带来更多的困扰和压力,因为不同的老师可能选用不同的平台,学生需要一一学习运用,额外增加了其学习的负担。

因为网络教学平台的使用者是广大的师生,平台开发者要降低实施网上教学的技术难度,提供方便实用的教学工具,使师生能专注于教学内容与教学活动。教师可以根据自己的课型及教学要求,选择一切从简的原则,简明稳定,够用就好。授课平台的导航系统应该直观清晰、易学易用,尽量简化师生的操作和界面切换带来的干扰,使他们无须特殊帮助就可轻松进行平台的操作,便于学生将更多的精力放在老师的上课内容与课堂活动上。

操作简单的教学平台占用的流量较少,网络稳定,老师可以节省技术层面上的操作步骤,集中注意力在教学过程中,不需要分散过多的注意力在平台的操作上,对师生而言会增加更多宝贵的有效教学时间。学生也无须跟着平台指令进行繁琐操作,他们能集中精力,专心听讲,调动自己的认知能力,积极思考,消化课堂内容,进入深度学习状态。骆贤凤等人的研究表明,对于优质的在线学习资源,学生对其满意度最高的方面就是其操作简单(51%)[3]。笔者选择QQ群作为教学平台进行"高级英语读写2"这门难度很大的课程的网上教学,一是学生非常熟悉QQ这款社交软件,二是QQ群用于教学的操作步骤简洁明了,只需两三步操作就可以开始上课了,信号稳定,网络流畅,可以签到、点名、共享屏幕、用聊天窗口取代黑板与学生进行互动。老师在聊天窗口板书,学生在线回答问题,或向老师提问。学生的课堂表现及参与在群聊天版块都有电子记录,方便老师课后查看学生的参与情况,统计其课堂参与的成绩。因此,简单够用的教学平台让教学更为方便高效,学生满意度更高。

(二)优化线上教学

根据对疫情期间网上授课的课堂观察、对学生的调查及访谈和学界的研究,为了改善教学效果,提高学生对网上授课的满意度,优化线上教学,需要考虑教学中的四个主要维度:课件的设计、教学过程的设计、教学内容的确定、教学效果评价的优化。

1 优化课件的设计

教学课件有很多形式,往往是一个课件包(courseware package),其中教师最常用、认为最重要的是PPT,在此只讨论PPT的设计如何有利于产生更好的教学效果。

在教学中,PPT课件具有两个基本功能:第一个功能是作为一种可视化的辅助工具,以支持教师的讲授;第二个功能是PPT作为独立存在的媒介,用于传递教师的思想或教学内容,供学习者阅读和学习。一般的教学活动中,教师使用PPT是以第一种功能为主。

在教学活动中,PPT课件只是教师传道授业的媒介,是工具。一堂课是否成功,教师本人是内因,负主责,重要的是教师授课内容的确定、授课方法的选择、对学生情况的掌握、对学生的水平及需求的判断,导致教学方法是否能产生最佳效果。教师进行教学设计,首先要关注学生,关注内容的选择,然后根据教学的实际需要,灵活地设计和使用PPT,目的是利用PPT来促进和提高教学效果。教师切忌本末倒置,把PPT设计成绣花枕头,形式高于内容,忽略学生的需求。除非出于表达内容的需要,任何花哨的设计都只会喧宾夺主,分散学生的注意力,从而影响教学效果。

不同于幼儿园、中小学生五彩缤纷的PPT设计,大学课堂的PPT设计要注重内容的传输、知识的探究、思辨能力的培养。仅仅把PPT当作发言稿的载体,内容不分巨细,全部呈现在PPT上,会导致学生往往机械地跟读屏幕上的文字,难以顾及内容的逻辑框架;而且,在PPT的播放中,学生还经常不能与老师同步,影响学生的听课效果,不利于学生认知能力的发展。因此,高级课程的PPT课件应该尽量体现"简洁美",版式与设计沉稳、简洁、大方,在内容上起到提纲挈领、纲举目张的作用,让学生更容易进入深度学习,特别是对于难度较大、以内容传授为主的高级课程,课件的设计愈发忌讳浮华的装饰。

2 优化教学过程的设计

教师在对线上教学平台进行取舍时,首要考虑的因素就是降低实施线上教学的技术难度,提供用户友好的教学工具,简化教学设计的复杂性。在课堂设计及课堂操作方面,教师同样要力戒纷繁复杂、华而不实的应用。对大部分技术素养不是很高的老师来说,过于繁琐的教学设计容易打乱授课的节奏,不见得就是学生认可的有效的上课方式。好的教学设计与授课方式能够使教师专注于教学内容与教学活动,使学生专注于课堂内容的理解、互动、内化与深化。虽然现在有很多舶来品的洋教学法,但骆贤凤等人的调查表明,大部分学生(74.98%)认为学习效果最好的在线课堂教学方式仍然是讲授式和答疑式[3]。

教学设计的前提是充分了解学生英语学习的需求和目前的实际水平。设计教学活动时要把学生放在每个教学步骤之中,以学生为中心、以问题解决为导向,在教学设计中融入问题解决、实践探索类的课堂活动。

英语专业高年级的课程具有高难度的特点,需要学生充分调动认知能力,消除干扰因素,以便能更好地理解课堂内容,因此在课堂设计上要做减法以达到增效作用,以提高学生的满意度。对于内容上有深度、有难度的课程,建议教师在授课过程中进行"清场",消除扰乱学生思路、妨碍学生认知的多余图案、音效等。借用英语中的一句名言:Less is more,亦即"大道至简",在线上教学中,"简"就是"丰",是简化教学设计更好的诠释。本质上,"简"非"减",不是做减法,而是做加法,以退为进,一些方面的"简",如简便的操作,实际上是将有效的教学时间最大化,学生更有可能进入深度学习。

3 优化教学内容的确定

因为网上海量的教学资源唾手可得,应避免不加遴选地将网上大量鱼龙混杂的教学资源一股脑儿地"分享"给学生,让其"自主"学习。在这个信息过载的社会,教师有必要根据自己对本课程教学大纲及理论框架的研究,定位学生的需求,按照最简化原则,精心挑选共享给学生的资料,以及需要在课堂上讲授的内容。不分析学生的需求及薄弱环节,授课内容与学生需求脱钩,就会让学生觉得"没意思",课堂教学就不能有效激发学生的兴趣,这样的课就是学生眼中的"水课"。水课让学生缺乏获得感,降低学生的学习欲望,影响教学效果,降低了学生对课程的满意度。

学习内容的优化在大数据背景下表现为对海量学习内容的筛选、清洗与转化,使之满足学生的学习需要[6]。对于课上讲解的内容,需要做到优中选优,简了再简,因为课堂上的45分钟是最宝贵的时间,所选内容应该是学生最需要或最缺乏了解的内容,是他们通过自主学习很难学会的内容,是学生学习中的"七寸"。

为了说明教学内容的优化原则,下面对在线课堂中引导学生进行深度阅读的教学过程进行简单的案例分析,说明教师选择的教学内容及课堂设计必须能针对中国学生学英语的弱点,在课堂上才能让学生感到"干货满满""收获很大""这一节课没白来""英语的高级阅读课文原来应该这样读才算读到位"。

大部分英语专业的学生,哪怕是高年级的学生,都非常缺乏对英语文本的深度阅读能力,仅仅让学生自主学习,老师不在课堂上与学生一起讨论、解剖、探究,基本上是毫无用处的,因为学生很难看出文章内在的奥妙。这种深度阅读的技能,就有必要在课堂上讲解,否则,让学生自主学习,他们就只会满足于通过查阅生词,借助语法,理解文章的表层信息,不识庐山真面目,无法深入文章之中了解其思想展开方法、纵横交织的语篇外在衔接与内在连贯以及地道实用的英语措辞,无助于通过深度阅读提高其高级写译能力,无法实现让学生"从读者到作者"的教学目标。在"高级英语读写2"课堂上,学生自己精读其中的一段内容(第一段),然后回答Q1~Q5共5个问题:

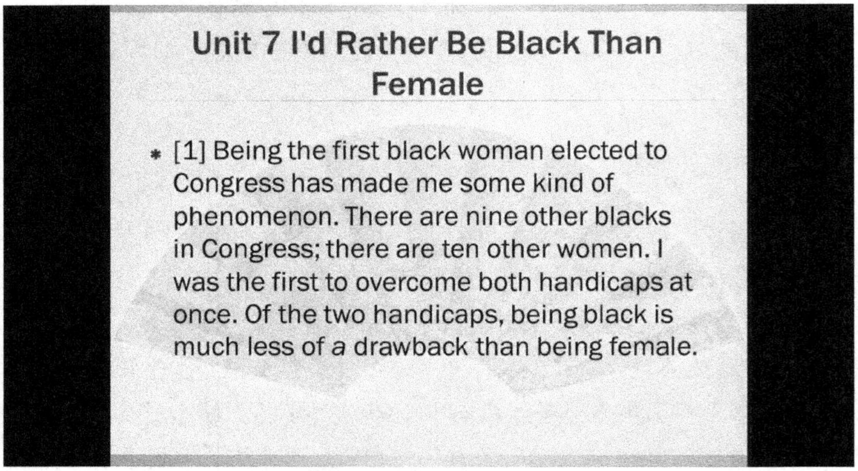

Unit 7 I'd Rather Be Black Than Female

* [1] Being the first black woman elected to Congress has made me some kind of phenomenon. There are nine other blacks in Congress; there are ten other women. I was the first to overcome both handicaps at once. Of the two handicaps, being black is much less of a drawback than being female.

图 1

Q1. What is the main idea of this paragraph?

Q2. What does the word "phenomenon" mean?

Q3. What does "both handicaps" refer to? How do you find the answer?

Q4. Identify all the synonyms you can find in the paragraph.

Q5. What do you think is the difference in wording when native speakers of English and native speakers of Chinese talk about the same thing?

Q1是段落中心思想题,而识别段落的中心思想是英语阅读能力中最基本的能力,应该是非常简单的问题。一般阅读教学都会训练学生寻找主题句的基本技能(通常在段落的首尾)。果然,从学生的回答上来看,21个学生全部能回答Q1这个基本问题(首句为段落中心),但从Q2开始就进入了文本的深度阅读。对于Q2,21个学生中有18个学生按照字典上phenomenon最基本的义项理解为"现象",而不知道该词在这个语境中的意思必须从第2句和第3句话中推导出来(如下图斜体部分所示),表示"非同寻常的人";对于Q3,21个学生中有13人不知道从最后一句话中寻找both handicaps的所指;Q4要求学生找出所有的同义表达,但全班学生中,20人只找到了一对同义词(handicap与drawback),只有1个同学找到了两组同义词,第一组是handicap与drawback,第二组是both与the two;尤其是第二组同义词,非常明显但大家却是熟视无睹。Q5这一问题的设计目的是引起学生对英汉语措辞差异的注意。他们没有意识到英语本族语者在表达同一人、事、物时习惯于使用不同的说法(同义词或同义表达)来替代或省略,而中国人则喜欢重复同一种表达。

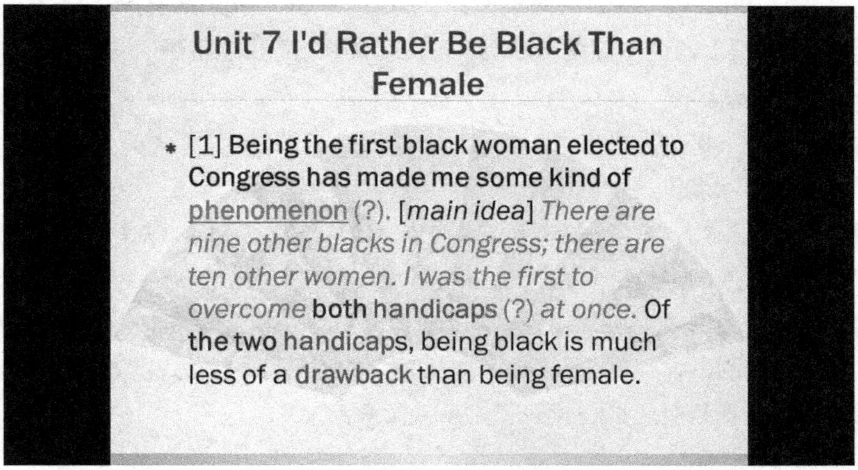

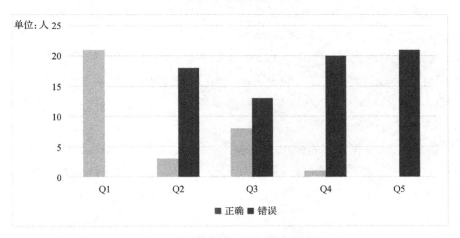

图 2

将上面这五个题目的对错比例，用柱状图表示如下：

图 3 Q1～Q5 课堂互动问题正误比较

从图 3 可以直观地看到，课堂的内容选择及问题设计能很好地反映或击中学生深度阅读中的弱点，是值得在课堂上与学生认真讨论的问题。课后对这节课的教学满意度进行的问卷调查显示，21 个学生全部给出了"满意"或"非常满意"的回答，均认为这样的网上教学干货满满，对提高其英语表达的准确性、地道性非常有用，对英语措辞的特色有了全新的了解，整个的段落分析过程是一个很好的模板，有助于他们有效地进行自主学习,很有获得感。这个案例只是非常简单的课堂观察,但简洁的 PPT 版式、朴素的课堂设计、精选的教学内容无不有助于将学生的注意力集中于对课文的深度理解,都是提高教学效果、提升学生满意度、引导学生学会有效学习的加分项。

因此,在教学实施过程中,缺乏对学生真正需求的研究,不考虑学生的认知水平,盲目地给学生提供过量的网络学习资料,会让学生不堪重负,无所适从,产生焦虑心理及畏难情绪。教师需要准确研判学生需要什么(needs),缺乏什么(wants),有的放矢,对讲授的内容进行精选、优化、重置,选择相应的教学内容对其薄弱环节进行教学干预,在课堂上有针对性地研讨,在教学方法上无须赶时髦,只需根据课型、内容及学生的具体情况,用适合他们的教学方法,比如启发式的教学方法,进行授课,让学生真正能有所思、有所悟、有所获。

4 优化教学效果评价

我们熟悉的评价手段包括形成性评价与终结性评价,而目前两者结合的评价方式已经成为常态。但对于网上同步教学,学生在遥远的接收端,是网上教学的利益攸关者,始终是评价的主体,教学评价的优化可以概括为"以生为本"的教学评价,简化为学生"满意度"评价。让师生应接不暇的各种"平台"、App 插件等各种因素都可能影响学生对线上课的满意度,但这些都是外因,学生本人从教学组织、教学内容、教学过程得出的感知有用性、感知易用性产生的满意度才应该是教师与教学管理者最看中的指标。

"满意度"这一概念率先应用于商业研究领域。科特勒(Kotler)将满意度定义为个人感受的愉悦程度,源自其对产品功能的感知与个人对产品的期望。倘若竞争对手也推出等值或更加令人满意的服务水平,消费者容易流失,转向他人。这一概念后来被运用到教育领域,强调学习者满意度对学习成效的影响。费尔南德斯(Fernandes)等将心理学的差异理论应用到学习满意度中,认为学生学习的满意度取决于个人期望水平与实际结果相比较后的差异程度。两者之间的差距越小,学生越满意;差距越大,则越不满意。英语学习感知有用性和期望确认程度能够直接影响学生的持续学习意愿[7]。赵东旭与李胜连基于费耐尔(Fornell)等人创建的美国顾客满意度指数模型(American Customer Satisfaction Index, ACSI)和戴维斯(Davis)提出的技术接受模型(Technology Acceptance Model, TAM),结合大学英语线上课程学习特点,构建了线上大学英语课程满意度理论模型,包含线上学习期望、感知有用性(学生认为线上同步课堂对提高个人英语水平有所帮助的期望程度)、感知易用性(师生对在线教学是否使用便捷的主观认知)、感知价值、课程满意度5个变量,如图4所示[8]。

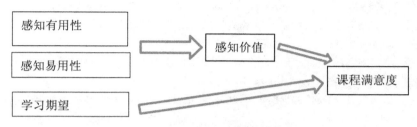

图4 线上大学英语课程满意度理论模型

其问卷数据的分析结果表明,在影响大学生在线学习满意度的因素中,"感知有用性"排在第一位,说明大学生在疫情期间对高校大学英语采取的线上教学更多的体会到了教学内容的价值,除了直接作用外,"感知易用性"和"感知有用性"通过"感知价值"的传导,间接地作用于学生的课程满意度,说明网上教学应该考虑教学平台的易学易用。因此,改进教学质量,提升学生课程满意度的方式就是要了解学生的线上学习期望水平,以学生的最大利益为出发点,让线上教学与学生需求高度契合,并努力缩小学生的线上期望水平与实际结果的差距,亦即提高学生的课堂获得感,从而提高学生的课程满意度。在评教的所有指标中应重视学生的评价,加大学生课堂获得感与课程满意度的权重。

四 结语

疫情推动了线上教学的发展,线上教学与线下教学差异明显,其优势各有千秋。但是,除了技术层面的线上授课平台的选用之外,刚刚从线上教学中走出来的一线教师有必要研究线上授课的得失,以便根据课程类型、课程难度、课件制作、课程设计、内容选择、授课方式、学生水平、学生需求等方面进行改进,提升学生线上授课的满意度。本文结合笔者在疫情期间教授的英语专业高难度、内容导向型的线上课程,提出了在纷繁复杂的网络教学技术中应该通过"简"实现"丰",无论是授课平台、课件的设计、授课内容的选择,还是课堂的教学组织,都可以尽量简明,以够用为原则,让学生在宝贵的线上课堂时间中有更多的获得感,从而产生较高的线上课堂的满意度。

参考文献

[1] 教育部教育信息化技术标准委员会.CELTS-22.1:网络课程质量评价规范[EB/OL].(2002-2-7)[2021-2-13].http://www.doc88.com/p-1426666141383.html.

[2] 陈武元,曹荭蕾."双一流"高校在线教学的实施现状与思考[J].教育科学,2020,36(2):24-30.

[3] 骆贤凤,马维娜,姚育红."停课不停学"背景下大学英语在线教学实践研究:问题、措施与效果[J].外语电化教学,2020(03):30-35.

[4] 邬大光,李文.我国高校大规模线上教学的阶段性特征[J].华东师范大学学报(教育科学版),2020,38(7):1-30.

[5] 彭琨,董洋.网络教学与传统教学效果比较研究:以高中生托福学习为例[J].现代中小学教育2017,33(2):27-31.

[6] 张慧丹.基于大数据分析的英语泛在学习生态系统[J].教学与管理,2017(3):107-109.

[7] 谭霞,付有龙.大学生线上英语学习满意度与持续学习意愿影响因素研究[J].外语电化教学,2020(4):82-88.

[8] 赵东旭,李胜连.新冠疫情期间大学英语在线教学满意度调查分析[J].吉林化工学院学报,2020,37(10):19-25.

重构线上课堂教学生态,提升在线教育的教与学

张 豫

摘要:本文借用课堂教学生态的理念和方法尝试讨论如何有效提升疫情下在线课堂教学中的"教"与"学",重点讨论了课堂微环境的重构。文章指出,科学合理的教学设计有利于建立动态开放的线上教学活动支持性环境,有利于构建互动、共生的课堂生态,从而在进行课堂教学管理及实施教学目标过程中,有效地实现平等、共情的师生互动关系,达成学习的意义感。

关键词:在线教学;课堂教学生态;重构

Reconstruct Online Classroom Ecology to Promote Online Teaching and Learning

ZHANG Yu

Abstract: Based on the principles and methods of classroom ecology studies, this paper aims to discuss how to effectively promote the online "teaching" and "learning" amid the pandemic. The paper focuses on the reconstruction of the classroom microsystem, seeking to develop an instructional design framework for building a dynamic and open online teaching and learning environment to realize the interactions of students' thoughts and behaviors with teachers' management of academic goals and learning tasks.

Key words: online teaching and learning; classroom ecology; reconstruction

2020年伊始,受新冠病毒疫情的影响,各级各类学校的正常教学活动几乎全

基金项目 本文为2020年江苏省高等教育学会高校外语教育"课程思政与混合式教学"专项课题(项目编号:2020WYKT001);2017东南大学教学改革研究项目(项目编号:5217007105)成果之一。

面停摆。鉴于此，教育部发布了"停课不停教、不停学"的要求，开始了一场全面基于互联网的远程教学试水。各地高校也借助教育部组织提供的课程教学平台和视频直播平台，制定了相应的指导方针，落实全员实施线上课堂教学的政策，保证如期按原定教学计划正式开学，并充分保障远程线上课堂教学质量。经过了一学期的全面线上课堂教学的实施，已有相关研究对线上教学的实施过程、实际效果、影响因素等，通过各种方式的调查论证做出了分析与讨论。研究显示，由于疫情和在线教学的突发性，仅有 30.63% 的课程运用了 SPOC/MOOC 或与之结合的教学模式，大多数的课程还仅是将线下教学向线上教学进行了一个简单的移植，削弱了教师行为对学生学习绩效的影响[1]6。由于没有足够的时间全面、充分地重构教学计划，线上课堂教学不可避免地出现了一些问题。例如，学习场所的改变并未带来适配的教学目标的设定和教学模式的改变。由于在线学习中教与学的"时空分离"特征，学生上课时思想不集中，参与度与投入度显著偏低[1]2。对于教师来说，在线教学的效果得不到保证，教师教学效率低。由于学生个体差异大，教学工作变得更加困难[2]。基于问题和知识本体的线上授课和学习方式，使得学生间与师生间良性互动的实现变得困难，学生处于一个无法促进学习的负面环境中[3]47。

由此可见，如何检验与评价这一特殊时期学生的学习投入与学习收获，如何看待与分析主要影响因素是需要深入思考的问题。

一 线上课堂教学生态重构的理据

课堂是由教师、学生、学习内容以及课堂教学环境所构成的一种总体关联的系统[4]59。1932 年，美国教育学者华勒（Waller）在《教学社会学》一书中提出"课堂生态"这个概念。此后引发诸多学者展开对人类社会环境和教育之间交互关系的探讨。作为一种独特的生态系统，课堂具有整体性、协变性和共生性，并承担着滋养、环境参照、动力促进和制度规范的功能[5]。

从全面线上授课发生的背景可以看出，这种特殊形势下，严格按照既定教学计划进行的远程在线课堂，既不同于传统实体课堂，也不具备一般线上课程（例如 MOOC）的显著特征。相较于线下传统教学模式，在线教学模式的传播性更广，覆盖率更高，受众规模更大，但课堂已完全被虚拟成各种设备、应用、平台和网络宽带。这种隔着屏幕进行的时空异步教学，已经改变了传统课堂教学要素的动态组合。换言之，随着教学支持性环境发生变化，课堂时空内教师和学生这一对生命体要素之间及其与环境的依存和共生关系也发生了变化,课堂教学的生态失去了应有的平衡,对教师的教学行为和教学内容,学生的学习过程和学习行为都产生了诸如生态环境对生物一样的影响,继而引发了一系列诸如低互动性、低投入度、低获得感、低成效等问题。

由此可知,借助生态意识和理念,对课堂教学生态进行重构,可以更好地"将教育生态系统的整体关联性和动态平衡理念渗透至各个教学环节,充分考虑各个教学要素间的互动关系以及教学环境对教学的影响,既注重学习者外部生态环境的创建,又关注学习者个体内部情感状态的平衡"[6]61。为了便于讨论,本文将课堂看成是由生命体(师生关系)、事件(教学实施)、环境(模态支持)等要素构成的微观生态系统。在这个系统中,师、生是重要的生命体要素,师生关系隐蔽却直接影响事件的发生,即教学活动的开展与实施,而技术支持与教学行为则影响该系统中各要素之间的互联互动。基于此,关于线上课堂教学生态重构的讨论将依据这些主要方面展开。

二 重构师生交往活动

教师与学生是课堂教学生态中最基本、最活跃、最具能动性的生命体要素,师生关系是教学活动中较隐性,但却是最可能影响到教学活动有效性的一对人际关系。叶澜教授认为,如果一节课的课堂上不存在师生之间的交往活动,也不存在彼此之间经验和成果的共享,就不算是进行了教学活动。但线上课堂教学过程中往往呈现出的仅仅是限于"提问—回答"的"伪互动"现象,师生互动被简化为单纯的知识传递行为。因此,这种"伪互动"不利于形成平等、共情的师生交往活动,也不利于构建互助、共生的课堂生态。只有当教师与学生有紧密的联系和沟通时,学生的个性、情感、内在需求才能呈现出来,师生双方的诉求与期待才能表达出来[7]65。

(一)共享话语权

克莱因伯格认为,在所有教学过程中,都进行着最广泛意义的对话,不管哪一种教学方式占支配地位,相互作用的对话都是优秀教学的一种本质性标识[8]。可见,发生在课堂里的师生对话不仅是实现互动的途径与工具,同时也是一种有效的教学实施的过程和教学情境的展现。这种对话不仅仅局限于口头上的交际,更是一种彼此协商、相互影响和共同作用的过程,并将师、生置于一种相互协作的关系之中。然而在目前的线上课堂教学中,由于教师没有足够的时间修正教学目标并调整教学计划,也不能在短时间内转变自身角色,这就使得教师为引导课堂教学顺利进行,按时完成教学任务,往往不得已占用了过多的课堂话语权,也就更容易造成教师话语霸权现象。整堂课几乎是老师"一言堂",直接导致丧失话语权的学生既无法感受到教师的肢体语言、面部表情,更无法获得师生互动带来的参与感和情绪渲染,课堂教学缺乏教学氛围与活力,师生关系变得被动。

从共享话语权的视角出发,教师作为交际主体,应重新考察和审视所用话语的课堂交际功能,应适当移交话语权,创设开放性话语环境。

首先,重构教学活动中的提问与反馈。课堂中问题的类型、提问的方式都应具有开放性。例如,问题应选择与学生的生活经验和学科背景相联系的认知类问题,而非只是单纯地考虑对学生所学知识的检验,这样不仅能激发学生学习意愿、调动其复杂认知活动,还能引发师生之间理性的深层次讨论与经验共享。在反馈方式上,应选择话语性、评价性的反馈类型,而非简单地给予肯定或否定。例如,可以将学生对同一问题的回答进行比对、分析、展示,这样做不仅让学生反思自己对问题的回答,同时也能评价同伴对问题的回答。真正的反馈应当是互助的、共享的,也是开放的。

其次,实现视域融合。共享话语权还表现在教师对学生话语接受的开放性,即学生一些有价值的"异向交往话语"或者回答应得到教师的接纳、回应、鼓励,而不是因其不在教学设计之内,或因不符合教学内容而予以忽视。在一个动态平衡的课堂里,教师与学生的角色应该是可以互换的。教师可以适当将提问权或是话题的发起权让与学生,自己转变成一个倾听者和回答者。就这一点而言,各类平台与应用是可以赋能线上教学活动的,学生可以通过屏幕共享与教师和同伴分享学习经验、成果、困惑,从被动接受者变为主动思考者和积极参与者,促进话语权的共享。同时,这种经验与成果分享也为学生构建了一个认知情境,使其基于不同观点迸发出新的理解,有利于知识的内化。

(二)拓展互动情境

龙永红等在对高校师生互动的相关研究中提到,高校师生互动是嵌入在一个更大的真实的社会关系网络中的[7]63。这种嵌入体现在三个层面:首先,教师作为主体嵌入到学生的生活世界,捕捉课堂里无法完全呈现的学生的情感、态度和个性,并据此对学生进行指导和引领。其次,学生作为主体嵌入教师的生活世界以获取即时的答疑解惑和学习支持。同时,教师的疑虑与需求也在一定程度上能得到学生的反馈,从而达成彼此的情感支持并实现教学相长。最后则是师生互动嵌入整个校园环境之中及校外社会关系网络中。这三个层面的嵌入都借助了教师和学生个体的网络化生存空间。这种通过相互嵌入形成的互动网络非常符合教育生态的整体关联性理念。

　　从对线上课堂教学的反馈来看,由于线上教学中缺少师生、学生与学生之间的情感交流与支持,整个教学过程往往仅限于课堂中的问答互动,呈现出"伪互动"情境。因此,拓展互动情境有助于促进真正的师生交往活动。除了课堂互动需要更灵活和频繁之外,还需加强"网络互动中的非正式学习"[7]63,打通课堂学习空间与课外(校外)学习空间,增加互动情境,在课外空间也能引导学生进行非正式学习,并对学习行为及效果给与反馈与评价。例如,将学习内容与任务进行适当分解,形成课前个人预习,课堂共同协商,课后小组讨论的多形式学习过程,并据此实施相较于线下课堂更加细化的过程性评价,对于每一段学习行为与效果都给与评定,消除学生对期末考试的焦虑情绪;带领学生通过电子日志的方式记录日常学习,将学习中的困难、收获、经验在课程学习群里进行分享,也可以通过网络教学平台的小组功能进行小组分享,分享内容的呈现形式可以是多样化的,文字、视频、音频、图像均可,这样可以使学生完全融入整个学习过程,并在过程中获得共情体验。

　　当前,基于网络技术的教育模式已经极大地改善了教学支持性环境,提高了教学效率,因此,将原本受限于传统意义上的"教室与课堂"的师生互动拓展至网络空间已成为可能。

三　重构教学目标与实施过程

　　根据武法提[9]提出的"以学习者为中心"的网络学习环境概念模型,学习者是学习环境的要素之一,学习目标与学习活动、学习评价一起处于学习者活动层。课程教学目标应同时包含教的目标和学的目标。疫情下,各级各类学校的教师在没有足够心理准备的时候,开始了线上课堂教学,此时教师的最大忧虑与困惑是"能否完成教学任务"。事实上,亟待考虑与解决的问题是,如何制定与线上教学形式相适配的教学目标,以及如何在线上课堂教学中实现这些目标。

　　诚然,学科基础知识和基本应用技能仍然是优先教学目标,但鉴于特殊的社会环境、特殊的教学支持环境、特殊的"时空分离"以及师生的特殊心理状态,在线上课堂教学中,情感目标和价值追求应当被置于与"双基"目标共同构成的多维度目标之中。虽然情感目标不是学科教学的直接目标,但情感是学习的动力,"所有的学习都发生于学生的态度与感受之中"[10]。良好的情感发展有助于促成积极的学习动机和主动参与课堂的行为。因此,网络在线课堂的教学目标设定应从认知能力向情感态度和价值认识转化,构架融合"知识、技能、情感、价值"的一体多维教学内容。在线课程的开展最终应推动课程教学目标从教材大纲中的知识目标,扩大到包含信息素养、自主学习能力、自我规划能力、创新思维能力等在内的能力目标[11]。

就实施过程而言,首先,侧重教学实施过程中各种情感支持性条件以促生共情行为,提高共情能力。教师一方面要主动摆脱对传统课堂的情感依赖和业已形成的"教学惯性",实现对在线课堂教学的认知突破,并通过课堂空间互动与课外空间互动实现积极正向的情感及价值输入,帮助学生调控学习意愿和学习状态,有助于提升学生主观上对学习过程的需求和渴望。另一方面,教师要充分预测学生对于教师单向提供的教学内容会产生哪些问题、质疑甚至抵触。教师不能武断设置一个自认为正确有效的前提,并让学生被动且无条件接受。师生双方的"共情能力"是教学过程有效实施的有力保障。

其次,注重价值追求和学习意义感的达成。学习意义感的深层表现是学生对学习活动具有价值认可并形成相应的价值观念。学习意义感是评价学生学习的起点标准[12]14。如果在线课程只是一味地传授没有情感附加的理性知识,没有背景知识和学科逻辑的导入、没有经验共享和文化回应,学生很容易陷入自我欺骗的"伪学习"状态,也就不了解学习的真正意义和实际价值,"上一天课撞一天钟",无法促成自身的成长与发展。从教学设计的角度而言,学习意义感的产生并不取决于课堂教学表面上的形式多样。只有激发学生与客观世界、他人以及自身进行对话,并从中获得自我发展与自我认同,才能促发他们对学习活动的价值确认和意义认同,也才能让学习活动由"被动"转为"主动",因为"热闹容不下意义。"[12]15

四 课堂教学环境重构

学习环境是与教育教学活动相伴相生的[13]51。课堂教学环境是影响课堂教学有效性的一个重要因素,它对师生交往中的认知、情感和行为都产生着重要作用,是促进学生个性发展不可缺少的因素[4]61。随着教学活动全面转为线上,教学环境也由线下的实体环境变成了线上的虚拟环境。然而,因为基础设施不够完善,无法促成有力的技术支持,在线课堂的教学环境对教学活动往往显得不够友好。

首先,由于连线不稳定、画质不清晰等技术问题,学生无法通过由教师的不断变换距离,调用大量的手势、姿势、面部表情、凝视等动作模态来获得互动感,亦无法直接感受到教师与其他同伴的情绪渲染和课堂温度。但是,课堂上人际交往的精神环境直接影响学生的学习情绪和状态[7]64,宽松舒缓的课堂心理环境有助于师生之间,学生与学生之间形成良好的互动意愿,进而达成默契。因此,声音模态将获得突出的作用,教师可通过变换音高、语速和语调,传达出鼓励、支持、欣赏等情绪。因为"语调是感情的寒暑表"。此外,教师话语在语音、词汇、句法、语篇等形式方面都应进行相应调整,给与学生最大限度的情感支持。同样,也可以采用与授课内容相关的视觉图像模态,例如在课件中使用学生在社交媒体中常用的各种表情。总之,教师可根据教学目标和授课内容采用文本、图像、音频、视频等多种意义符号创设多模态语境。

其次,生态学习观告诉我们,学习是学习者在与学习环境的交互过程中发生的,"感知—行动"循环是学习发生的重要机制[13]54。随着线上授课的推进,学生长时间处于"一人世界",缺少与同伴之间的沟通,物理上的隔离会导致学习投入度的降低,"课堂"上人在心不在。为优化"课堂时间"资源,可适当分解教学时间,并将教学内容做适当的"翻转",例如改变课堂授课、课后答疑的传统模式,变为课前自主学习、合作协商、课堂答疑、成果分享,由此提高学生的线下自主学习能力,克服由教师支配的单向教学模式。也可以选择将预先录制的教学视频合理穿插在课堂教学时间内,或者鼓励学生录制自学的知识点视频,在课堂时间内播放并请其他同学给与评价和反馈,或者借助合适的慕课内容,实现与教师授课内容的相互补充。

最后,授课内容要基于教材,但又不受限于固有教材。使用数字课程资源的同时更要整合资源,实现多样化任务情境的创设、教学情景化思维空间的拓展、优秀互动平台的提供、教学媒体认知功能的开发等,不仅注重知识的传授,更注重知识的认知情景设计。在课程的导入、讲授、指令、提问、总结各个环节都需要制造良好的课堂氛围,带动全体学生的学习热情。良好的课堂学习氛围能够促进学生的学习热情、学习意愿与课堂专注度。然而,陈宏民等研究发现,线下氛围的弱化、与教师交流不畅、缺乏课堂互动成了学生参与在线教育过程中的三大主要问题[3]47。由此可见,良好的课堂氛围有赖于良好的线下氛围以及与教师的沟通交流。因此,有必要将在线授课的课堂环境扩大至课外空间的非正式学习,改善不利于学生学习的负面环境,增加从课内向课外延伸的学习连续性。充分利用在线教学平台在信息发布、学情管理、教学资料共享与管理等方面的优势,对教学环境进行合理优化与重构。

五　结语

综上可见,对线上课堂教学生态进行重构,改善师生互动方式,增加师生互动渠道,拓展互动情境有助于增强教师对学生的情感支持,从而消除师生对在线学习的忧虑与抵触。教学目标和实施过程的重构是进行有效教学设计不可或缺的部分,教学设计是影响学习投入和学习绩效公认度较高的因素,尤其是针对在线教与学的时空分离特殊性[1]6。教学环境的优化同样可以增进学生对学习活动的意愿和认同,从而增强学生的主观能动性,加大学习投入。

参考文献

[1] 李佳佳,方峰,李梦斐,等.疫情期间山东某高校预防医学本科生在线学习投入与学习收获的影响因素[J/OL].山东大学学报(医学版):1-7[2020-10-07]. http://kns.cnki.net/kcms/detail/37.1390.R.20200918.0951.004.html.

[2] 孔啸,刘乃嘉,张梦豪,等.COVID-19疫情前后高校在线教学数据分析[J/OL].清华大学学报(自然科学版),2021,61(2):104-116[2020-10-07]. https://doi.org/10.16511/j.cnki.qhdxxb.2020.21.017.

[3] 陈宏民,顾颖,潘宇超,等.疫情下高校在线教育的问题审思与发展路向[J].教育与教学研究,2020,34(9):44-52.

[4] 刘志军,冯永华.课堂教学变革的反思与重建:"慕课"背景下课堂教学变革的思考[J].教师教育学报,2014,1(3):53-63.

[5] 李森.论课堂的生态本质、特征及功能[J].教育研究,2005,26(10):55-60.

[6] 康淑敏.教育生态视域下的外语教学设计[J].外语界,2012(5):59-67.

[7] 龙永红,汪霞.高校生师互动的本质、价值及有效策略[J].江苏高教,2017(11):61-66.

[8] 刘孟迪,张光陆.教师话语霸权的表征与消解:基于对话教学的视角[J].宁波大学学报(教育科学版),2017,39(1):81-87.

[9] 武法提.网络教育应用[M].2版.北京:高等教育出版社,2011.

[10] 盛群力,等.教学设计[M].北京:高等教育出版社,2005.

[11] 王竹立.替代课堂,还是超越课堂?——关于在线教育的争鸣与反思[J].现代远程教育研究,2020,32(5):35-45.

[12] 容翠,伍远岳.学习的意义感:价值、内涵与达成[J].教育发展研究,2016,36(18):13-17.

[13] 李彤彤,武法提.给养视域下网络学习环境的生态结构新解[J].电化教育研究,2016,37(11):51-59.

教育生态学视阈下的线上课程教学
——以英语专业选修课"视觉文化"线上教学为例

朱丽田

摘要：教育生态学的基本理念为线上课程教学提供了理论基础，有助于建构有效的线上课程教学环节的设计框架。本文将以英语专业选修课"视觉文化"线上教学为例，结合教学生态理论进行线上课程教学理念和教学环节的设计，探讨如何为线上教学提供环境支持、活动内容和反馈手段，以期达到良好的教学效果。

关键词：教育生态学；线上教学；教学环节设计；英语专业选修课

A Study on Online Teaching from the Perspective of Educational Ecology: A Case Study of the Selective Online Course "Visual Culture" for English Majors

ZHU Li-tian

Abstract: Based on the theory of educational ecology, this paper develops an instructional design framework for online teaching. Taking a selective online course "Visual Culture" for English majors as a case study, this study focuses on learning environment, learning activities and ways of feedback of online teaching. The theory of educational ecology is applied with online teaching principles and instructional design in order to promote teaching and learning.

Key words: educational ecology; online teaching; instructional design; selective course for English majors

2020 上半年的疫情让全世界的大多数学校将教室搬到了线上，教师化身为主播，开启了一段线上教学的奇幻之旅。虽然已经过去一年多，但疫情刚开始时备战线上教学时的焦虑、抱怨、忙乱、紧张和后期的兴奋和从容对大多数教师来说依然记忆犹新。大部分高校教师都是第一次体验线上教学,教师线上开课前的焦虑主要来自无法直接面对学生,教学只能依靠虚拟的网络空间。很多教师担心学生"人在网上,心在远方",玩手机,吃东西,打游戏,因此,担任线上教学任务的教师在开课前需要解决以下几个主要问题:如何在线上虚拟空间抓住学生的注意力?如何让学生上课真正做到"人到心也到"?如何与时俱进,更新构建线上教学理念,设计线上教学环节?针对线上教学的特点,教育生态学理论或许可以提供一定的理论依据。

一 教学理念依据

教育生态学是一门运用生态学原理与方法研究教育现象、探索教学规律的科学。生态是指在一定的自然环境下生存和发展的状态。[1]生态学是研究生物体与其周围环境关系的科学。教育与自然生态一样也是由各种因子构成的生态系统,这些因子对教育的发展起着决定性的影响作用。因此,教育学者们依据生态学的原理探讨教育与其生态环境之间的发展与作用规律。

教育生态学发端于20世纪70年代欧美国家。首先正式提出教育生态学(ecology of education)概念的是美国学者Cremin[2];后来,陆续有学者不断完善和拓展教育生态学的理念和研究范围,如英国学者Eggleston[3]在《学校生态学》中专门聚焦教育资源;值得注意的是,Bronfenbrenner[4]创造性地提出了"人类发展生态学"理论,专门探讨教育生态与人类行为的关系,进一步推动教育生态学理论的发展,将人的发展与其所处的环境之间关系进行梳理,认为这一关系是人与环境相互适应的过程。Hiller[5]和Burns[6]对生态学理论与课外资源利用及学生学习环境之间的联系展开研究,为教育生态学理论的实践提供了更多支撑。国内近十年以来对教育生态系统的依存共生关系的研究也为高校教学理念和教学环节设计提供了更多的启发。如康淑敏认为,依据生态系统的动态平衡原理,教师在教学过程中应注重发挥学生主体性作用,考虑各种教学因素的整体效应和协同作用,侧重教学实施过程中各种学习支持性条件(信息资源、任务情境、互动平台等)的创设或提供,以达到促进教学有效开展的目的。[7]

下面笔者将以2020年疫情暴发后春季学期的英语专业选修课"视觉文化"线上教学为例,如何借鉴教育生态学的主要观点来确定该课程的线上教学基本理念,以及如何进行课前、课堂和课后三个主要教学环节的设计的。

二　教学设计理念

笔者 2020 年开设"视觉文化"线上教学课程主要是由于疫情突发,之前一直是线下教学模式。这是一门专门面对英语专业大三学生的专业选修课,同时也是文化传播方向的主干课程。笔者的线上教学经历受到了 2019 年毕业的某本科学生在 2020 年 2 月 20 日朋友圈分享的一段文字启发。他是选修"视觉文化"课程的首批学生。该同学发圈的主要原因是回答即将选修这门课程的大三学生的一些问题。

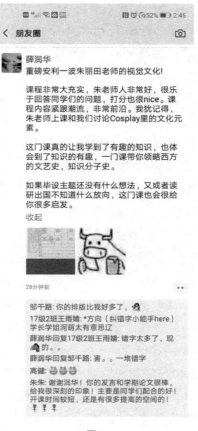

图 1

从他的朋友圈文字(见图 1)中笔者捕捉到三个关键词:前沿、有趣和启发。正是这三个关键词让笔者受到启发和鼓舞,对线上教学的设计理念有了明确的目的和方向,增强了面对线上教学新模式的信心。于是,在备课期间,笔者将这三个关键词简化成三个更朴实简单的字母来作为这门课程教学的原则,那就是 NIU 小牛三原则,依据笔者的理解,"前沿"就是 NIU 中的 N,something new;"有趣"就是 NIU 中的 I,something interesting;学生觉得选修这门课可以帮助他们,那就是 NIU 中的 U,something useful。

首先,教育生态学原理强调为学生提供各种渠道的教育资源,如最新的信息资源,这与笔者三原则中的第一条 something new 不谋而合。笔者为学生提供的最新的信息资源首先从 2020 年春节前通过各种渠道寻找最新的教材版本开始。功夫不负有心人,终于找到了 2019 年才出版的"视觉文化"第三版,内容的确有更新,尤其是"新媒体"这一章增添了不少新内容。除了提供最新版的教材之外,笔者还针对教材中的每一章内容,收集各种相关文献,为学生理解消化教材提供更多信息资源。同时,教学内容的设计也更加贴近目前传媒热点,比如:讨论新媒体时代是否意味着纸媒时代终结? 自媒体时代是否意味着记者不再重要? 讨论 2020 年奥斯卡最佳影片《寄生虫》的隐喻、镜头设计及海报风格等。正是因为线上教学中设计这些热点的话题,所以在每一节课开始时就很容易吸引同学们的注意力,让同学们参与到线上课堂的讨论中,集中精力,关注教学内容,保证教学效果。

其次,依据教育生态学理论,教师在教学过程中应注重发挥学生的主体性作用,侧重教学实施过程中任务情境的设计,可以加强教学效果。笔者的第二原则 something interesting 便是为学生提供这样一些任务情境。通过设计一些同学们感兴趣的问题,引发思考,展开讨论,比如在第 7 章"绘画"中设计了这样的问题:什么是现实的幻象? 为什么贡布里希认为,生活在不同时代的不同画家会以不同的方式再现相同的现实? (What is the illusion of reality? According to Gombrich, why have different artists from different periods represented the same visual reality in so many different ways?) 又如,第 3 章"观看之道"的问题是:如何定义与区分艺术作品与淫秽作品? (If much of what we have come to think of as art is in fact pornography, or conversely, is pornography art?) 你如何看待韩国的 N 号房间事件中男性对女性的凝视/观看等热点问题。这些问题都是经过反复斟酌,将课堂活动载体与教学主体紧密联系后,让每一位同学主动参与到课堂讨论中,保证学生不溜号,有话说,从而达到一种教学生态平衡。

最后的一点 something useful 是让学生在课程结束后体验到获得感。在课程后期的教学环节是学期论文指导。在论文指导过程中尽量引导学生打开思路,利用相关理论讨论视觉文化现象,为其毕业论文选题或者将来继续深造奠定基础。这门课的开设时间虽然不长,只有 16 周,但是已经有一些学生将其学期论文延伸发展为毕业论文,还有不少出国深造的同学选择博物馆专业、数字媒体专业、传媒文化专业、电影研究专业等与课程密切相关的方向继续学习。

三 教学环节设计

2020 年春季学期的线上教学体验可以用一句话来概括:在虚拟世界中感受真实的教学。在疫情下这种授课方式对教师们的确是一种考验和挑战。教师们对待线上教学这个新生事物既陌生又感到新鲜,既激动又紧张。那么线上教学应该如何设计教学环节呢?笔者认为,与传统的线下教学相同的是,线上教学依然分为:课前、课堂和课后三个教学环节。

1. 课前教学环节。与线下教学不太相同的是,线上教学在正式开课前的准备工作所花的时间是平时线下教学的几倍。凡事预则立,不预则废。若想搞好线上教学,首先是电脑、iPad 等相关硬件和各种软件的准备。为了防止正式线上教学时发生网络拥堵,提前让学生下载了各种软件,比如雨课堂、腾讯课堂、QQ 语音、钉钉 App、Zoom 等,笔者则同时准备了两台笔记本电脑和 iPad 以备不时之需。同时经常和其他老师研究软件功能,分享交流直播功能、视频功能、作业批改、查看回放等。为了确保开课顺利,提前与学生调试设备,让每位同学轮流尝试直播,检查音频效果、连麦功能等。确保教师与学生充分熟悉线上教学的硬件和软件功能,保证线上教学环境正常。

熟悉了软件后怎样才能上好课呢?毕竟线上课堂跟平常的课堂还是有很大的区别的,缺少了课堂上与学生面对面交流的机会,如何对学生学习情况做到真正了解呢?这就需要在预习环节上下功夫,做出相应的调整。笔者在正式开课前建好 QQ 群后,提前两周开出"视觉文化"课程的阅读书目,鼓励学生提前阅读,进入学习状态。每一章布置 2~3 道 pre-study questions 作为笔头作业提前预习,同时发送一些文件到 QQ 群的群文件中,帮助学生理解深奥的图像学、符号学、解释学等理论。

2. 课堂教学环节。课堂是线上教学中最重要的一环。教师应该注重鼓励学习主体发挥主观能动性,贯穿线上教学以学生为中心的理念。课堂开始的讨论环节围绕学生预习的问题进行,让每一位同学都有表达的机会。考虑到学生在家上课容易走神,课堂内容上就会结合生活实际进行联系,营造共情氛围,让学生尽快融入课堂。笔者也会利用突袭式提问,鼓励不爱回答问题的同学积极互动等,引发学生对视觉文化相关问题进行深入思考和探讨,促进学生思维的发散,培养学生的思辨能力。课堂环节还包括建立良好的教学生态,营造平等师生关系,形成互助共生的线上课堂以有助于提升教学效果。

3. 课后教学环节。线上课堂教学结束后并不意味着教学任务的完成。上完课还要关注到学生学习的效果。因此,作业检查是对学生课堂掌握情况最直观的反馈,当然还要结合学生的课堂笔记、听课情况的数据统计等方面来综合评定。笔者每次课一结束就会催交作业。对于作业迟交、课堂听课情况不太理想的学生的情况做到及时了解,比如这学期笔者班上有一位武汉的同学,发现她课上状态不太好后,下课后专门私聊她,关心她的家里情况、心理状态、学习困难等,对她进行专门辅导,保证不落下一个学生。除此之外,作业的批改和反馈至关重要。笔者做到每一次都认真批改每一位学生的作业,批改后写一段评语单独发送给他们,发现效果不错,因为有一次漏发了一位学生的作业,学生急着催要反馈,反映出学生还是很在意教师的反馈和评语的。充分利用群公告公布优秀作业名单,提醒学生本次课需要注意的教学重点和难点,将线上课堂延伸到课后,让学生感受到教师虽然不能在真实的课堂中进行教学,但时时刻刻与他们在一起。

教学环境和普通的生态环境一样,需要各种构成因素形成一个有效整体,每一要素的协同作用是至关重要的。正如生态系统的动态平衡原理所揭示的,在教学中尤其应该注重发挥学生的主体性作用,考虑合理安排整合各种教学因素,侧重教学实施过程中各种学习支持性条件,如教学信息提供、教学任务的设计以及利用网络平台与学生积极互动,以适应疫情期间的特殊情况,保证教学的有效开展。总之,线上教学课前、课堂和课后三个教学环节始终要让学生在虚拟的空间中感受到教师真实的存在!

今年刚刚教过的17级学生郭某刚同学在课程结束后发送的邮件让笔者再次反思此次线上教学的NIU教学原则和教学效果:"感谢老师一学期的悉心指导!视觉文化是能让我主动思考,渴望收获的学科。令我惊讶的是这门课给我带来的回报太快了。我在论文里预测了微信的短视频化趋势,昨天看微信更新的时候发现它新增的'视频号'一栏恰好印证了我的预测。这都是视觉文化这门课本身的价值和老师在课上设置自由讨论环节带来的结果。希望能继续和老师探讨学习视觉文化和其他领域的话题。"同时学校教务部门的评教结果反馈表明(见文章后附录),此次线上教学的实践完成了预期的教学任务,教学效果良好。

四 结语

本学期的线上课程教学从教学过程性的要素出发,借助教学生态学理论设计了区别于传统线下课堂教学的教学环节。从教与学两方面对线上教学实施状态和学习结果进行综合评估。但不同的课程仍然需要根据内容和学生的实际情况进行调整,重新设计教学环节。因为教与学是一个动态的过程,受到各种因素的影响和制约。因此,教师需要在每学期开始前针对每门课进行分析,对之前的教学进行反思,从而确保教学效果和教学质量。

附:东南大学教务处学生评教系统针对"视觉文化"课程的评教情况

被评课程:视觉文化	视觉文化		
	个人各项指标的均值	院系各项指标的均值	全校各项指标的均值
1. 我感觉很有收获。	4.642	4.461	4.435
2. 老师善于启发我独立思考和积极参与课堂讨论。	4.6	4.474	4.424
3. 你对该门课程的教师教学的总体评价是:	4.6	4.328	4.336
4. 老师采取灵活多样有效的教学方法,激发我的兴趣和深度思考。	4.6	4.445	4.415
5. 老师教书育人,我感受到他对教学工作的热爱和对学生的关怀与要求。	4.558	4.517	4.441
6. 老师能经常和学生交流,我有疑问能得到老师的有效指导;老师重视平时作业和课堂表现。	4.6	4.468	4.449
7. 你愿意向同学推荐选择这门课程吗?	4.558	4.423	4.422
8. 我清楚这门课程的教学大纲和学习目标,进程安排合理,内容深度广度适中。	4.517	4.447	4.416
9. 我学习的兴趣增加了。	4.6	4.433	4.403

续表

	视觉文化		
10. 课程内容能理论联系实际,反映最新成果,对我有启发性和挑战性。	4.642	4.453	4.43
11. 我分析问题和解决问题的能力提高了。	4.642	4.439	4.428
12. 老师熟悉内容,准备充分,讲授清晰,精神饱满,课堂管理有序。	4.683	4.455	4.435
该课程得分:93.2;个人得分:93.2;院系平均得分:89.72;全校平均得分:89.11			

参考文献

[1] 黄远振. 生态哲学视域中的中国外语教育[D]. 福州:福建师范大学,2007.

[2] CREMIN L. Public Education[M]. New York:Basic Books,1976.

[3] EGGLESTON J. The Ecology of the School[M]. London:Methuen & Co Ltd.,1977.

[4] BRONFENBRENNER U. The Ecology of Human Development:Experiments by Nature and Design[M]. Cambridge, MA:Harvard University Press, 1979.

[5] HILLER A. Toward a New Learning Ecology:Teaching and Learning in 1:1 Environments [EB/OL]. [2020-12-27]. http:www.fi.ncsu.edu/whitepapers, 2009.

[6] BURNS M K. School Psychology Research:Combining Ecological Theory and Prevention Science.[J] School Psychology Review, 2011,46 (1):132-139.

[7] 康淑敏. 教学生态视域下的外语教学设计[J]. 外语界,2012(5):59-67.

● 数字化环境下外语教学改革

马克思人学思想视域下的远程教学研究
——以德语远程教学为例

刘 艺

摘要：马克思人学思想是一种科学的理论体系，是马克思整个学说体系的价值旨归。它以唯物史观为理论基础，从"现实的人"出发，超越了费尔巴哈等人对"抽象的人"的崇拜，以实现人的全面自由发展为目的。而基于马克思人学思想的教育则是以学生为主体的对象性活动，它立足于学生的现实需求，使其通过学习、交往等社会实践活动，实现自身各方面的提升与完善。突如其来的新冠疫情使教育教学的方式在短时间内发生了巨大变革，如何让教育者与受教育者在"远程在场"的"虚拟课堂"中实现"教"与"学"的有机融合，最终实现教育的最终归宿，是目前所有教育者需要研究与讨论的重大课题。

关键词：马克思人学思想；远程教学；德语远程教学

Research on Distance Learning in the Context of Marxist Human Theory
—Taking German Distance Learning as an Example

LIU Yi

Abstract：Marxist human theory is a scientific theoretical system and the value purport of Marx's entire doctrine system. It is based on historical materialism, starting from "real people", surpassing the worship of "abstract people" by Feuerbach and others,

---

作者简介　刘艺（1984—），湖南岳阳人，东南大学外国语学院助教，博士在读。研究方向：德语语言学、马克思主义理论。

基金项目　东南大学 2020 年校级教学改革与研究项目"非通用语教学与思政融合研究"（编号 2020-089）的研究成果。

with the goal of realizing the full and free development of people. On the other hand, education based on Marxist human theory is an object activity with students as the "subject object". From the actual needs of students, it enables them to achieve their own improvement and perfection through learning, communication and other social practice activities. The COVID-19 pandemic has changed the way of education and teaching in a short period of time. And how to enable teachers and students to realize the integration of "teaching" and "learning" in the "virtual classroom" is a major topic that all educators need to study and discuss.

Key words: Marxist human theory; distance learning; German distance learning

在新冠病毒肺炎疫情突然席卷全球的背景下，不仅社会生产生活秩序、宏观经济形式受到了严重的影响，全球的教育也面临着严峻的挑战。为解决教学的困境，中国率先提出了"停课不停教、停课不停学"的在线教育解决方案，与传统以面授为主的教学方式形成了鲜明的对比，学生与教师由"直接参与"转变成"远程在场"，"教"与"学"产生了时空分离，所有的教育教学活动均借助网络技术在线上展开。

一 远程教学的发展趋势与特点

远程教学，顾名思义是"远程在场"的教与学，它与传统教学的面授方式之间产生了"断裂"，它改变了主体间性的关系，吸收了传统教学经验，推进了教育教学的改革。

自2020年1月以来，新冠疫情席卷全球。"据联合国教科文组织的统计数据，截至3月10日，全球已有近3.63亿学生受到影响，在亚洲、欧洲、中东和北美，已有15国实施全国范围学校停课，14国实施局部地区学校停课"[1]，全球的教育事业陷入了窘境。为加强与指导全球应急响应，联合国教科文组织于3月10日召开了全球高级别教育官员视频会议，分享减少全球学习中断的远程教学策略，在一定程度上响应了中国"停课不停教、停课不停学"的教育方案。在线课堂也因此成为疫情下教育实践活动实施的主渠道。

虽然从目前的形势看，全面开展远程教学是疫情倒逼的应急之举，但从远程教育的发展历程来看，无论是理论层面还是实践层面，远程教学的模式在国内外都愈趋成熟。它既兼顾了学校课堂教学的系统性、专业性和目标导向性特点，同时又结合在线学习的灵活性、自主性与主创性的优势，因而它作为推进教育教学的改革措施，以给学习者提供更好的学习环境体验为目的，为学生提供更广阔的学习空间。从远程教学的范式与结构分析来看，随着信息技术的不断演进，知识、交互、教师、学生等教育要素都在不断地发生改变，尤其是人工智能技术在教育领域中的不断深入融合，促使教育也不断地从传统教育教学向"智能＋教育"[2]的新生态进行转化。与传统教学相比，远程教学模式是在对传统教学扬弃的基础上，朝着更为开放、多样、智能和创新的方向发展。

第一，开放性特征。首先，远程教育的开放性体现在各种教育资源可通过不同的教育平台跨越空间距离的限制，使学校的教育能够超出校园向更广泛的地区辐射。学生在吸收本校学习资源的同时，也可以享受来自其他高校和教育机构的优秀教学成果。其次，远程教育提供了多层次、多规格、多形式、多功能的开放性办学格局，可以满足社会上不同层次的受教育者的教育需求，以及不同人员对不同教育方式的需求。远程教学的开放性也促进了学生从线性学习向非线性学习转变。着眼于终身教育的理念，改变了人才培养体系的阶段终结性思维，学生可根据自己的学习需求分阶段地完成学习任务。

第二，多样性特征。首先，远程教学丰富了教与学的策略与方法，主要体现在网络课程设置的多元化及教学方法多样化。其次，线上虚拟的学习空间为学习者提供了更为丰富多样的学习资源，如近几年出现的微课、MOOC、SPOC等各类网络学习资源。再次，学习者在远程学习的环境中可以超越时空限制进行讨论，获得了比传统课堂教学环境更多的交互机会，延展了彼此的互动，同时也提高了学习者参与知识建构的机会。

第三，智能性特征。随着智能时代的到来，远程教育的智能性不仅体现在教学管理的自动化与人性化上，更重要的是数字化教学环境及学习资源与各种人工智能的结合。比如："自然语言处理、人机交互、虚拟现实（VR）、增强现实（AR）等智能技术，构建了智能的学习环境，学习者可以实现与物理实体或虚拟对象之间的交互，从而带来与现实世界相同的学习感受和体验，激发学习者的学习兴趣"。[2]

第四，创新性特征。创新性可从两个方面来分析。一方面是教学方式的创新。人工智能在教育领域的逐渐深入，为教育教学方式提供了新的思路，为跨学科知识整合提供了新的方法；另一方面是学生的创新能力。课程的多元化提高了学生的学习兴趣以及思维扩散能力,激发了学生先验知识与新知识的联系,从而提高了学生的探究能力与反思能力,促进了学生创新能力的提升。

毋庸置疑,从远程教学的发展趋势与教学特点分析,它在未来教育领域的必要性与重要性是不言而喻的。不论是在后疫情时代还是智能时代,远程教学的模式在教育领域永远不会缺席,只会不断地结合时代的发展需求对线上教学的模式进行优化,不断推进教育教学的改革,为学生全面自由地发展创造更好的平台。而以马克思人学思想为理论指导的教育,能有效地融合"教"与"学",是实现学生自由发展的可行性路径。

二 马克思人学思想

马克思人学思想是一种科学的理论体系,它摒弃了传统对"人"的遮蔽,批判性地继承了前人在人学思想上的合理养分,从"现实的人"出发,并从人的本质、人的存在、人的发展三个维度上对人与自然、人与人之社会关系的发展进行探索。它的核心在于人的本质观,即"人的本质不是单个人所固有的抽象物,在其现实性上,它是一切社会关系的总和"[3]501。它以实现"人的全面自由发展"为旨趣。马克思说:"如果用哲学的观点来考察这种发展,当然就不难设想,在这些个人中有类或人在发展,或者是这些个人发展了人"[3]83。也就是说,人的自由全面发展包括这样三个方面:"其一,人的类特性即自由自觉的创造性活动的全面发展,它是指人的活动从独立自主性、自由自觉性和积极能动性等各种能力的充分发挥以及人的活动达到丰富性、完整性和可变动性;其二,人的社会特性的全面发展即全面而丰富的社会关系的创立并合理地建构;其三,人的个性的全面发展即实现自由个性"[4]。而实践是实现人的全面发展的根本途径。

因而,马克思人学思想视域下的教育则是指教育者在实践过程中充分把握"每个人的自由发展是一切人的自由发展的条件"[5]53,从受教育者的现实需求出发,充分发挥高校的育人功能,使其通过学习、交往等具体的社会实践活动,实现德、智、体、美、劳等各个方面的提升与完善,最终指向人的全面自由的发展。

三 马克思人学思想视域下的远程教学

远程教学的教育方式在当下的数字化时代主要是指"以技术平台和网络资源

为环境支撑的网络教育"。远程教学作为教育教学的重要改革措施,在疫情"倒逼"的情况下加速了教育信息化的建设。此次新冠疫情期间的高校在线教学,是我国高等教育历史上第一次大规模利用互联网技术开展的教学实践活动,它成功地缓解了教育在突如其来的疫情下所面临的"缺场"困境,也进一步加深了互联网技术与教学的融合。但远程教学在教育领域短时间内大规模的强势"入场",也带来了一系列的问题与挑战。

（一）远程教学的现状

根据厦门大学教师发展中心对我国334所高校在疫情期间所展开的线上教学情况调查报告分析,远程教学满足了最基本的教学需求,但支撑"以学生为中心"的教学亟待进一步改进。原因在于,教学方式的突然改变,使"教"的输出没充分考虑到"学"的吸收。首先,教育者与受教育者在教与学的实践过程中以"远程在场"的方式替代了传统中的"直接参与",教师忽略了学生在没有教师监督的"虚拟课堂"下自主能力受到挑战的事实;其次,教师低估了"时空分离"在情感上给学生带来的影响,即学生们不能像以往一样在同一时空下进行讨论、交流,学生的情感也因此无法在第一时间内得到有效回应;再次,教学的三要素,即教育者、受教育者、教学资源（教学内容与教学载体）在远程教学的模式下发生了重组与扩展,在给学生带来多样性教学体验的同时,多而复杂的教学资源选择在一定程度上给学生带来了困扰,导致学习受阻。而这一切问题的肇因均在于远程教学未能从具体学科出发,未能站在学生的立场有效地融合教与学。

由是观之,在网络教学中融入马克思"以人为本"的科学发展观作为远程教学的理论指导,可以让教育者在具体的课程规划、课程设计、教学方案等各方面充分顾及学生的个性与特点,合理使用现代教育技术,以因材施教为出发点,使这场"远程教学的实践活动"立足于受教育者的现实需求,引导受教育者在获得知识的过程中实现德、智、体、美、劳的全面发展。同时,得当的人文关怀可以有效规避"高技术与高情感危机"。

（二）远程教学与马克思人学融合的前提

远程教学与马克思人学的融合研究需先了解各学科的特点,不能一概而论,如远程外语教学与马克思人学融合的前提:第一,需清楚新时代对外语人才的要求。随着我国"一带一路"倡议的落实,沿线国家贸易交往更加顺畅,中国的国际影响力不断提高,国家对国际人才的需求也随之提升到了更高层面。2016年9月,习近平总书记在G20峰会后提出:"要提高我国参与全球治理的能力……需要一大批熟悉党和国家方针政策、了解我国国情、具有全球视野、熟练运用外语、通晓国际规则、精通国际谈判的专业人才。"外语人才培养应围绕国家的战略需求，从顶层设计出发，明晰培养的目标，根据时代的需求调整培养方案。第二，需要掌握现代外语教学研究的重点。其可以简单总结为以下三个方面：(1) 外语教学注重对外语学习主体的研究。以人为本，强调主体的个性发展与差异化发展。(2) 它强调培养学习者语言使用的能力，外语作为外交手段的基本配置，必须将其融入生活之中，才能做到学以致用。(3) 应将外国文化教学和跨文化交际能力的培养列为教学内容，外语教育本质上是人文教育，了解各国的人文特色，有助于培养学生多元化的思维方式，丰富自身的知识建构，加强学生的思辨能力与反思能力，从而实现以促进学生认知素质、情意素质全面发展和自我实现为教学目标的全人教育。第三，注重外语教学的方法与策略。外语教学作为现代社会人才培养的重要阵地之一，它有着自己的主要特征。语言教学具有很强的时代性，其教学目标、教学内容与方法都会因为社会的需求和语言的变化而变化。

因而，厘清远程教学和马克思人学融合的前提才能建构符合新时代发展的外语远程教学模式，才能有效解决疫情下"教育中断"的困境。

（三）远程教学与马克思人学融合实践

以下结合东南大学疫情下德语远程教学的实践，从技术准备、课程设置及检测评估三个层次浅析马克思人学思想与远程外语教学有机融合的可能性。

1. 技术准备。安全稳定的教育平台是保障远程教学得以顺利进行的首要条件。线上教学平台多而分散，且各种技术平台支撑水平参差不齐，因而在选择教育平台时，需先综合分析各个教学平台的优缺点，再根据外语教学的特征及班级学生的特性选择在短时间内容易上手且交互性强的平台。德语远程教学在平台选择上综合考虑了"师生互动的即时度""网络速度的流畅度""平台运行的稳定度""作业提交的顺畅度""画面音频的清晰度""工具使用的便捷度"，以及"课前—课中—课后"三段式的翻转课堂模式，选择了大学在线 MOOC 平台为课前预习平台，以腾讯会议展开主课堂，微信群作为课后交流、讨论、作业批改的反馈平台。技术层面的充分准备为学生通过远程教学实现"自由全面的发展"创造了条件。

2. 课程设置。课程设置需遵循课程的"学术性""学科性""学习性"的特质。以"学术性"为第一要义，以高深知识为基础、高阶思维为导向、高端问题为触点，将"学术性"融入教学全过程。其学科性主要体现在能够运用学科的独特语言符号和思维方式,深刻反映学科的研究对象和基本问题,深刻表达学科的核心概念与范畴,深刻揭示学科的文化与精神,实现学科独特的立德树人价值,有效促进学生养成学科核心素养。"学习性"则是以"学生中心、成果导向、持续改进"的理念,关注学生的学习过程及状态,注重引导学生主动参与课程教学,系统地培养其读、思、达(阅读、思考、表达)三种能力,并逐步深化学生的理论分析、实践创新、自主探究、合作学习等能力。本校在德语课程设置上紧扣"三性",重视内容规划、教学设计、教学模式等内容。课程内容的选择上紧密结合课程大纲,顺应当下"大思政"的育人格局,从学生的"现实需求"出发,贯彻马克思的人学思想,选择了具有前沿性的教学内容,使课程具有学术性;教学设计与教学模式上鼓励学生充分利用网络数字资源、优质慕课等开展课前内容的自主学习以及课后内容的巩固复习。即鼓励学生根据教师课前布置的内容大纲自主选择相关内容的优质慕课或网络资源进行预习,这样学生可以根据自身的知识基础与偏爱,选择最适合自己的学习难度,以及自己喜欢的呈现和交流方式,实现差异化、个性化的自主学习。课堂上充分考虑到交互环境的设计,有效构建适合学习者在线学习的交互场景,促进在线学习中交互的发生,并且提高交互的效率。因为"通过交互媒体实现的交互水平的高低,直接影响了学习者的知识建构水平,从而决定了在线学习的成功与否"。[6]在教学模式上,德语远程教学主要采取讲授与讨论相结合的教学方式,合理使用现代教育技术,充分发挥课堂上老师主导、学生主体的作用;在各个不同课程主题的导入阶段,结合时事热点与相应的课程主题,深度挖掘其中所蕴含的德育元素,进而将思政教育融入教学的各个环节;灵活运用情境式与交互式教学方法,加入跨文化议题,为学生提供多元的视角来进行中德文化差异的讨论,使学生了解并反思其差异,引导学生辩证地看待民族文化与外来文化、本土特色与国际形势,以及主流意识形态面临的挑战与机遇,培养学生跨文化交际的能力,为其日后在生活及职场上的跨文化交际而准备。课后以微信群为"主场地"进行解惑答疑、作业反馈,让学生可以更加深入地理解学习的主题,促进知识意义的建构,同时也能帮助学生养成自我管理、自我反思、自主学习的良好习惯。概言之,对于教师来说,做好课程设置应秉承其"引路人"的职责,即在整个教学实践过程中"做学生锤炼品格的引路人,做学生学习知识的引路人,做学生创新思维的引路人,做学生奉献祖国的引路人"。[7]对于学生来说,有针对性的课程设置可增强学生的自信,凸显课程的"学科性"与"学术性",为其实现"自由全面的发展"夯实基础。

3. 检测评估。检测评估对远程教学质量的监控起到了有效的支撑,同时也为教育能切实地秉持"以人为本"的教学原则及"立德树人"的教学旨趣提供了保障。换言之,及时反馈评价结果,可便于教师与学生及时调整教与学的策略,为学生创造了实现"自由全面的发展"的可能性。东南大学教师发展中心在疫情期间对全校远程教学进行了全程的检测与评估。期间在不同阶段提供了三次教学评估报告,有效地帮助了教师与学生在教与学的过程中不断优化课程设置,提高教学质量。从整个检测评估报告来看,以马克思人学思想为理论指导的德语远程教学取得了不错的成果。教学过程中,引导学生主动参与课程的教、学、评全过程,不仅能保障课程的质量,还能有效助推良好教风、学风的建设,实现马克思人学思想视域下的教与学的有机融合。

综上所述,在保障流畅的通信平台、适切的数字资源、多样的学习方式、灵活的教学组织的基础上,充分融合马克思的人学思想,坚持知识传授与价值引领相结合,坚持灌输性和启发性相统一,根据学生的特点与兴趣做到因材施教,促进学生的全面发展和个性发展;根据教学目标和内容选择合适的教学方法,重视启发式、讨论式以及参与式教学方法的使用,充分激发学生知识建构的能力,是实现人之自由全面发展的可行性路径。

四 结语

远程教学的全面应用尽管是疫情下解决教学困境的紧急策略,但无可置疑的是它加速了现代教学的改革。综合它的发展趋势与特点,以及各大高校在疫情中取得的各项教学成果,奠定了它以后在教学领域中进入"常态化"的基础。而"以人为本"的马克思人学思想与远程教学的有机融合既可助力于我国现行大力推行的课程思政,为我国培养能担当民族复兴大任的新时代复合型人才作出贡献,又能保障以学生为主体的教学模式,以及高校的育人职能。

参考文献

[1] 中华人民共和国国家互联网信息办公室. "教育战疫,停课不停学"国际网络研讨会召开[EB/OL]. (2020-03-18) [2020-10-04]. http://www.cac.gov.cn/2020/03/18/c_1586073193129298.htm.

[2] 周自波. 疫情之下高校网络教育的价值回归与实践导向[J]. 高等继续教育学报,2020,33(03):15-22.

[3] 马克思恩格斯文集(第1卷)[M]. 北京:人民出版社,2009.

[4] 潘尔春.论马克思主义实践人学思想[J].四川师范大学学报(社会科学版),1996,23(1):29-31.

[5] 马克思恩格斯文集(第2卷)[M].北京:人民出版社,2009:53.

[6] 曹良亮.在线学习中的交互设计:以交互结构为核心的交互设计方法[J].中国远程教育,2010(1):38-43.

[7] 中华人民共和国中央人民政府.习近平在北京市八一学校考察时强调 全面贯彻落实党的教育方针 努力把我国基础教育越办越好[EB/OL].(2016-09-09)[2020-10-06].http://www.gov.cn/xinwen/2016-09/09/content_5107047.htm.

"以学生为中心"的高校线上教务管理实践
——以东南大学为例

杨红霞

摘要：新冠肺炎疫情期间,各大高校响应教育部"停课不停教、不停学"的号召,纷纷开展线上教学。随之给转战线上的教务管理工作也带来了新的挑战。本文从教学组织管理、教学过程管理、教学质量监控三个方面探讨"以学生为中心"的东南大学线上教务管理实践,为保障线上教学秩序和效果提供新的参考和借鉴。

关键词：线上教务管理;线上教学;新冠肺炎;以学生为中心

Practice of "Student-centered" Online Educational Administration Management in Colleges and Universities —Taking Southeast University as an Example
YANG Hong-xia

Abstract: As the world is fighting against the COVID-19 outbreak, colleges and universities have launched online teaching in response to the Ministry of Education's call to "suspension of classes without stopping teaching and learning". It also brings new challenges to online educational administration management. This paper analyzes the practice of "student-centered" online educational administration management from three aspects of teaching organization management, teaching process management and teaching quality monitoring in order to provide new suggestions for guaranteeing the teaching order and effect online.

Key words: online educational administration management; online teaching; COVID-19; student-centered

一 引言

"以学生为中心"的教育思想可谓源远流长,从古希腊苏格拉底的"精神助产术",到近代卢梭的"自然教育理论",再到现代杜威的"学生中心主义"都体现了"以学生为中心"的思想[1]。我国《论语·为政》中的"因材施教"一词也包含了"以学生为中心"的教育思想。1998年,首届世界高等教育大会上发布的《21世纪世界高等教育的展望及其行动框架》中指出高等教育的发展需要"以学生为中心"的新视角和新模式[2]。此宣言引起了世界各国的广泛关注和反响,推动了"以学生为中心"的高等教育教学改革。那么究竟何为"以学生为中心"?顾名思义,"以学生为中心"即以学生的学习和发展为中心,以学生的发展能力和需求为基础展开各项教育活动[3]。随着教育改革的深入进行,"以学生为中心"的教育理念已在常规教务管理和教学活动中被广泛运用与实践。然而,在突发的疫情中,如何践行"以学生为中心"的线上教务管理,保障线上教学秩序平稳有序的进行,做好线上教学辅助工作,提升广大师生线上教学体验感和满意度,成了教务管理工作中新的挑战。

二 教务管理工作的新挑战

高校教务工作是集教学组织管理、教学过程管理、教学质量监控等多项职能于一体的工作。教务工作者也是连接学校职能部门、教师和学生的纽带,起着上传下达、传递信息、协调内外的作用[4]。笔者通过疫情期间与本校教师和学生的沟通反馈以及对自身工作的反思,梳理出了以下几点教务工作者面临的新挑战。

1 线上教学组织管理的新挑战

疫情来得过于突然和迅猛,又正值寒假期间,大部分学生已返乡过春节。返乡之时,部分学生未带课程资料、电脑等线上上课所需的工具,也有部分学生家处农村偏远地区,网络不通畅,无法按要求参与线上学习。同时,疫情的突发,导致很多没有线上教学经验的教师被迫在线上上课,教师和学生对各大线上学习平台的操作均不熟悉,组织线上教学具有很大的难度。

2 线上教学过程管理的新挑战

线下面对面授课,教师可以实时关注学生的动态,掌握学生情况,而线上教学不同,对学生的管理没有在校时方便,学生也有可能因为网络原因出现掉线、卡顿等情况。教师如何通过网络实时准确地掌握学生在线情况?同时,大量的疫情信息给全国甚至全球人民都造成了一定的恐慌,居家不外出的单一环境也容易让人产生恐惧迷茫[5]。高校学生面对升学就业的压力,许多实习或者出国深造等安排都因疫情暂缓搁置。面对大规模的线上课程,学生容易出现不适与抵触情绪,也容易产生迷茫和困惑,不利于学生的身心健康成长。很多从未进行线上授课的教师被迫转向网络授课,授课中如出现网络、技术等问题,又该如何解决?

3 线上教学质量监控的新挑战

教学质量监控不仅包括教学内容、教学形式、教学方法等,也包括课程考核。一直以来,线上教学都是作为线下教学的辅助,并未成为教学的主流。大面积大规模地进行线上教学是疫情之下的应急之举。如何保障线上教学与线下课堂同质等效?又如何有效开展线上课程考核?

三 构建线上教学机制保障体系

1 搭建平台机制体系,保障线上教学顺利开展

2020年1月28日东南大学发布《关于成立东南大学新型冠状病毒感染的肺炎疫情防控暨应急处置工作领导小组和工作组的通知》,成立了以党委书记、校长为组长,副书记、副校长为副组长的领导小组,对疫情防控工作进行了部署。2020年2月1日发布了《关于做好新型冠状病毒疫情防控期间本科线上教学预案的通知》,按照学校疫情防控要求,教务处组织各教学单位根据实际情况制定本科线上教学预案,由各教学单位的教学副院长牵头部署工作,以教研室为单位打造教学团队,团队内进行分工协作,资源共享,合理调整教学大纲,充分利用现代化教学资源,提前梳理线上教学预案并实行课程预案审核制度。每一门课都实行"任课教师—系部主任—教学院长—教务处"四级监督审核制,审核通过的课程才有资格进行线上教学。

组织师生进行各大网络学习平台的线上培训,由技术人员在线指导教师如何在平台上进行课程建设、上传课程资料、发布作业、对学生进行在线考勤等。并建立操作答疑微信群,发布操作指南,及时解决教师对于平台操作的困惑。同时,辅

助教师建立每门课程的线上交流群,通知并确保每一位学生都顺利进入相应的课程群,为线上教学做好准备。为尽可能减少线上教学突发情况的发生,教务工作者辅助每位教师在正式上课前与学生进行课程演练,演练过程中如发生网络拥堵、掉线、教学平台无法登录等情况,及时反馈给技术人员,平台技术人员及时对系统进行优化升级。对于无法进行线上教学的课程,如实验、实践等课程,由教务工作者通知学生待疫情得到有效控制,学生返校后再进行,对每一门课的教学方式方法都做了仔细的考量,切实保证每门课程的教学安排。

除此之外,针对硬件条件无法达到线上学习条件的学生,教务工作者统计好相关名单,为相关学生提供邮寄教材、平板电脑等服务,使学生可以采取自主学习+老师答疑的方式进行学习,真正做到全员停课不停学,不落下任何一位学生。针对网络条件无法达到线上学习条件的学生,教务工作者和任课教师一起想尽办法联系上这些学生,将教学内容和学习要求通过各种方式传递到学生手里,不管学生在世界的哪个角落,只要多一份陪伴,学生就可以少一份迷茫无助,不论传递的方式有多艰难,不论联系有多么不便利,东南大学每一位教学工作者始终坚持不落下任何一位学生,做真正有温度的教育。

2　搭建运行反馈机制,保障线上教学有效运行

建立线上师生教学沟通反馈群,每日收集反馈师生的线上动态和要求,掌握每一门课程线上教学的实时情况,开展线上陪伴式的教务管理工作。并建议任课教师通过在线课堂考勤、发布讨论话题等形式,实时了解学生在线状况,保障在线教学运行秩序。

协助梳理典型案例,将疫情期间东南大学涌现出来的优秀教学方法、教学事迹等通过微信、网站等分享给更多的教师和学生。一方面可以为因网络、技术等所产生困惑的教师答疑解惑,另一方面可以正面引导学生,排解学生因疫情产生的焦虑情绪,传播正能量。经过总结梳理,疫情期间东南大学涌现出了很多将专业知识技能与思想政治、时事教育相结合的优秀的教学案例,如医学院开展了关于免疫和病毒的特殊医学课,给学生科普解读人体免疫系统与病毒战斗的过程;土木工程学院结合课程特点,将火神山医院建设过程的视频引入课堂教学,将课堂教学与思政元素相融合,提升学生对本专业的认同感以及爱国情怀;外国语学院根据疫情期间网络拥堵与课程特点,采取了雨课堂+腾讯会议+教师端遥控手机+学生端测试手机+QQ群的混合线上教学模式,保证任何时候都可以正常与学生交流沟通,不畏

网络拥堵。

3 搭建教学质量监控体系,保障教学成效

开展线上教学评教。教务工作者多次配合东南大学教师发展中心开展以问卷形式的线上教学学生评教。线上教学学生评教主要从学生的角度对教学形式、教学内容、教学指导等方面进行评价,提出意见和建议。为保证评教率,获得真实有效的数据,教务工作者在学生群里广泛宣传评教工作的重要性,并请教师在下课前3分钟或者课间休息时间提醒学生填写线上问卷。对回收的问卷数据进行处理后反馈给各教学单位和每一位任课教师,帮助各教学单位和任课教师进一步了解学生对每门线上教学课程的真实想法,及时调整线上教学模式,进一步提升广大师生对线上教学的体验感和满意度。

实行线上督导听课制度。教务工作者为督导组提供每门课程的时间安排和进入相关线上课堂的联系方式,保障各学院的督导组和学校督导组对全校课程顺利进行随机抽查听课。线上督导听课的目的在于从教师的角度发现问题,解决问题,挖掘亮点,推广亮点,分享经验。线上督导听课制度不仅有效保障了线上教学质量,也为进一步开发更多线上线下相辅相成的教学模式做准备。在大数据的环境下,在线课堂会发展得越来越好,教师可以借此契机,积累经验,为之后申请相关课题提前做准备。

开展线上考核工作。教务工作者收集整理各教学单位每门课程的期末考试预案,提交给教学副院长和学校审核。课程考核能够直观地把握学生对于知识的掌握程度,同时也能反映教师线上教学水平和质量。线上考核需要考虑到网络平台的可操作性、客观性以及量化性。课程成绩关乎学生的学籍审核、评奖评优、保研毕业等工作的开展,必须保证考核工作的公平、公正、公开。

根据各课程的期末考试预案,组织任课教师进行期末考试平台的培训,将操作流程整理成册,及时发布给任课教师。并辅助搭建线上考试班级,与各大平台的工程师一起将各教学班的学生名单导入平台,确保学生可以在线考试。发布操作流程给学生,协助教师组织学生进行模拟测试,尽量避免学生因不熟悉操作平台影响考试成绩等情况的发生。除此之外,梳理网络硬件条件达不到线上考试条件的学生名单,提交学校教务处,由教务处另行安排,确保每一位学生都有公平的考试方案。根据考试科目安排发布考试时间,安排线上考试监考人员,并组织相关监考人员进行线上期末考试监考培训,保障监考人员按线上监考要求完成监考任务,进一

步保证学生期末考试的公平、公正、公开性。

四 结语

经过全校师生的共同努力协作,东南大学在线教学组织管理忙而不乱、教学运行顺畅,教学质量得到了有效保障。不论是在线教学还是在线教务管理都是非常时期的非常之举,在摸索中前进,其管理制度还有待进一步完善。随着互联网的不断发展,线上教学也会成为未来教育发展的新趋势。此次疫情不仅给在线教学和在线教务管理带来了挑战,也带来了机遇。教务工作者应以此为契机,以学生为中心,立德树人,探索线上线下同时发力、完美契合的教务管理模式,提高教务管理的效率,协助教育管理者进一步探索教育管理的新思路和新方法。

参考文献

[1] 赵祥辉.高校"以学生为中心"教学改革理念:意义、困境与出路[J].中国高等教育评论,2020(13):54-65.

[2] World Declaration on Higher Education for the Twenty-First Century and Action [EB/OL]. (1998-10-09)[2018-08-22]. https://unesdoc.unesco.org/ark:/48223/pf0000198095?posInSet=6&queryId=N-EXPLORE-9387a70c-f79d-434f-a071-be319f2ca8d0.

[3] 刘献君.论"以学生为中心"[J].高等教育研究,2012,33(8):1-6.

[4] 郑群.线上教学环境下教务管理运行的探索与实践:以佛山职业技术学院为例[J].现代职业教育,2020(50):116-117.

[5] 刘仙菊,何清湖,闫云云,等.湖南中医药大学在线教学教务管理实践与探讨[J].中医药导报,2020,26(13):218-220.

学习参与理论视角下的外语线上线下混合教学改革策略
——以《日本报刊选读》课程为例

杨 曈

摘要：当前,我国高等教育正从大众化阶段步入全球化阶段,为满足学生对教育和未来职业的多样化需求,课堂教学也逐渐从以教为中心转向以学为中心,如何提高大学生的学习参与度成为重要课题。既有研究全面分析了大学生学习参与度的影响因素及以学为中心的线上教学方法。然而,将学习参与理论系统应用在线上线下混合教学,并将其完整贯穿于教学设计、实践和评价三环节的研究甚少。因此,本文将学习参与理论与实际课程案例相结合,通过客观持续地掌握影响学习参与度的不可变因素(如性别、出身等),同时积极改变可变因素(如学生的学习动机、教师、设备等),意图有效提高学生的学习参与度和学习满意度。此外,本研究通过研发高参与度的线上线下混合教学模式,致力于将"以学生为中心"的教学理念真正落到外语教学中的实处。让外语专业的学生掌握语言应用技能的同时,提高其跨文化交际能力、批判力和逻辑思考能力。

关键词：大学生;学习参与;线上线下混合教学;外语教学改革;教学策略

Reform Strategies on Blended Foreign Language Teaching Based on the Engagement Theory: Taking the Course of Selected Readings of Japanese Newspapers as an Example

YANG Tong

Abstract: As higher education in China is transforming from a stage of popularization

---

作者简介 杨曈(1986—),女,东南大学外国语学院日语系副教授,博士学位,研究方向:高等教育学、高等教育政策、通识教育。

to a stage of globalization, students' varying needs for learning and career planning have been shifting the teacher-centered education to a student-centered one. How to enhance students' engagement has thus become a major subject. Although existing studies have comprehensively analyzed the factors influencing college students' participation in class and online teaching techniques in student-centered learning, few studies apply the Engagement Theory to all three stages in blended teaching, namely the design, practice, and evaluation of the courses. Therefore, this paper aims at providing recommendations on improving students' engagement and learning satisfaction by analyzing the combination of Engagement Theory and actual teaching practice. The analysis suggests that the invariable factors such as gender and family background that influence students' engagement be mastered, and the variables such as students' motivation, teachers, and teaching facilities be utilized. This study is also committed to implementing student-centered learning in foreign language teaching by developing a blended teaching model in which students are highly engaged. The model would equip foreign language majors with applied language skills and benefit them in cross-cultural communication, critical faculties, and logical thinking.

Key words: university students; students' engagement; online and offline blended teaching; foreign language teaching reform; teaching strategy

根据《2019年全国教育事业发展统计公报》[1]，我国高等教育的毛入学率为51.6%，在学总规模达到4002万人，从高教大众化阶段步入了全球化阶段。无论是2010年7月公布的《国家中长期教育改革和发展规划纲要（2010—2020年）》，还是2016年国务院常务会议通过的《国家教育事业发展第十三个五年计划》，都展现了对高等教育质量保障的高度重视。在多数学生都能进入大学学习，而学生的能力和个性却愈发趋于多样化的时代，为使多样化的学习需求得到满足，大学教育不得不从以教为中心向以学为中心转变。接二连三的教育政策更是引发了教育界对目前一味倾向学习成果考核这一评估方式的深思，以大学生学习参与度为核心的过程性考核受到推崇。

近年来，大学生学习参与度的概念、测量方法、影响机制等理论层面的研究层出不穷。疫情期间，伴随线上课程的大规模推广，更是加大了学生参与度的提高难度。在此背景下，本文基于学习参与理论，对2020年开设的"日本报刊选读"这门课程,从设计、实践和评价三环节尝试了教学模式的改革创新。

一 问题的提出

研究表明,大力优化大学生感知的课程学习经验,可以促使其转变学习方式,提高其对教学质量的满意度[2]。既然实际参与、主动参与才能得到感知,教师又该如何改善大学生的学习参与度,让其在课堂内外获得更好的学习经验呢?既有研究中学习参与度的影响机制主要基于国际大规模学习情况调查的分析结果得出。以提高学生参与度的教学策略多是基于学生本位思想或是以提高学生学习动机为目标的宏观教学改革。至于教学过程中教师要如何做才能提高学生的学习动机,将学习参与度的理论真正落地的研究甚少。在此意义上,本文期待能缩小学习参与理论与教学实践之间的鸿沟。

对于外语专业的学生而言,线上课程的优势在于开设跨国课程的成本低廉,在家就能与他国大学生开展小组讨论和课堂互动。但是,面向低年级学生的线上外语基础课程,其弊端就较为明显。相比面对面授课,师生和学生间交流都得以互联网为中介,教师很难及时确认学生是否跟上节奏,学生之间也无法像线下授课一般可以及时沟通和相互监督。因此,如何发挥线上线下课程各自的优势,扬长避短,提高学生的学习参与度,对学校和教师而言,既是挑战又是机遇。教师应以此为契机,真正开始以学生为中心的教学模式改革[3]。

二 学习参与理论的探讨和研究框架

通过梳理近十年聚焦于大学生学习参与度影响因素的既有研究,笔者将主要的影响因素归为两大类:第一类是学生特性,即不可变因素,如学生性别、出生地、高中类别、父母的经济或社会地位、成绩等。调查表明,女大学生更容易参与合作学习和课堂讨论[4-6]。此外,学生是否出生在城镇(包含城市和乡镇)也可能会影响学生参与合作学习和接受挑战性学业任务的积极度[4-6]。城镇学生普遍比农村学生的学习参与度要高。然而,也有学者认为,学生的出生地对学习参与度没有明确影响,独生子女则是一项重要参数[5]。调查结果显示,比起独生子女,非独生子女对课堂教学的参与度更高,且课堂外花更多的时间学习[5]。这可能是因为农村学生通常是非独生子女,学习是他们改变命运的唯一机会,也因此更珍惜这来之不易的学习机会。第二类是通过外在努力可获得改变的可变因素,分为内在因素和环境因素。内在因素包含学生的学习动机和学习目标(对专业的认可度、学术期待等)。清晰的学习目标和积极的学习动机可很大程度改善学生的学习参与度[6-9]。比如,认为自己所学有意义的学生的参与度都很高[6]。环境因素包含学生的朋友、家庭和师生关系,校园和教室设施等。其中,师生互动和学生间互动的质量和频率被看作是关键因素。比如,教师的课程设计与教学方法不到位、教师对学习任务分配不合理或不明确、对作业的评价方式过于简单(做多做少都一样)、其他组员的消极参与,都会影响学生对学习的参与度[10]。

基于以上对既有研究的考察,建构了以下理论框架:

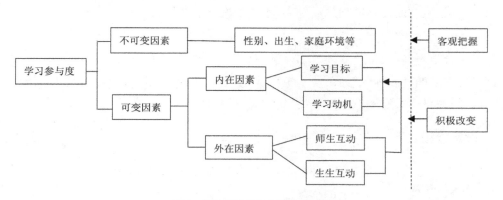

图1 学生学习参与度的影响机制

因此,若要有效改善学生的学习参与度,教师作为重要的外因,可从教学的设计、实践、评价三个点入手,结合线上和线下教学的特点,促进师生互动和学生间互动,赋予学生积极的学习动机,让课程更加符合学生的学习目标。

三 学习参与理论在外语线上线下混合教学中的应用

以2020年度笔者负责的"日本报刊选读"为例,结合学习参与的理论视角,从设计、实践和评价三环节力图提高学生的学习参与度和对课程的满意度。其中,教学设计是基本思路,教学实践是实际应用,教学评价是对效果的把握,三者形成闭环式的良性循环。

该课程采用直播教学和线下答疑的方式展开,共33名大二日语系学生选修,全体同学都参与了由东南大学教师教学发展中心组织的线上课程过程考核。首轮平均分未公布,第二轮平均分为 9.74 分(满分 10 分,外国语学院的平均分为首轮 9.66 分,第二轮 9.53 分)。问卷由 12 项评价标准组成:(1)老师在教学过程中传播正能量、增强大家战胜疫情的信心;(2)老师能将课程教学内容与立德树人教育有机结合;(3)老师能明确每次授课的教学目标和学习要求;(4)老师备课充分、教学素材准备齐全;(5)老师对课程的内容讲解和表达清晰明了;(6)老师能有效控制教学节奏、照顾到大多数同学的学习;(7)老师能有效组织线上师生互动;(8)老师能有效开展课堂管理,使教学秩序不杂乱;(9)我有疑问时,能得到老师的有效指导;(10)课后作业始终能够得到老师的及时反馈;(11)我能自我约束,做到全程集中注意力,认真参加线上课程;(12)我能自觉按时完成作业并提交。这说明,多数学生对此课程的满意度较高,本次的教学改革取得了初步成效。

(一)教学设计环节

结合学习参与理论,此环节的关键在于努力缩小师生间学习目标的距离,让课程符合学生期待。为此,先调研学生特征,基于专业和学生需要设定合理的课程目标,再从教材中圈定重点内容和决定教学先后顺序。

1. 设定课程目标

笔者参考日语系每门课程的学习目标和该课程教学大纲在专业能力上的具体要求,分以下四步骤制定了课程目标。

(1)确定课程定位

日语系的课程从内容上可分为基础技能课、能力衍生课和文化教养课三大类。低年级的精读、听力、会话、第二外语等课程以训练语言的基本功为主,属于基础技能课;报刊选读课、日语泛读课等需要学生学会灵活应用语言基本功理解和分析日本的社会和文化,培养语境意识,属于能力衍生课;文化教养课则包含日本地域文化、日本历史等课,是作为日语专业的学生必备的文化素质和基本常识,注重培养学生的跨文化交际意识。因此,报刊选读课应以学生在大一形成的语言能力为基础,进一步培养跨文化理解等通用技能。

(2)分析教学大纲

根据日语系制定的"日本报刊选读"教学大纲,本门课是日语系大二年级的专业必修课。学生需进一步拓宽文化视野,并学会分析和理解日本社会、经济与文化等方面的问题,培养发掘和利用信息的能力。课程培养学生的能力规定如下:"第一,掌握报刊的背景知识、新闻文章的特点;第二,掌握各类新闻中常用的词汇和表达,并理解在日本文化背景下具有的含义;第三,阅读新闻,使用学过的单词、句型批判地表达自己的意见。"

同时,根据日语专业对学生能力的规定,还应重点培养:跨文化交际意识、发现问题并解决问题的能力、利用各种学习媒介和资源获取新知识的能力、对获取信息的梳理能力。其中,后三项都属于研究的初步技能,也是今后从事各行各业所需的逻辑思维和深度思考能力。

(3)客观把握全校学生总特征

从大数据了解学生的基本情况,可加强对不可变因素的可控性。由于并未找到对学生的大规模学情调查,故参考了国内最具代表性的三类大学生学情调查:由清华大学领头的 NSSE-China(The National Survey on Student Engagement)、由南京大学、湖南大学和西安交通大学带头参与的 SERU(Student Experience in the Research University)和由北京大学教育学院组织的中国大学生学习参与度调查。前两项的组织者是美国的教育机构,其主要目的是为了比较中国大学生与他国大学生在学习经历上的不同,而由北京大学组织的大学生调查则是在参考前两项测试工具的基础上加入了能反映中国大学生特性的选项。第一次调查涵盖了北京的53所高校,图2是这一调查的分析结果。它与 NSSE 得出的结论的共同点为:985与211大学的学生普遍具有较强的学术倾向,即对于课程学术水平的期待高于其他类型高校的学生。211大学的学生有较强的实践和工作倾向。地方大学、职业学院和独立学院的学生则以工作型为主。

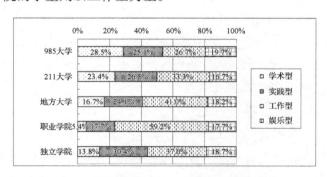

图2 高等教育机构的大学生类型分布

数据来源:李璐.高校学业影响力覆盖的群体性差异——基于53所首都高校的实证研究[J].山东高等教育,2017(3):35.

(4)客观把握所教学生的总特征

课前分发"学生情况表",让学生填写自己的基本情况。除姓名、出生地、是否有兄弟姐妹等基本情况之外,还有长处和兴趣爱好、对课程内容的期待等。统计相关数据,以便在日后相处过程中找到与学生交流的共同语言,针对学生的不同个性和兴趣加以引导,及时对学习基础不自信的学生给予关心和鼓励。初步调查可知,大部分学生除语言能力以外,更期待的是能从此课程中提高自身文化修养,培养未来职业所需的独立思考力和创造力。

(5) 制定学习目标

结合学校客观规定和学生情况,将本门课的学习目标规定为:第一,重点培养语言输出能力,包含语言口头表达和写作能力;第二,培养跨文化交际意识;第三,获得"问题意识—信息获取—信息梳理—确定目标—信息分析—得出结论"这一连贯的研究初步技能。

2 筛选线上线下学习内容

结合学习目标,筛选符合大二学生日语能力,能反映日本社会现实,具有跨文化推广意义的写实类报刊和评论文章作为教学内容。

线上采用中国大学慕课资源中由电子科技大学王丹丹老师主讲的课程资源"日本文化解读"。按照线上教学资源的主题分类,即日本人的家庭、工作、教育等,将线下教材和课外拓展阅读资料重新归类。

3 确定教学思路

遵循"原因—事实—结果"这一主线,让学生主动思考日本各方面的社会文化问题,结合口头发表和课后写作,潜移默化地培养以上三种能力。采用倒叙方式开展课程,使学生们像日本动漫中的"名侦探柯南"一般,先充分了解社会现象和解决对策,再根据各种线索思考并找出社会问题的"元凶"所在。

(二) 教学实践环节

与教学设计环节不同,实践环节是人与人之间的真实互动。因此,要提高学生学习目标的契合度和学生动机的积极性可巧妙借助外力,即通过改善师生互动和学生间互动以实现。其中,线上部分的互动可灵活运用雨课堂、慕课堂、微信和 QQ 等交流软件,线下部分的互动在课堂上完成。

1 课前努力缩小师生期待差距——线上课程

首先,多渠道告知学生课程详细信息。慕课主页的通知栏和课前建设的微信群是和学生沟通的良好工具。将学习目标、内容和课程评价方法等课程概要告知学生,有利于及时掌握与学生在学习期待上的分歧,有疑问的同学亦可在课前与任课教师获得沟通。

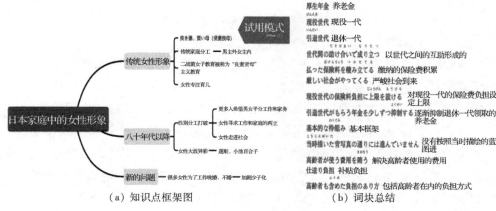

(a) 知识点框架图　　　　　　　　(b) 词块总结

图 3　学生作业示例

其次,如图 3 所示,为了让学生初步了解课程内容,有必要在课前布置一些"热身"作业。一方面,学生需自学中国大学慕课资源中的指定课程,掌握相关社会背景和文化常识,在群里发布自己的学习笔记。教师可利用慕课堂自带的学生信息统计功能把握学生的线上学习情况,包含视频观看的个数、次数、时长等。另一方面,学生需对教材相关内容进行词块和专有名词总结,以 Word 或图片形式发在微信群中,供所有同学参考并起到相互监督的作用。

2　课上采用以学生为中心的教学方法——线下课程

(1) 分组讨论法

为最大限度地调动每位同学的学习动机,小组分工需兼顾清晰性与合理性。清晰性指分工原则和每个人完成的任务明确。具体如下:

① 每组由 3 至 4 人组成,自行选出 1 位组长。

② 组长需积极引导课后讨论,归纳和梳理讨论成果,对成果的最终质量负责。

③ 各组员负责"原因—事实—结果"关系链中的其中一环,制作 2 至 3 页 PPT,在 PPT 右下角写上自己名字,作为期末评定的参考依据。

合理性指的是每次分工需兼顾平衡性和每位同学的兴趣爱好,能者多劳,劳者

多得。据此,追加制定以下两条原则:

① 鼓励各组组长发挥领导才能,培养组员的责任心和参与意识。担任组长的同学在任务完成良好的情况下,可考虑适量增加平时分作为鼓励。

② 鼓励每位组员每次换新内容时交替负责因果关系链中的不同环节。

(2) 讲授与研讨相结合的 PBL(基于问题的学习)教学法

① 讲授式教学法

教师结合学生的预习作业,对重点词块、语法进行讲解,梳理文章信息和段落大意,培养发现问题的能力。该方法致力于解决两个问题:其一,报纸阐述了什么问题,具体包含哪几个方面? 其二,日本采取了怎样的措施去解决这个问题?

在讲授过程中,通过随机提问的方式经常性地确认学生是否跟上教学节奏。由于线上教学时师生和学生间隔着屏幕交流,容易造成沟通滞后。有同学来自网络不发达的偏远地区,网络经常中断。因此,每次提问都遵循一定的逻辑规律,引导其顺着思路一步步展开深度思考,对主动发言的同学及时给予口头鼓励。

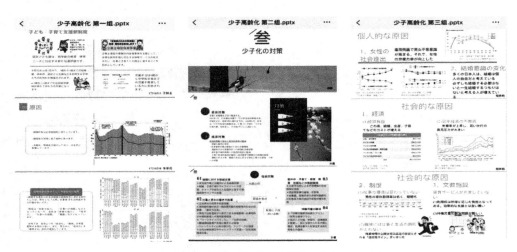

图 4 以日本少子高龄化为主题的学生发表作业示例

② 研讨式教学法

先由教师节选与三大主题相关的报刊内容,并分配给各组进行课后阅读、讨论、总结,利用多种学习媒介探索这些问题产生的根本原因;之后,组织课堂讨论,每组在教师的建议和指导下构建发表的基本内容框架;最后,组员课后共同制作发表用的课件。发表前,组长需把各组课件提前发送到课程的答疑微信群中。此环节对应培养的是外语写作技能、信息获取能力、解决和分析问题的能力。以"少子高龄化"这一主题为例,每组提交的作业中需包含以下三项内容(图4):第一,这几则报道讲了什么。(事实)第二,日本如何解决少子化、未婚化,面临怎样的难题。(结果)第三,结合课前所学视频中关于日本家庭的背景常识,思考日本为何会发生少子化。(原因)

课堂上,通过小组发言,其他组员相互点评的形式,合理表达观点,并比较其他组与本组观点的异同点。教师对每组发表的课件从语言组织和逻辑思维两方面进行指导。这种方式对应培养的是外语口语技能、独立和创造性思考能力。

3 课后保持师生交流——线上线下交流

与学生进行课后交流,可让学生撤下心防,获得对课程的真实反馈,以便及时调整课程难度和节奏。比如,笔者在教学设计环节将学习任务控制在3小时左右,但和学生沟通后,发现学生所花时间远远超过了预期计划。由于多数学生对自己都有较高的学术要求,即便只是制作2~3页的PPT也查阅了大量资料。基于这样的学习需求,笔者适当减慢了课程进度,使学生有更多的时间优化作业,减轻心理和学业负担。

此外,创建班级微信群或慕课堂论坛以及时反馈学生的疑问,既可关照弱势群体,即网络不太发达的偏远地区学生和不自信的学生,又可及时把握全体学生对学习内容的理解度。各组发言后需提交本组与他组发言的感想记录,比较哪些观点是自己组没有想到而其他组擅长的,哪些观点是本组赞成或质疑的。这样既可保证组员集中精力听取他组发言,又可锻炼其对信息的提取能力和批判性思维,以避免对他组发言持事不关己或囫囵吞枣的态度。

(三)课程巩固和评价环节

教学设计需要在实践过程中多次修正才能顺利实施。然而实践分为入口、过程和出口三环节,在出口处如何与前两个环节紧密衔接,继续调动学生参与,同时修订前两个环节出现的偏差,是进一步改善教学效果的关键。因此,此环节仍致力于提高学生的学习动机。

1 注重过程性的学生评价

笔者每隔一段时间就随机抽查2~3名同学进行简单访谈,以确认学习目标和动机是否出现偏离。比如,有学生反映课后资料难度偏大,并且有时内容过于单一,难以满足每位同学的阅读兴趣。基于此意见,笔者尽可能增加了多样内容的阅读资料,也鼓励学生自行查找心仪的课后阅读资料,放宽学生的自由度,发挥教师的提供资源和向导作用。

2 注重参与度的成绩考核方式

成绩考核方式需以提高学生的平时参与度为主,且考核的内容主要是关于学生的独立思考和创新思维。因此,期末成绩仅占30%,考题为分主题主观论述题。平时成绩占70%,包含四个评分项:

(1)课前的线上课程框架总结作业和词块总结(15%)。

(2)线上的3次单元小测试(15%):每个主题课程结束之后,遵循温故而知新的原则,学生需完成网上视频自带的约15～20分钟的单元测试。教师通过慕课堂自带的小工具统计学生的学习成果。

(3)分组讨论和课上发表(40%):不仅考量每位同学的完成度,也考虑总体成果的逻辑性和连贯性。以教师评分为主,组间互评为辅,把部分主动权交给学生,促进学生间互动。

(4)酌情加分项:课堂小论坛的发帖质量和频率、是否担任组长等。

四 结论和展望

本研究基于学习参与理论,围绕以下三个方面,对大学外语的线上线下混合教学策略进行了改革。这三个基本策略贯穿于教学设计、实践和评价的任意一环。

1. 客观把握不可变因素。首先,明确学院和所在专业对课程的教学要求,了解课程定位。其次,借助学校的大规模调查分析学生总特征,并在课前对班级整体情况和每名同学的学习基础进行调查。从个体差异入手,课上课下多给予来自偏远地区、农村地区的学生更多的学习支持;多督促和鼓励学习基础较差、自信心较差的学生。

2. 积极改变可变因素中的外因,进而改变内因。在这一过程中,教师是学习的引导者而非知识的灌输者。首先,应改善学习目标的契合度,让课程符合学生的学习期待,教授学生真正需要的课。其次,提高学生的学习动机。一方面,通过合作学习,鼓励学生间互动,让更多学生参与其中。另一方面,提高师生互动频率,及时了解师生期待的差异。

3. 充分发挥线上与线下教学的优势。对于社会背景和文化常识部分,采用线上"自学视频+学生间互动+学生间监督"的方式,调动学生学习的自主性。对于思考力和批判力的培养,则采用线下"合作式学习+师生交流+学生间互动"的方式进行。以线上和线下的日语报刊为媒介,理解日本多样化的社会问题,剖析问题产生的根本原因,进而思考日本目前的解决策略是否合理,鼓励学生大胆提出自己的解决办法。

这样的教学改革究竟能给学生的学习参与带来怎样的影响呢?笔者围绕这一主题,通过电话采访和收集学生感想文的方式进行了简单的调研。结果可知,大部分学生的学习满意度较高,该教学模式在课程内容和评判标准上取得了好评,比如"能学到很多跟得上时代的知识""涉及多方面的贴近日本的现实社会的问题""教师能带领我们去了解一个不熟悉的领域且不叫人觉得枯燥""老师的教课思路清晰明了""评判标准多样,不仅考查授课内容,更考查大家的自主学习和思考能力"等。然而,也有同学提出了存在的一些问题:(1)讨论时间不充分的问题。有同学反映,"更多一些讨论可能更有利于逻辑框架的分析和发表整体的连贯度,能够多加进去一些自己的看法,不管是在课后进行还是课上进行";(2)有的小组存在组员之间配合度不高的问题,"在发表之前的资料查询阶段,我们一直是分配完任务后各查各的,很少在一起讨论,导致最后呈现的东西不是一个连贯的完整体,有些地方细看甚至彼此是矛盾的";(3)发表环节存在的问题,"大家可能担心自己的日语水平,没有稿子会没法进行流畅的日语发表,进而影响到发表表现""希望在发表前一天其他组能先给别组同学展示专有名词解释的 Word 文档和发表的 PPT,以便课上理解和自我积累"等。

因此,今后若要进一步提高学生的学习动机,在讨论环节需给予他们更充分的讨论时间,同时辅以更合理的指导,才能提高讨论效率;在发表环节,如何培养学生"心中有听众"的换位思考力和去繁从简的外语发表能力,都需在今后不断的教学实践中继续探索。

此外,由于学习参与影响机制的复杂性,既有研究对直接因素、间接因素和交叉影响因素等都还未有明确定论,本次的理论框架也有待通过大规模的实证调查进一步完善。今后,若要有效改善大学生的学习参与度,除任课教师的持续努力之外,也离不开院校的资金和人力支持,比如通过丰富的社团活动加强学生对校园环境的归属感、强化学校的管理服务、加强对农村学生的支持与帮助等,教学改革需多方努力才能继续推进。

参考文献

[1] 中华人民共和国教育部. 2019 年全国教育事业发展统计公报[1][EB/OL]. (2020-05-20)[2020-10-07]. http://www.moe.gov.cn/jyb_sjzl/sjzl_fztjgb/202005/t20200520_456751.html.

[2] 陆根书. 大学生的课程学习经历、学习方式与教学质量满意度的关系分析[J]. 西安交通大学学报(社会科学版),2013,33(2):96-103.

[3] 郭英剑. 疫情防控时期的线上教学:问题、对策与反思[J]. 当代外语研究,2020(1):9-13.

[4] 屈廖健. 研究型大学本科生学习参与度研究:基于J大学的个案分析[J]. 教育观察(上半月),2017,16(5):4-7.

[5] 向葵花,张裕鼎. 大学生学习投入的现状调查与对策分析:以某省属重点高校为例[J]. 武汉交通职业学院学报,2016,18(4):46-48.

[6] 杨立军,张薇. 大学生学习投入的影响因素及其作用机制[J]. 高教发展与评估,2016,32(6):49-61.

[7] 孙成梦雪. 地方综合性大学文科生专业认同与学习投入关系研究:以 S 大学为例[J]. 大学(研究版),2017(5):65-81.

[8] 王传敏,郭俊,刘佳. 高校学生学习参与影响因素的实证研究[J]. 黑龙江高教研究,2014,32(3):149-150.

[9] 徐宛笑,徐晓林. 高校学生学习参与度与心理资本关系:基于华中科技大学的实证分析[J]. 华中师范大学学报(人文社会科学版),2015,54(6):182-189.

[10] 贾彦琪,汪明,陈婷婷,等. 大学生合作学习参与程度调查研究[J]. 高等理科教育,2015(4):76-81.

浅析"三全育人"视域下的高校二级学院行政管理工作

张可馨

摘要：为保障"三全育人"理念的贯彻落实,高校二级学院的行政管理人员应积极主动地树立立德树人的意识和责任感,加大对师生的服务支持力度,克服育人力量不均、育人环节流通不畅、育人资源整合不够的问题,从而建立全员协调工作机制、强化全员育人工作职责、构建全员联动工作局面,切实完善服务育人、管理育人。

关键词："三全育人";管理育人;服务育人;高校行政;二级学院

Analysis of Secondary College Administration in Universities from the Perspective of "Three-Wide Education"
ZHANG Ke-xin

Abstract: The secondary college administrative staff should actively take the responsibility for establishing the awareness of moral education and provide teachers and students with more service and support in order to guarantee the implementation of "Three-wide Education" concept. By overcoming uneven power in education, unsmooth processes of education and unfair resource distribution of education, an overall coordination working mechanism can be established, a collective responsibility for education can be strengthened and an interworking environment can be set up. Service education and management education will thus get improved.

Key words: "Three-Wide education"; management education; service education; administration in universities; secondary college

2016 年 12 月,习近平在全国高校思想政治工作会议上指出:"要坚持把立德树人作为中心环节,把思想政治工作贯穿教育教学全过程,实现全程育人、全方位育人,努力开创我国高等教育事业发展新局面。"[1] 2017 年,中共中央、国务院出台

《关于加强和改进新形势下高校思想政治工作的意见》,强调要坚持全员全过程全方位育人,"把思想价值引领贯穿教育教学全过程和各环节,形成教书育人、科研育人、实践育人、管理育人、服务育人、文化育人、组织育人长效机制"。[2]这是指导新时期高校"三全育人"实践路向的纲领精神和根本遵循。

二级学院是高校教书育人的基层单位,肩负立德树人的重大使命,建立科学规范有效的"三全育人"体系是二级学院必须面对的重大课题,必须整合管理资源、发挥教育合力、提升育人质量。而二级学院的行政管理人员作为教学运行管理的核心部门,更要有效提高"三全育人"工作水平,为教学服务,为科研服务,为师生服务,力求服务育人、管理育人。

一　高校二级学院行政管理工作贯彻落实"三全育人"理念的必要性

高校"三全育人"关键在"全",强调育人的广度、深度和宽度,力求育人入脑、入心、无盲区,提高高校思想政治工作的实效性、有效性和针对性,真正做到培养中国特色社会主义合格建设者和可靠接班人。全员育人要求无论是教师岗、辅导员岗还是行政岗等的高校内部、家庭、社会,甚至同辈群体等,都要成为"育人者",参与育人过程,发挥育人作用,强化育人意识,落实育人责任,履行育人义务,形成全员联动育人的新格局。全过程育人要求建立大学生入学、学习、毕业乃至就业的全面、系统的育人机制,促使教育、管理、培育一体化发展,建立全程、持续、连贯的有效育人链条。全方位育人要求整合高校各部门的全部力量,推动大学生的思想政治教育工作纵深发展,实现育人全方位、全贯通,为高校提供一个更为宽广的思想政治教育工作平台,形成多向度的思想政治教育合力。

高校二级学院在"三全育人"工作中起着实施建设落实的基础作用,学院的重视和理解程度决定了"三全育人"的成效。而二级学院的行政管理工作人员囊括了教学、科研、行政、党务、外事、财务等涉及师生日常的各项服务工作岗位,更是处在直接接触学生和教师的第一线,承担管理和服务的双重职责,起到了承上启下的中枢神经作用。其明快迅速的办事效率、积极向上的工作作风,会为"三全育人"的工作提供良好的育人环境和氛围支持。他们与师生的沟通交流较多,能够充分掌握师生的真正所想、所需,应该予以研究和重视,着力加强他们对于"三全育人"、思政教育等工作的认识和理解。

二 高校二级学院行政管理工作贯彻落实"三全育人"理念时存在的问题

（一）行政管理人员育人职责不明，全员协同育人的意识薄弱

高校二级学院的行政管理部门即学院机关办公室的事务性工作繁重，管理人员日常上班要花费很大的时间和精力处理琐碎的事务性工作。由于各自细化的工作职责范畴不同，工作职责的固态性和扁平化，育人工作所占权重不一，再加上对其考察评价鲜有育人成果的导向要求，导致其育人职责不清晰，难以对"三全育人"的职责和使命形成完整的理念。正因缺乏"全员"育人的意识，使得他们不能积极主动挖掘和剖析自身岗位的育人元素，并将其融入工作过程的各个环节，这在一定程度上势必会降低协同育人的工作成效。

（二）育人主体之间协调联动不够，无法形成全员育人的合力

校内不同的人事序列承担着不同的教育教学、管理服务等工作职责，这不可避免地造成了本位主义和局部观念，导致各自的优势未能形成育人的叠加效能。且各部门在开展具体工作的过程中易呈现各自为政的情况，岗位间错综复杂的关系和部门之间的壁垒对育人效果有一定的影响，造成了极大的资源浪费。管理干部之间更是缺少聚焦立德树人的深度交流、联动和协调。"全过程"育人的环节无法融会贯通，使育人资源相对分散，弱化了育人效果，没有形成协同育人的氛围与合力，育人工作出现了部分死角。

（三）育人环境日益复杂，增加了高校"三全育人"的难度

随着互联网技术的迅速发展和广泛普及，人们学习、工作和生活方式发生了巨大改变，引起了社会各领域的深刻变革。多元化价值观、社会思潮涌入，传播速度之快、渠道之多、范围之广和影响力之深，都强烈地冲击着当代大学生的民族精神，影响了部分大学生的思想观念和价值取向，弱化了传统育人方式。身处信息化时代，如果不利用学生常用、爱用的媒介开展育人工作，高校不但无法占领"没有硝烟的主战场"——思想政治阵地，还将任由错误舆论导向错误舆情，导致学生思想受外界势力所渗透。

三 提升高校二级学院行政管理人员"三全育人"工作水平的途径

（一）建设一支高素质的育人队伍

高校二级学院的行政管理人员是大学生正常学习生活的重要保障，如何加强行政管理队伍建设？一是要不断提升自身素质和业务能力，提高工作效率，以身作

则,时刻关注和了解国家高等教育发展的政策方针,求真务实干工作、创优争先做表率。只有这样,才能做到与时俱进,有效地掌握大学生们的思想动态、心理特点,做到有的放矢,对症下药。二是要有良好的工作作风,一切从学生利益出发,敬业奉献、担当作为,坚持以问题为导向,积极主动自我查摆问题,做好优质服务和模范引领,不断提高服务育人工作水平和服务质量。在关心学生、帮助学生、服务学生的过程中,以饱满的工作热情、认真的工作作风及强烈的责任心感染学生,以良好的精神面貌体现管理者的队伍形象,为协同育人工作提供支持保障,营造治理有方、管理到位、风清气正的育人环境,使学生在潜移默化中养成良好的品行,从而更好地发挥高校和学院的职能。

(二) 构建一个各部门协同工作的育人平台

二级学院行政管理部门的职责大部分是为规范学生的日常行为和满足学生的发展需要而设定的,因而具有丰富的育人资源。这需要学院党政班子在统筹安排思想政治工作时"从全局的角度出发,使学校的教学、管理、服务等各个系统协同发展,建立相应的协同育人机制,形成相互融合、交叉覆盖的育人格局"。[3]

协同育人的平台搭建,一是要宣传教育,深化认识,通过讲座、集中授课、会议等方式和渠道及时传达"三全育人"的内容,引起行政管理人员的足够重视,使其认识到"三全育人"理念在人才培养过程中的重要指导意义,积极主动地将自己的行政工作纳入学校全员联动育人体系中,更新管理工作理念,构建协同发展的育人思维,努力营造良好的育人条件与环境;对于其他高校、其他学院、学院内部其他部门的先进做法,要加强宣传,取长补短。二是要积极探索结合信息化时代的先进技术,整合各部门资源共同研究涉及学生培育的重大问题,制定具体的"三全育人"工作制度和发展规划,并通过学生喜闻乐见的方式搭建横跨线上线下的"三全育人"新媒体平台,使各部门之间形成更加有效的联动育人机制。三是细化考核,激励先进,配套实施相应考评措施。对于二级学院行政管理人员的考核要将"三全育人"的实施情况作为必备考核标准之一,以激励管理主体积极、高效地完成工作任务;对于平常表现优异的工作人员,要在岗位晋升、职级晋升等方面予以更多的考虑,从而调动管理人员的积极性,不断提高其工作水平,使其把德育工作渗入大学生日常生活、学习的各个方面,渗透到学院教学、管理等各个部门,更好地服务高校的教学科研和人才培养工作。

（三）提供一批使学生参与育人过程的实践岗位

学院可聘请学生作为办公室助管，直接参与育人过程。这一岗位不能仅局限于简单的勤工助学，还应与"育人"功能紧密结合起来。助管作为新生力量和新鲜血液，为相对固化的二级学院行政管理队伍起到了很好的补充作用。学院行政管理部门将一些固定的常规性事务工作、普通的文档处理递交等工作交由助管来完成，可使其专业知识、自动化办公及互联网技能在实践中得到充分的发挥和应用，切实锻炼学生的协调、沟通和"知识服务社会"能力，培养他们工作中所需的认真、耐心和责任心等职业品格，促进他们的全面发展。与此同时，学院的行政管理人员也随之多了一个了解学生所学、所想、所需的渠道，在指导助管工作的过程中，通过自身的言传身教，也可以潜移默化地发挥管理育人的作用，双向互利。

四 结语

对于高校二级学院而言，行政管理部门即学院机关办公室直接面向一线教师和学生，其育人功能虽然"大多数情况下不像一线育人阵地那样直接和显著，但它是间接的、隐性的、渗透性的，通过在日常工作中服务教学科研以及师生员工而实现"①。因而行政管理人员也须具备"全员育人"的意识，置身于学校联动育人的体系中，秉持以人为本的理念、树立立德树人的责任感，立足本职岗位和师生需求，从"管理育人""服务育人"的角度出发，与教师、辅导员等相互配合、协同合作，形成育人合力。只有全院上下步调一致，全体教职员工共同参与育人工作，并将育人工作贯穿于学院发展的各个环节，为学生的成长成才营造出立体化、网络化和全方位的育人氛围，才能产生综合效应，推进规范、高效的管理体系的形成，从而全面提升大学生良好的道德品质和个人综合素养，为高校"三全育人"联动体系的建立与可持续性运行贡献自己的一份力量。

参考文献

[1] 习近平在全国高校思想政治工作会议上强调把思想政治工作贯穿教育教学全过程 开创

---

① 张帆.提高工作水平 助力大学全员联动育人新格局形成——以高校行政办公室工作为中心[J].办公室业务,2019(2):99.

我国高等教育事业发展新局面[N].人民日报,2016-12-09.

[2] 中共中央、国务院印发《关于加强和改进新形势下高校思想政治工作的意见》[N].人民日报,2017-02-28(1).

[3] 陈亮.新时代"三全育人"工作平台建设与实践研究[J].长春师范大学学报,2019,38(9):24-26.

[4] 张帆.提高工作水平 助力大学全员联动育人新格局形成——以高校行政办公室工作为中心[J].办公室业务,2019(2):71-72,99.